马克思主义美学丛书
Marxist Aesthetics

马克思主义美学思想的起源与成熟

许明 著

中央编译出版社
Central Compilation & Translation Press

图书在版编目 (CIP) 数据

马克思主义美学思想的起源与成熟 / 许明著 . -- 北京：中央编译出版社，2023.2
ISBN 978-7-5117-4308-4

Ⅰ.①马… Ⅱ.①许… Ⅲ.①马克思主义美学—研究 Ⅳ.① B83

中国版本图书馆 CIP 数据核字 (2022) 第 202106 号

马克思主义美学思想的起源与成熟

责任编辑	郑永杰
责任印制	刘　慧
出版发行	中央编译出版社
地　　址	北京市海淀区北四环西路 69 号（100080）
电　　话	（010）55627391（总编室）　（010）55627312（编辑室） （010）55627320（发行部）　（010）55627377（新技术部）
经　　销	全国新华书店
印　　刷	北京汇林印务有限公司
开　　本	880 毫米 × 1230 毫米 1/32
字　　数	255 千字
印　　张	11.375
版　　次	2023 年 2 月第 1 版
印　　次	2023 年 2 月第 1 次印刷
定　　价	88.00 元

新浪微博：@中央编译出版社　　微　　信：中央编译出版社（ID：cctphome）
淘宝店铺：中央编译出版社直销店（http://shop108367160.taobao.com）（010）55627331
本社常年法律顾问：北京市吴栾赵阎律师事务所律师　闫军　梁勤
凡有印装质量问题，本社负责调换，电话：（010）55626985

目录

序 马克思主义美学：当代的阐述.................001
  第一节 出发点与基本哲学立场.................001
  第二节 美学思想发展的基本脉络.................007
  第三节 历史的与革命的批判精神.................016

第一章 萌芽与诞生（1837—1844）.................020
  第一节 从诗人到理论家.................020
  第二节 青年黑格尔派.................046
  第三节 《1844年经济学哲学手稿》.................067

第二章 审美理想的哲学基石（1845—1848）.................083
  第一节 1845年.................083
  第二节 新的意识形态体系.................098
  第三节 社会革命与文艺批判.................114

第三章 政治与经济的时代（1848—1864）.................132
  第一节 政治：19世纪50年代.................132
  第二节 批判金克尔.................148
  第三节 批判拉萨尔.................161
  第四节 批判福格特.................183

第四章 走向巴黎公社（1864—1871）.................197
  第一节 上层建筑与经济基础.................197

第二节　艺术生产与物质生产.................................202
　　第三节　掌握世界的方法.....................................220
　　第四节　"资本的灵魂".......................................226

第五章　理论建设的十年（1871—1883）............................252
　　第一节　批判杜林...252
　　第二节　古代社会与审美理想.................................266
　　第三节　风格即人...280

第六章　从马克思逝世到恩格斯逝世（1883—1895）..................291
　　第一节　政治、经济、文化...................................292
　　第二节　批评与论战...306

第七章　梅林与普列汉诺夫.......................................324
　　第一节　梅林的美学与文艺批评...............................324
　　第二节　"没有地址的信".....................................339
　　第三节　批评实践的启示.....................................350

后　记...359

序

马克思主义美学：当代的阐述

第一节　出发点与基本哲学立场

马克思主义美学与文艺思想既是 20 世纪中国文化界重要的精神财富与思想资源，又是深入人们精神深处的影响思维格局的方法论维度。对当代中国文学与文化发展的现状而言，重新研究马克思、恩格斯所创立的美学思想与文艺批评准则，重新估计它对今日开放改革的中国的实际的精神影响，是极为重要的一个课题。这是因为，在 20 世纪的中国，特别是在 20 世纪下半叶的中国，马克思主义的美学与文艺思想被在中国文化思想舞台上活动的各式人物按各自需要作了理解和阐述。当然，按现代阐释学原则和历史发生的实际进程，任何阐释都是个人化的，并被烙上了时代需要的印记。所以，我们不必苛求何种阐释所产生的实质性的历史作用，更重要的是，我们应当真正地去理解：为什么马克思主义美学在19世纪中下叶的欧洲舞台上起到了真正的历史解放作用？今天，作为合理化历史进程的中国社会主义时代的文学与文艺，特别需要一种有鲜活生命力的思想力量。今日的马克思主义，或者我们对马克思主义的理解和阐述还有此种活力——那种为历史进步、社会解放、精神发展而呐喊奋斗的杠杆式的力量吗？

为了回答上述问题，任何简单的照本宣科都是毫无意义的，当代中国需要回答推动文学艺术发展的思想理论资源究竟可以来自何处？仍然还是马克思主义吗？毋庸讳言，在中国学术界，特别在文学界，对马克思主义的传统解释要么由于其本身的某种原因已经失去活力，要么由于历史的际遇正在失去吸引力。然而，这并不就是马克思主义本身的原因。请注意，马克思主义美学在当代中国的历史际遇是某种阐释的际遇，而不是思想本身的际遇。这两者是有区分的。

为了打破这种阐述的僵局或者停滞状态，19世纪80年代以来的中国文学界出现了企图摆脱困境的种种尝试。当然，最简单的尝试就是关于马克思主义的阐释以及马克思主义美学本身，都被宣布为"过时"。十几年过去了，被屡屡宣布过时的马克思主义美学的一系列基本命题，逐步地返回到中国思想发展舞台上。试看今日中国文坛在现代、后现代热之后对现实主义的关怀，又不以人的意志为转移地回到了马克思主义。这是有点"令人尴尬"的历史返回。当然，历史如此发展并不是简单的返回。这个事实并不宣布在某一历史时期对马克思主义美学与批评原则所作的阐述是完全合理的。19世纪80年代的历史进步是有必然性与合理性的。今日的文学运动产生了需要某种历史性思想的急迫需要，而这种需要是在经过了19世纪80年代以后，有了西方与东方的思想对话以后的需要，因此，重新理解马克思主义的美学思想，毫无疑问成了今日文学思想发展的一种内在需要。

对笔者而言，或者对某一种研究角度而言，今天要重新思考马克思主义的美学思想对当代有何意义，是因为笔者想弄清楚：我们所曾熟悉的解释在哪些环节上出了毛病？19世纪的马克思主义美学思想在哪些地方仍是今天的精神来源？今日西方的"返回马克思"热的根源究竟在何处？凡此种种，一句话，笔者想弄清楚：在深层次上影响我们今日的文艺学与美学发展的精神资源在何种意义上是合理性的，是有用的？这是有了今日西方美学与哲学发展、西方马克思学的发展视野以后的思考，是有了中国思想界改革开放20年[①]思想实践后的思考，所以，它在起点上、出发点上是一种更高层次的返回。

当代中国马克思主义美学思想以及受美学思想影响、制约的马克思主义文艺批评的实际情况究竟如何？它的生命力究竟如何呢？一些人已经将它看作"古董"，然而，它确实经过当代的某些阐述失去了以往的那种吸引人的精神魅力。我们先作一番比较再回到这个提问上来。

[①] 本书为再版，第1版内容定稿于1997年，此处约为20世纪90年代，后文有些时间需类推。——编者注

20世纪以来，特别是20世纪下半叶以来，苏联与西方学者对马克思主义与马克思主义美学的阐释给我们提供了一个今人对19世纪马克思主义传统解释的范例。这条阐述的线索是这样的：

第一个企图对马克思主义美学的阐述有所创新并成为历史的一个标志点的是普列汉诺夫。普列汉诺夫是20世纪初第一个从马克思主义出发来阐述艺术活动的本质与进行文学批评的历史性人物。普列汉诺夫的独特的理论贡献大致有：对艺术起源的历史唯物主义解释（《没有地址的信》等），对审美活动中社会心理的极端重视及对社会心理的意识本质的界定，他提出了社会心理作为经济基础、社会存在与思想体系间的"中间环节"的作用。他认为，要了解某一国家科学思想史和艺术史，只知道它的经济是不够的，必须知道如何从经济进而研究社会心理，对于社会心理若没有精细的研究与了解，思想体系的历史的唯物主义解释根本就不可能……而在文学艺术、哲学等历史中，如果没有它就一步也动不得。[①] 在艺术的本质论上，普列汉诺夫没有停留在简单的反映论层面上，而是将中间层次和心理因素提到一个很重要的层次，他说："艺术开始于一个人在自己心里重新唤起他在周围现实的影响下所体验过的感情和思想，并且给予它们以一定的形象的表现。不用说，在极大多数场合下，一个人这样做，目的是在于把他反复思索和反复感觉的东西传达给别人。艺术是一种社

---

① 参见《普列汉诺夫哲学著作选集》（第2卷），曹葆华译，生活·读书·新知三联书店，1974年版，第318—319页。

会现象。"[①]可以看出，普列汉诺夫已经十分重视"中间环节"这个概念，而不是像有的马克思主义者那样，将反映论弄得机械划一，令人啼笑皆非。

从总体上看，普列汉诺夫并没有给19世纪的马克思主义美学范畴增加太多的新东西。他是在马克思主义美学体系内部进行了创造性的阐述而显示勃勃生机的。普列汉诺夫之后，第一次给19世纪马克思主义美学带来震撼性的创造的是一批20世纪30年代崛起的西方马克思主义者。这些20世纪的马克思主义哲学家、美学家曾经被"正统的"马克思主义阵营划为"异己"而未被列入正册。但历史发展表明：他们面对20世纪的西方社会所作出的思考，在很大层面上，补充并丰富了19世纪马克思主义思想（包括美学）。对19世纪马克思主义美学作出新的阐述的尝试的人们中，有我们所熟悉的葛兰西、卢卡奇、加罗蒂、沙夫，也有卡冈、汉斯·科赫等人，甚至可以包括像汲取了马克思主义营养的巴赫金的理论贡献。总体来讲，这些西方的和苏联的马克思主义倾向的美学家，所提供的思想与概念是独特而又令人深思的。葛兰西在20世纪20年代的论述中，提出了"文化领导权"，即意识形态相对独立性问题。几乎同时，卢卡奇在《历史与阶级意识》一书中，对"阶级意识"的形成及其相对的独立性问题作了同样有意义的阐述。20世纪60和70年代，卢卡奇在他的三

[①]《普列汉诺夫美学论文集》（Ⅰ），曹葆华译，人民出版社，1983年版，第308页。

大卷《美学》中，着重阐述了审美特性等问题。特别有意义的是生活在苏联的文艺理论家巴赫金，他的诗学理论是马克思主义美学与现代诗学交融的产物。巴赫金在他的独创性的研究中，提出了"审美事件""外在地位""观察优势""知识优势""主人公视野"和"主人公的环境"等独有的概念，并使这些概念成为他的美学体系的有机的组成部分。

在创造性地研究马克思主义美学思想方面，以民主德国的哲学家汉斯·科赫为代表。苏联美学家里夫希茨等人也有一些积极的探索性的成就。他们的主要贡献在于独创性地将马克思恩格斯分散性的美学与文艺学言论构筑成一个完整的体系。汉斯·科赫的著作《马克思主义和美学》（1961年柏林版），以"美学与实践"为主旨，在历史唯物主义基础上展开了人类审美活动的研究。

以上我们粗略地描述了20世纪一条沿着马克思主义方向发展的美学思想的线索。从中可以看到，这些美学家努力去做的，正是企图在马克思的基础上重新解释和发展马克思的理论。这些在马克思主义基础上的研究给了我们一种新鲜感，形成了与19世纪马克思主义美学有差异的概念体系和解释角度。但不管这些概念（意识形态与文化权力、实践、异化、中间性、特征……）有多大的特殊性，它们与19世纪的经典概念还是有血肉联系的。

中国的马克思主义美学研究在19世纪30年代起步直至80年代，其间反反复复，既有较粗浅的解说与机械论的搬用，也有试图有创意的再解释。但总体上来讲，这种整合与再解释的创造性是非常不够的，主要是特殊的历史条件限制了中国学者对当代西方思想的了解和融合，也限制了中国学者对20世纪马克思主义发展的了解。所以，当代中国的马克思主义美学，特别是体现在文艺批评上的马克思主义美学，面临着极为严峻的问题。这个问题可以分为三层意思：第一，我们在多大程度上真正全面地理解了19世纪的马克思主义美学？第二，如何理解20世纪西方马克思主义对19世纪经典美学的丰富？第三，中国学者所创建的新的马克思主义美学的原则可能是什么？

第二节　美学思想发展的基本脉络

经历了中国19世纪80年代的文化运动，经历了西方思潮的冲撞和对经典马克思主义在中国传播历程的批判性考察，我们今天再回过头去，看一看经典马克思主义美学思想给我们提供了什么，是不无教益的。笔者的意思是说，我们今天再来思考经典传统的时候，我们已不可能在盲目与迷失状态思考19世纪的经典传统了。

在现代、当代的中国文论史上，马克思主义美学思想的基本范畴已被人们熟知。而且，在特定的历史阶段，它被大大地简化了。马克思恩格斯本人对艺术活动的丰富的认识和复杂的思考，在20世纪的若干历史时期被抽象化，并被教条主义所笼罩，它的丰富的范畴体系被几条简化了的概念所替代。更重要的是，马克思主义美学的精髓被一定阶段的特殊的政治需要所掩盖，这本质上降低了马克思主义美学本身固有的丰富内涵的品格，并在实践上造成了众所周知的危害。

从今天的眼光看这份19世纪的思想遗产到底有哪些存在的合理性、合法性呢？

马克思主义有一个基本观点，实践是检验真理的唯一标准。一百年来的实践已检验了马克思主义美学的生命力和丰富内涵，已检验了19世纪马克思主义美学在传播过程中所遭遇的境况。所以，站在今天的立场看问题，19世纪的思想遗产已经受到了历史的筛选，它的宝贵的价值不是可以随意抛弃的。

我们今天要理解19世纪的马克思主义美学，遇到的问题大致有三个：第一，马克思恩格斯的美学思想成不成一个系统？第二，他们美学思想的主要贡献是什么？第三，在20世纪的传播中，哪些概念范畴仍然充满着旺盛的生命力？

关于第一个问题。

马克思、恩格斯毕生没有写过一部系统的美学著作。他们的美学思想，大多散布在一些专门的哲学和经济学著作以及文学批评之中。所以，不少人以为马克思的美学思想不成体系。关于这一点，在19世纪80年代初，中国美学界就进行了论证并有了初步一致的看法。现在的问题是：马克思恩格斯的美学思想究竟包含着怎样的系统结构？从马克思恩格斯的美学思想发展史来讲，他们的思想可以从两个层面上来剖析。

第一个层面是他们美学思想发展的大致脉络。在笔者看来，他们的美学思想的形成大致可以分为四个阶段。

第一阶段，从青年时代直到 1845 年撰写《关于费尔巴哈的提纲》之前，这是马克思恩格斯的青年时期。这一时期，他们分别从德国古典哲学和欧洲批判现实主义文学中汲取了精神力量。从哲学上讲，对他们最大影响的是黑格尔和费尔巴哈。文学上，则是我们所熟知的莎士比亚、席勒、歌德、但丁、卢梭等伟大的作家。在他们最初的诗作中我们可以看到他们美学思想的一些传统的人道主义特征。他们鞭挞丑恶、歌颂光明、憧憬未来，对人剥削人的不平等现象尽情地抨击，并由衷地向往自由和人类解放。而最重要的是，马克思恩格斯的最初的艺术批评趣味，已投向和关注工人阶级的解放斗争。他们密切地注视着欧洲大陆上的社会主义运动并深深地关注着工人阶级的命运。恩格斯于 1843 年写的《大陆上社会改革运动的进展》、1844 年写的《英国工人阶级状况》以及他们合著的《神圣家族》（1844）等著作，都细腻地描绘了工人阶级的生存状况并高高地举起了为工人阶级斗争的大旗。在这一时期，他们美学理论的建树主要体现在《1844 年经济学哲学手稿》（以下简称《手稿》）中。这是马克思写于 1844 年的哲学经济学笔记。在这部众所周知的手稿中，马克思论述了审美活动的实践特性、美的规律、对象的审美属性、美感的社会属性等问题，初步涉及人类审美活动的一些基本方面。以 1844 年《手稿》为标志，马克思主义的美学思想显示了初步的理论框架和美学理论发展的方向。值得特别提出来的是，《手稿》中已提出初步的实践观点，即将人类的审美活动与人类生活的基本实践联系起来考察的思路。《手稿》是马克思主义美学思想史上的一个具有重大意义的起点。

第二阶段从1845年《关于费尔巴哈的提纲》到1871年巴黎公社革命。这一阶段，他们的主要理论活动是为工人阶级的解放斗争提供哲学与科学社会主义的理论基础。在《关于费尔巴哈的提纲》《德意志意识形态》《共产党宣言》《政治经济学批判导言》等著作中，他们建立了辩证唯物主义理论的基本思路与构架。认识论、历史唯物主义、辩证思维……基本思想均已一一提出。这也为他们的美学思想提供了出发点。而在同时，他们对社会主义运动中的小资产阶级文艺派别及其代表人物，进行了严厉的批判。他们从唯物史观出发，批判了拉萨尔的《济金根》，揭露了福格特之流利用文艺为反动的波拿巴政权服务的面目，并对当代德国文艺家和文艺现象进行了锐利的深入的评论。而这一阶段的更深入的成果是他们在19世纪50—60年代对政治经济学的研究，从而在更深刻的基础上为他们的美学与文艺思想提供了方法论基础。这一阶段，马克思创立了剩余价值学说，并在这基础上，提出了马克思主义美学的一系列深刻的命题，如"区别生产劳动与非生产劳动""资本主义生产同某些精神生产部门如艺术和诗歌相敌对""艺术的一定繁盛时期决不是同社会的一般发展成比例"，"对世界的思维的、艺术的、宗教的、实践—精神的掌握方式"等等。这些富有生命力的命题，闪烁着辩证法的光辉，并为日后的无产阶级文艺运动提供了锐利的方法论武器。

第三阶段从1871年到1883年马克思逝世。这一阶段，马克思恩格斯处在工人运动从高涨走向低潮的历史过程中，他们的理论思考暂时从现实的层面转向更基础的层面。其间,《反杜林论》是一部总结性的奠基性的巨著,在美学上,这也是恩格斯对马克思主义美学所作的重大的贡献。而马克思在此期间的古代社会研究,以及"人类学笔记",从更细微的层面论述了艺术活动从劳动分工中产生的一般规律。

第四阶段是从 1883 年马克思逝世到 1895 年恩格斯逝世,其间有 12 年之久。恩格斯为马克思主义哲学与美学思想的完善作了艰辛的努力。在这一时期,恩格斯总结性地论述了经济基础与上层建筑之间的关系,特别是在《费尔巴哈和德国古典哲学的终结》一书中,细致地描述了德国哲学从康德、黑格尔到费尔巴哈的发展,以及马克思的辩证唯物主义的精神实质。恩格斯在评论敏娜·考茨基的作品与哈克奈斯的《城市姑娘》中提出来的"典型环境中的典型人物"、关于现实主义,关于梅林、肖伯纳[①]、赫尔岑、海涅、雨果等人的评论,都闪烁着辩证的美学思想的光芒。

综上所述,马克思恩格斯的美学思想发展脉络形成二个波段形状。1845—1871 年这段时间,是哲学、美学思想基本形成和获得体系性论述的时候。在这段时间里,辩证法、唯物论,关于实践方式,关于现实主义,典型原则……都获得了完备的理论证明。在这以后的第三、第四阶段,则是对这一体系的逐步深化和完善。

---

① 现多译为萧伯纳。——编者注

以上是马克思恩格斯美学思想发展的纵的线索，从横的层面看，他们美学思想到底具备怎样的逻辑结构呢？

关于这个问题，笔者以为必须从把握大原则着手。这个大的原则就是要了解，19世纪中叶以前的欧洲美学处在什么水准上，从而使马克思恩格斯完成了美学史上的划时代革命。

18、19世纪欧洲美学的高峰是由以下数人组成的。他们是：康德、席勒、鲍姆嘉登、叔本华、黑格尔、费尔巴哈，以及英、法等国的经验论美学家。在德国古典哲学中，美学被纳入哲学知识的体系，并被看作是为哲学知识完备所不可缺少的组成部分。这些美学家虽然都有庞杂的体系和复杂的理论结构，并对美学理论本身作出了自己的贡献，但是，他们的美学理论往往只是自己哲学思想的一部分，并不是作为人类审美活动理论的科学解答。如被认为是美学之父的鲍姆嘉登就认为美学只是"Asthetik"，即"感性学"，也就是说，鲍姆嘉登认为美学只是处理人类感性的一门学问。经验论美学和唯物论美学都只是以自己的哲学出发点来规定美学的品格。英国经验论美学家对美学的描述虽然周到，但对美的解释却令人摸不到边际；而德法理论美学家却从自己先验的"单子""理念"等种种先设出发，将"美"弄成神秘莫测的现象。

康德对上述两种倾向都作了批评，认为英国经验论像一群无主的羊群，而德国经验论则像一个专制的统治者。于是，出现了康德的综合的哲学：先验论的认识构架。在这个构架之中，美学作为"知情意"三者的中介和桥梁，作为沟通体系的一个中介环节而存在。黑格尔几乎是没有理睬康德的先验论。他设置了理念，但却引进了初步的实践观点。

马克思和恩格斯是在这一既有的思想资源的基础上前进的。然而，与所有这些哲学家、思想家不同，马克思和恩格斯是代表了一个新的革命的阶级在发言。因此，我们不要书生气十足地从纯美学的角度看马克思和恩格斯对学科建设提供了什么东西，而要从大的社会历史发展变化的角度看马克思主义美学的独特的历史贡献。

就其本质来讲，马克思主义美学既代表着一个学科走向科学的标志，又代表了进步阶级的审美趣味和艺术要求的新的文化精神。只有从新的文化精神出发，我们才能真正把握马克思主义美学的精神本质。

我们从18、19世纪的美学史上可以看到，历史上的美学家只是以人类的名义表达了统治阶级的审美趣味，尽管这种趣味本身也具有某种无阶级的学科特性，但无论怎么说，这些都是时代的局限。这个时代的局限只有某种新的阶级力量出现的时候才可能打破。19世纪中叶，历史造就了这一契机，无产阶级及其社会主义运动出现了。马克思和恩格斯首先是这一运动的代言人、革命者，其次才是美学家。而他们创立的美学体系所具有的科学性是与时代的历史要求密切相连的。

从理论构成的系统性来讲，马克思、恩格斯创立的美学体系有一个精神核心，即"人类的解放"这样一个命题。这个命题在马克思恩格斯的早年的诗作，1848年的《共产党宣言》以及其他一系列著作中都得到了充分的论说。以这个命题为核心，他们的美学思想自然与他们的哲学理论，与他们的政治观点密切相关，它们不是纯书斋的理论，而是与生活要求密切相关的实践的理论。这一品格毫无问题地决定了马克思主义美学的实践性。也正因为这样，马克思和恩格斯才与以往的美学家不同地考察了人类劳动实践活动产生了审美精神，并且，由劳动实践产生了有审美能力的人，从而形成了丰富多彩的艺术之链与各种样态的审美文化的需求。

从劳动与生产起源考察人类的审美活动，必然地，也自然地要引入对审美文化精神的社会历史内涵的分析，联系到一定阶级、一定时代、一定社会的内涵。也就是说，从这一命题出发，我们不可能走入所谓"纯"美学。有人津津乐道康德的"希腊风格式"的线条和黑格尔的"本质力量的对象化"，却忘记了：以人类解放为目标的马克思恩格斯的哲学—美学思想，是与任何真正的社会科学一样具有鲜明的社会历史内涵，它必然与一定历史阶段社会发展要求相关联的。

这是我们理解马克思主义美学思想内核的一个基本出发点。从这出发，我们再来看看马克思主义美学思想在马克思恩格斯阶段在学科理论上提供了什么样的解决方案。

从今天较成熟的眼光看问题，美学是关于人类审美活动的理论。只有科学地、有序地对这一审美活动作出分析和解剖，并从理论上回答审美活动构成的各个内涵，才是学科发展的标志。构成人类审美活动的各要素可以分别定义为起源问题、审美对象与主体的关系问题、审美心理问题、审美价值问题、美学批评问题，等等。在构成美学基本问题的这些要点之中，历史上的美学家虽然在解决局部问题上作出了贡献，有的甚至作出了出色的贡献（如对美感的描述，对艺术本质的界定，对美丑标准的确立，对艺术起源的猜想……），但是，在马克思恩格斯之前，没有一个美学家真正地将审美界定在活动范畴之内，并从人类的基本生活实践出发阐明了人类审美意识的起源（关于这一点，恩格斯和普列汉诺夫对马克思的美学思想作了最好的阐述）。同样，在历史唯物主义的基础之上，人类美感的社会性内容以及审美判断的价值内涵也得到了科学的说明。换句话说，正因为马克思主义哲学解决了：

1. 实践问题；

2. 主客体关系问题；

3. 意识的起源和被物质生活决定与被决定问题；

4. 价值问题；

5. 认识的本质问题；

……

这些基本的哲学问题，所以，直到今天，一百年过去了，西方非马克思主义的美学家都无法在这些基本问题产生的范畴中有所作为，而只能在马克思时代所涉及不多的审美心理上大加发展。马克思以后，审美心理的微观研究就是由这一特定的历史情势所造成的，这一特点也造成了现代西方美学大都成了审美经验学。这是局限，当然，这也给具体的艺术批评提供了广阔的发展空间。

第三节　历史的与革命的批判精神

我们今天还持马克思主义美学立场吗？这是一种有阶级局限的偏见还是一种学人的科学立场？这是可以包含广博的历史内容的开放的体系，还是拒绝外来的合理性的褊狭的知识之网？回答虽然是肯定的，但实践却往往说明：马克思主义美学仿佛成了包罗万象而拒绝任何融合的一种褊狭的学科。它在一些人的实践中，变成了万世不变的教条和已经解决一切问题的百科全书。如果这样，美学学科在马克思以后一百年就该停止发展而且是一劳永逸地解决了所有的问题了。但事实不是如此。

我们从三方面来看今日马克思主义美学的生命力。

第一，从建设一种新的审美文化的维度看。马克思主义美学仍是我们今天的精神发展与艺术创造的资源和动力。人类历史上文化发展从来就不是自然状态的，而是由有一定社会内涵和历史内容的人的意愿所推动的。文化是由有一定的文化要求的人们所创造的。审美文化是由有一定的审美理想的人们所创造的。几千年的人类文明史说明了：一定时代的审美风尚是被决定的，在诸多的被决定的因素中，统治集团和文化精英的"导向"意识将成为决定一定时代审美精神的发展的重要因素。

今日中国如果造成一种发展消极颓废的审美文化的情势，那么，马克思主义美学当然就没有了用武之地，就成了这股潮流发展的阻力。但情形恰恰相反。孕育于普通人民之中的健康的、与生命发展相称的审美精神，正是马克思主义美学的价值内涵和精髓。以"人类的解放"为目标的马克思主义，其美学理想也与此相关。所以，倡导这种富有生命力的、赋予内在的生命自由的精神，这正是今日马克思主义美学发展的需要。

在马克思主义美学思想史上，美学思想的最好的实践后果是马克思和恩格斯的艺术批评。纵观马克思、恩格斯在19世纪中下叶的批评实践，我们看到的是活生生的美是什么的形象的说明，是代表着先进阶级的审美理想的生动体现，是与历史进步相适应的审美文化的写照。1844年，马克思在《1844年经济学哲学手稿》中写道：

"国民经济学由于不考察工人（劳动）同产品的直接关系而掩盖劳动本质的异化。当然，劳动为富人生产了奇迹般的东西，但是为工人生产了赤贫。劳动创造了宫殿，但是给工人生产了栅舍。劳动生产了美，但是使工人变成畸形。劳动用机器代替了手工劳动，但是使一部分工人回到野蛮的劳动，并使另一部分工人变成机器。劳动生产了智慧，但是给工人生产了愚钝和痴呆。"①

这就是马克思的美的观念的价值倾向。从马克思恩格斯的几十年的批评实践看，这种价值倾向是像一根红线一样贯穿始终的。从马克思和恩格斯对"青年德意志""青年黑格尔""真正的社会主义者""金克尔之流""英国费边社""梅林和莱辛传奇"等文艺现象和人物的批评中，我们看到了以马克思恩格斯为代表的审美文化的价值倾向：始终旗帜鲜明地站在历史的进步力量一

---

① 《马克思恩格斯选集》，第2版第1卷，第42—43页。

边，歌颂光明，鞭挞黑暗与不公正，对美好事物的赞颂和对丑恶的批判。

从历史发展的深层要求看，马克思主义美学思想内涵是与历史进步和健康的人类生活发展的动力相一致的，所以，它不仅是19世纪的人类追求美好生活的力量源泉，也应是今天我们的价值源泉，这是没有问题的结论。从今日中国的生活实践看，社会主义时代正是审美取向纷呈繁杂的时代，在这样复杂的社会历史条件下，马克思主义美学比之历史上任何一种美学思潮更有其深刻的现实意义，这是毫无疑问的。

第二，从学科建设的需要看。当代美学建设的内部需要是由多方面组成的。现代西方美学在许多方面已取得了丰富的成果并推进了美学研究的发展。特别是研究审美经验方面，由于现代心理学的发展，使微观的审美经验研究已达到了很细致的程度。而这一点，在马克思恩格斯的时代是无法达到的。但是，马克思和恩格斯所提供的研究审美活动起源和发展的机制，美感产生的机理，关于审美活动哲学本质的探讨，关于人类掌握世界方式的区别，关于物质生产和精神生产不平衡的论述，都为今天人们系统地深入地研究审美活动提供了广阔的方向和正确的出发点。

以审美活动的起源研究为例。马克思和恩格斯已提供掌握世界的四种方式，关于劳动与审美活动起源等等关系的论述，一百多年来，由于思维科学近几年才发展起来，只有在思维科学发展的条件下，才可能深入发展下去。人类为什么要有审美活动？人类为什么要有艺术？人类的艺术思维，即马克思所讲的对世界的艺术精神的掌握的机制是什么？20世纪70年代到90年代发展起来的现代思维科学才提供了进一步探讨的可能。

这种发展的可能性正是马克思主义美学所内涵的。

第三，从当前的文艺批评发展来看。毋庸讳言，现代西方美学和文艺批评理论为语言学发展以来的微观批评提供了广阔的天地，但文艺批评的社会内涵是无法否认的。19世纪80年代以来，西方文艺批评走向意识形态就是一个证明。而在社会—历史批评方面，马克思主义无疑是最有力的思想武器。从这一点看，建设新意识形态批评在今天是马克思主义美学获得发展的具有广阔前途的方向。在这个方向上，我们坚持历史决定论，但又不固守机械的决定论；我们坚持反映论原则，但又不固守独断的反映论；我们坚持文化的艺术的意识形态属性，但又不固守独断的意识形态性。在新的历史条件下，马克思主义美学为我们今天迫切需要的社会—历史批评提供了广阔的天地和发展的前景。

可见，认为今天马克思主义美学已经"过时"了的看法是完全站不住脚的，是对马克思主义美学不了解、不熟悉的表现。

本书是作者对马克思和恩格斯美学思想的形成和发展所作的一个叙述。笔者相信通过这种娓娓道来的叙述，马克思主义美学的总体思想已被传达得十分清楚。它绝对不只是简单的几条批评原则，相反，这是极丰富的总体构成，是我们今天发展科学的美学所必要的思想资源。

第一章

萌芽与诞生（1837—1844）

第一节　从诗人到理论家

马克思的家庭与青少年时期

马克思诞生于1818年5月。他的童年和青年时代是在德国经济和政治最发达的莱茵省度过的。莱茵省比德国其他地区更多地受到18世纪末法国资产阶级革命的影响。这个地区是鼓吹自由、平等、博爱思想的德国民主主义者活动的场所。特别是有一段时间莱茵河地区并入法兰西共和国后，这里基本上废除了封建制度：消灭了大地主和教会的土地占有制、取消了封建特权，实行了陪审制和资产阶级的《拿破仑法典》，推动了这一地区的社会进步和工业发展。

1815年，莱茵省大部转归普鲁士，成为这个封建专制制度占统治地位的大德意志联邦的一个省。贵族地主保持了自己的绝

第一章 萌芽与诞生（1837—1844）

大部分特权。从这个特权等级中产生了普鲁士有权势的官僚上层和崇拜军国主义的军官集团。在这里，没有全国性的代议机关，邦议会只有发言权，代表资格等级原则严重地损害了资产阶级在邦议会中的权利。在政治结构上，莱茵省仍是一个落后的封建专制国家的一个地区。然而，19世纪初德国文化艺术却异常发达，在法国自由精神的鼓舞下，有着自己独特的启蒙精神发展的道路。德国的社会结构是沉重、滞后、专制的，然而德国精神却是飞跃、高扬而又鼓舞人心的。

从18世纪中叶开始，由于工商业的发展，使商业摆脱专制主义控制的努力在德国思想界越来越明显，在文学艺术上对专制主义的攻击也越来越犀利。德国的诗人讽刺吸血官僚，用了最犀利的语言：

> 加重百姓的负担，
> 增加君主的财产。
> 不管他人有痛苦，
> 竟令城乡变荒芜。
> 凭此高超的学问，
> 特拉索名利双收。
> 他有猛虎的残暴，
> 豺狼的贪婪，
> 狐狸的狡猾，
> 恶狗的嫉妒，

就是没有忠勇，没有良心。

他是个好样的理财家。①

18世纪德国君主们的挥霍无度是罄竹难书的，弗里德里希二世在《驳马基雅弗利》一文中一针见血刻画了他的王室伙伴们的形象："包括给军校学员发同等的俸禄，他没有哪一点不是自以为同路易十四相仿；他也营造自己的凡尔赛宫，拥有自己的情妇，豢养自己的军队。"②君主们还大兴土木为自己建造宫殿，几乎普鲁士历史上最著名的宫殿，都是在18世纪建造的。贵族们还制造伪币，贩卖人口，提高税收，敛集钱财，穷奢极欲地过着醉生梦死的生活。到18世纪中叶，市民阶级反对专制主义的斗争越来越公开化了，当时的文学史家赫尔曼·赫特纳在《18世纪德国文学史》一书中写道："1750年前后，德国的国家学说发生了重大变化——当德国资产者从三十年战争的悲惨结局中恢复过来，重新开始富裕和有文化的生活之后，便自然产生这样一种感觉，即君主和国民之间的关系不仅仅是锤子和铁砧之间的关系。王室和贵族那种懒散、暴虐、对人民敲骨吸髓的寄生生活，以前一直被认为是无法改变的气数，甚至是直接的天命。而现在

---

① 克·弗·丹·舒巴特：《1774年德国纪事》，1775年奥格斯堡版，引自莱奥·巴莱特、埃·格哈德：《德国启蒙运动时期的文化》，王昭仁、曹其宁译，商务印书馆，1990年版，第37页。
② 《弗里德里希二世全集》，柏林普鲁士科学院版（1846—1857），引自莱奥·巴莱特、埃·格哈德：《德国启蒙运动时期的文化》，王昭仁、曹其宁译，商务印书馆，1990年版，第37页。

人们则感到这是一种可鄙的放肆和非法的恶行，因而加以谴责。起初的反抗是缓慢和胆怯的，但在当时条件的推动下很快就加强和传播开了。"①

市民社会的勃兴和觉悟是18世纪德国启蒙精神的源泉。约翰·洛克的三权分立理论，孟德斯鸠的市民阶级国家理论（《论法的精神》）、卢梭的"社会契约论"等著名的启蒙思想家的精神在18世纪的德国普遍流行。特别是康德，这位著名的启蒙哲学家的论著，是18世纪德国精神的核心。康德在1794年总结市民社会勃起的精神内核时认为，国家只能在三种基本权利的基础上建立起来，即：

1. 每个国民作为人的自由；

2. 作为臣民同所有的人一律平等；

3. 作为公民的自主权。

康德写道："没有人能强迫我按照他所想像的使人幸福的方式感到幸福。每个人都可以以他自己喜欢的方式寻求幸福，只要不影响别人追求相似目标的自由"，"每个等级的每个成员都应当获得其才能、勤奋和运气所能企及的东西。""一切权利依赖于法律。"②

在社会—政治学说中掀起反专制主义浪潮的同时，18世纪中叶以后，德国的文学精神也越来越浓烈地渗透着这样的斗争精

---

① 莱奥·巴莱特、埃·格哈德:《德国启蒙运动时期的文化》，王昭仁、曹其宁译，商务印书馆，1990年版，第82页。

② 康德:《理论与实践》。

神。青年席勒写道:

> 用王权的外衣遮丑的人,
> 从宝座后面爬出来吧!
> 听听那令人胆战的歌声:
> 复仇之箭穿透紫袍,射中了君主的心。①

1781 年,席勒写出《强盗》,1783 年写《热那亚的费耶斯科的密谋》,1788 年《尼德兰的没落》问世。以席勒为代表的自由派资产阶级的理想,正以狂飙般的声势席卷德国思想界。赫尔德、莱辛则从文艺理论上对这一精神解放运动作出了深刻的论证。而莎士比亚则在 18 世纪下半叶的德国文化界起了非常大的作用。18 世纪中叶,莎翁的戏剧全部被译成德文,18 世纪 70 年代以后,所有的剧院都上演他的作品。

虽然与法国的启蒙运动相比,德国的思想界要晚了一步,而且德国的社会革命迟迟没有到来,然而,18 世纪的德国精神却准备了一种特殊的氛围:超前的精神推动社会变革。由于这场变革的反封建性质,而它又是在无产阶级开始形成阶级力量,并登上了政治舞台的时候,必然地,它产生了像马克思和恩格斯这样的在反封建专制的斗争中代表无产阶级利益的思想家和革命

---

① 席勒:《坏君主》,引自莱奥·巴莱特、埃·格哈德:《德国启蒙运动时期的文化》,王昭仁、曹其宁译,商务印书馆,1990 年版,第 110 页。

第一章 萌芽与诞生（1837—1844）

领袖。

马克思就是在这样的历史氛围中诞生的。

1818年，德国已为即将到来的新时代在精神上准备了半个多世纪了。马克思有幸生长在这个令人激动不安的革命年代，在渴求变革的社会历史条件下登上历史舞台。

马克思的家乡特里尔是莱茵省南部的一个小城，当时它有居民12000人。虽然它大致上是一个农业地区，那里的居民过着当时小资产阶级居民的平静的生活，但法国革命在这里也产生了深刻的影响。在小城里成立了支持法国革命的"雅各宾俱乐部"，人们在这里种了一株自由树。"自由主义倾向对马克思的精神的和政治的发展当然也会发生重大的影响，因为他的家庭和恩格斯的家庭一样，是资产阶级的家庭。"[①]

对马克思的成长产生了巨大影响的是两个人：马克思的父亲和马克思未来的岳父。

马克思的父亲希尔舍·马克思在1782年生于萨尔路易，很早就摆脱了狭隘的和限制重重的犹太教的束缚，通过刻苦的工作，后来成为特里尔的一名律师，取得了法律顾问的荣誉称号，并且被选为当地律师公会的主席。他深受启蒙精神影响，非常喜爱18世纪的作家和哲学家，如伏尔泰、卢梭和莱辛等人的著作。马克思本人在后来的回忆中，认为他父亲"以自己的纯洁品格和

---

① 科尔纽：《马克思恩格斯传》（第1卷），刘磊等译，生活·读书·新知三联书店，1963年版，第83页。

法学才能出众"①。马克思一生始终对父亲保持着崇高的敬意,他父亲的一张用老式银板照相法照的相片一直带在身边。

关于马克思的家庭,与马克思同时代的不少人都有详细的回忆。马克思的小女儿爱琳娜·马克思-艾威林在写给威廉·李卜克内西的信中说道:摩尔的父亲——摩尔十分钦佩自己的父亲——是一个地道的18世纪的"法国人"。他能背诵伏尔泰和卢梭,就像老威斯特华伦背诵荷马和莎士比亚一样。

显然,马克思是在父亲的自由主义思想的影响下,对法国革命所传播的观念和精神从小就熟悉了。而且,对18世纪以来的在启蒙主义精神影响下的文学作品,也早就开始关注和阅读。据1835年马克思所在的高中班的教学计划,青年马克思已经接触了西塞罗、塔西佗、柏拉图、歌德、席勒、孟德斯鸠、拉辛等人的著作。这表明,青年马克思受到的是相当充实的人文主义教育。

下面是马克思给父亲的一封信,写信的日期是1837年11月10日,即马克思19岁时写的:

> 亲爱的父亲:
>
> 生活中往往会有这样的时机,它好像是表示过去一段时期结束的界标,但同时又明确地指出生活的新方向。
>
> 在这样的转变时机,我们感到必须用思想的锐利目光去

---

① 《马克思恩格斯全集》,第1版第30卷,第499页。

第一章 萌芽与诞生（1837—1844）

观察今昔，以便认清自己的实际状况。而世界历史本身也喜欢把视线投向过去，并回顾自己，这往往使它显得是在倒退和停滞；其实它只是好像坐在安乐椅上深思，想了解自己，从精神上了解自己的活动——精神活动……

所以，当我在这里度过的一年行将结束，回顾一下其间所经历的各种情况，以便回答您，我亲爱的父亲，从埃姆斯寄来的那封极其亲切的信的时候，请允许我像考察整个生活那样来观察我的情况，也就是把它作为在科学、艺术、个人生活方面全面地展示出来的精神活动的表现来观察……

到学期终了，我又转向缪斯的舞蹈和萨蒂尔的音乐。在我寄给你们的最后一册笔记中，理想主义渗透了那勉强写出来的幽默小说《斯科尔皮昂和费利克斯》；还渗透了那不成功的幻想剧本《乌兰内姆》，直到最后它完全变了样，变成一种大部分没有鼓舞人心的对象，没有令人振奋的思路的纯粹艺术形式……[①]

从信中可以看出，19岁的马克思对父亲充满了依恋、理解与朋友般的尊重之情，并十分注意自己的艺术学习。

还值得一提的是另外一位学识教养俱佳的老人，就是马克思未来的岳父，燕妮的父亲冯·威斯特华伦男爵。男爵就住在马克

---

① 曼弗雷德·克利姆：《马克思文献传记》，李成毅等译，河南人民出版社，1992年版，第42页。

思家不远。马克思尊敬男爵,把他看成第二个父亲。几年之后,马克思所写的第一部学术著作即他的博士论文就是献给这位老人的。在论文的引言里他赞扬威斯特华伦的纯正的理想主义和他对于真理与进步的深刻向往。他说:"但愿一切怀疑观念的人,都能像我一样幸运地景仰一位充满青春活力的老人。这位老人用真理所固有的热情和严肃性来欢迎时代的每一进步;他深怀着令人坚信不移的、光明灿烂的唯心主义,唯有唯心主义才知道那能唤起世界上一切英才的真理;他从不在倒退着的幽灵所投下的阴影前面畏缩,也不被时代上空常见的浓云密雾所吓倒……"①

和马克思的父亲一样,威斯特华伦男爵也是一位很有教养的人物,他的英语讲得和德语一样好,并且能够自如地阅读古代希腊和古代罗马作家的作品。他对马克思的影响不仅限于文学方面,他关心社会问题和圣西门主义,马克思常常提起他在和男爵谈话时,男爵怎样地要他注意圣西门的人格和事业。

马克思不仅有幸生长在那样一个渴求变革的时代,而且还有幸生活在这样一个充满着人文精神和唯心主义的人生小环境中,这对马克思的人生道路产生了决定性的影响。

在冯·威斯特华伦的影响下,青年马克思对浪漫主义文学产生了强烈的爱好。波恩大学进一步加强了他的这种爱好。1835年10月,马克思进入波恩大学,时年17岁。波恩是一个小城,但却是莱茵省精神生活的中心。精神生活集中于这样一座拥有

---

① 《马克思恩格斯全集》,第2版第1卷,第9页。

700名学生的著名大学。由于马克思喜欢诗歌,因而他除了听法学课程外,也听文学和美学课程。但波恩大学的一年课程和学习环境对渴望更丰富的精神生活的马克思来讲,是不够的。马克思的父亲对马克思在波恩的一年也十分失望,他希望儿子不再过散漫的生活,他决定将马克思送到柏林去继续求学。

1836年10月中旬,马克思从特里尔来到了柏林。一般的传记著作都对马克思在柏林读大学时的文学诗作作了介绍,当时主要是围绕青年时代的爱情而写作的诗歌。在这些诗歌中,青年马克思的思想与激情得到了充分的舒展,他最初的浪漫主义的激情在这些诗作中表现得淋漓尽致:

> 炽热的创作火焰,
>
> 从你的胸口向我蔓延,
>
> 它们在我头上汇成一片。
>
> 我把它们珍藏在心间,
>
> 你的形象熠熠放光,宛如琴韵,
>
> 你用爱的双翅轻抚我心头的火焰。
>
> 我听到那声浪,我看到那闪光,
>
> 万里长空在飘航,
>
> 升起了,又下降,
>
> 下降了,又更高地飞翔。
>
> 当内心的斗争已经停息,

我看到痛苦和欢乐变成了诗章。

我心中激动,如痴如狂,
沉醉于情深意切的锦绣辞章;
我心中涌现出万千形象,
都由你的心把他们点亮。
他们满怀柔情舒展四肢,
在创造者的怀抱里重新放光。①

这首献给父亲的奇特的赞辞里显现了青年马克思关于灵感的火花、痛苦和欢乐的见解。但是,这显然是一个青年习作者在当时浪漫主义美学思潮影响下的产物。比如他写给燕妮的十四行诗所歌颂、传达的对爱情的感受和一个青年人所受的心灵的煎熬,只表达了这种诗歌形式的"通俗性":

但是啊! 我只愿你流下含情的泪水,
只望你听一听我的歌唱,
只要你赋予它神韵和异彩
我就甘愿让歌声消失于死寂的远方。②

---

① 《马克思恩格斯全集》,第2版第1卷,第697页。
② 《马克思恩格斯全集》,第2版第1卷,第540页。

第一章 萌芽与诞生(1837—1844)

但是,青年马克思毕竟不是那些沉湎于美文学的小资产阶级文人,从他中学时代的作文中就可以看出他是一个怀抱崇高理想的人,他曾写道:

"一种建立在我们深信其正确的思想上的职业,一种能给我们提供最广阔的场所来为人类工作,并使我们自己不断接近共同目标即臻于完美境界的职业,而对于这个共同目标来说,任何职业都只不过是一种手段。……如果一个人只为自己而劳动,他也许能够成为著名的学者、伟大的哲人、卓越的诗人,然而他永远不能成为完美的、真正伟大的人物。"①

一个怀抱为人类谋利益的崇高理想的青年人,当他将精神的触角伸向艺术领域时,尽管他在叙述方式上是不成熟的,但这不成熟的形式却无法掩盖他那思想的激情和燃烧的理想:

> 诗人,你也许认为我不能领会
> 你灵魂里的斗争,内心的光芒,
> 奋起向上的形象吗?
> 它们光芒四射,纯洁如灿烂群星,
> 它们波涛汹涌,炽热如火焰洪流,
> 它们朝一种更加崇高的生活迈进。②

---

① 《马克思恩格斯全集》,第2版第1卷,第458、459页。
② 参见希·萨·柏拉威尔:《马克思和世界文学》,梅绍武等译,生活·读书·新知三联书店,1980年版,第15页。

这种对生活热情的拥抱和勇往直前的勇气,同样显露在他写给燕妮的情诗中:

> 所以让我们敢于面对一切艰险,
> 永不停留,永不歇息,
> 永不陷入呆滞的缄默,
> 永不无所希冀,永不无所作为。
>
> 在那沉重压榨我们的枷锁下,
> 不要郁郁沉思,焦虑地徘徊,
> 因为向往和愿望,
> 还有行动,依然归属于我们。①

即使在这刚刚表露出艺术追求的青年时代,马克思的美学思想中的崇尚真理的光辉和人性完美,反对矫揉造作,面对粗鄙的自然主义的倾向,也顽强地显示了出来。青年马克思写过一首题名为《维也纳猴子戏团在柏林》的诗:

> 我一声不响坐在那里,
> 观看着野兽在耍把戏,

---

① 希·萨·柏拉威尔:《马克思和世界文学》,梅绍武等译,生活·读书·新知三联书店,1980年版,第526—527页。

> 演员们真是本性难移，
> 本应该把尿撒向墙壁……①

在这首诗里，青年马克思带着厌恶的情绪讽刺了粗糙的自然主义，这与日后的美学思想发展中的理想主义与现实主义精神是一脉相承的。

文学毕竟不是马克思的精神栖身之地。他的青春时代的诗歌创作表明，他的素质注定他要成为一位思想家，而不是一位诗人。他的诗对思想的表达直言不讳，而且直抒胸臆，就如他在给燕妮的另一首诗里所表达的：

> 我再也不能安静地研习，
> 那有力地吸引着我的东西，
> 我再也不能得到恬适和安静，
> 我的生活将不停地沸腾。
> 我要占有
> 一切最美好的神赐。
> 我要大胆地钻研科学，
> 掌握音乐和艺术。
> 我们要勇往直前，
> 永不休息，永不偷闲，

---

① 《马克思恩格斯全集》，第2版第1卷，第783页。

> 切莫呆呆地沉默不语，
> 无所希求，无所事事！
>
> 切莫无言和畏怯地
> 从低轭下面爬过，
> 要知道渴望、心愿和事业
> 仍然会留在我的身边。①

青年马克思的最初的文学创作表明，他在追求无限的事物，追求符合他内在本质的理想时，内心的激情与对理想的向往交融在一起，引导他面对更深邃的世界观变革的要求。他的文学创作尝试已表明了他的最初的美学思想的出发点就有不同于常人之处。他就是那样顽强地表达了他对不是一己的小我，而是整个人类命运的爱和责任。"永不休息，永不偷闲"，马克思就是那样实践自己青年时代的诺言的。

马克思明白自己永远不会成为一个真正的诗人。生过一场病后，他就把存留的小说和诗稿统统付之一炬。他在到柏林的一年后写给他父亲的一封信中说："对于当时我所处的那种精神状态来说，抒情诗必然是首要的题材，至少是最愉快和亲切的题材。然而这种题材是纯唯心主义的；造成这种情况的原因是我当时的

---

① 科尔纽：《马克思恩格斯传》（第1卷），刘磊等译，生活·读书·新知三联书店，1963年版，第107—108页。

心情和我以往的全部发展。我的天堂，我的艺术就和我的爱情一样，都成了极其遥远的不可捉摸的东西。一切现实的东西都变得模糊不清了，而一切模糊不清的东西都失去了界限。攻击现实，感情飘忽不定，不自然，想到就写，把现存事物和应有事物完全对立起来，注重修辞而不注意诗的思想，也许，还有某种感情的热力和大胆飞翔的渴望——这就是我送给燕妮的最初三本诗歌的特征。无边无际的广阔的愿望，在这里各种不同的形式全面地迸发出来，而诗歌就失掉了必要的精炼，并且变成了模糊不清的东西。"①

到柏林一年中的文学创作的尝试，只表明了青年马克思最初的美学追求是怀抱理想的，是追求美好的，追求人生幸福的。但这一点已远远不能满足青年马克思了。他很快就抛弃了从事文学创作的浪漫主义幻想，在柏林大学这座著名的学府投入了紧张、艰苦的思想探索和学习。

柏林大学是当时的黑格尔哲学的发祥地和传播中心。马克思并不是一下子就接受黑格尔哲学的，一开始他并不喜欢黑格尔哲学，他头脑中的浪漫主义和理想主义，与黑格尔严峻的逻辑是不相容的。但是，1836—1837年，在普鲁士没有别的更有权威的哲学体系可作为热衷于思想的青年的追索对象。马克思转向黑格尔，而且，在美学上，马克思首先是阅读和研究黑格尔美学著

---

① 曼弗雷德·克利姆：《马克思文献传记》，李成毅等译，河南人民出版社，1992年版，第61页。

作。1837年夏，他"彻底研究了黑格尔的《美学》"，并以此为依据，企图对艺术和诗进行哲学阐述。从1837年到40年代初，马克思在艺术哲学方面作了许多努力，下了许多功夫。[①] 如他曾草拟了一篇柏拉图式对话体的文稿《库列安特斯，或关于哲学的出发点和必然的发展》，并认为这篇对话使他越发坚定地倾向于黑格尔哲学。[②] "我最后的提纲成了黑格尔体系的开端……"[③] 40年代初，他还打算写一出笑剧来反对神学思想，他还计划办一个剧评刊物，但没有成功。1839—1841年间，青年马克思致力于撰写博士论文《德谟克利特的自然哲学和伊壁鸠鲁的自然哲学的差别》。在这篇博士论文中，马克思的文学爱好和最初的艺术倾向表现得十分透彻、明确，甚至是十分精彩。马克思大胆地引述了希腊神话、戏剧、史诗中的材料。他用普罗米修斯对诸神的奴仆赫耳墨斯所说的话来表明：

> 我绝不愿像你那样甘受役使，来改变自己悲惨的命运
> 你好好听着，我永不愿意！
> 是的，宁可被缚在崖石上，

---

① 米哈依·里弗希兹：《卡尔·马克思的艺术哲学》，1938年纽约版，第12页。
② 据马克思写给父亲的信中说，这篇稿子写了将近24张印刷页。这篇对话没有保存下来。（《马克思和世界文学》，生活·读书·新知三联书店，1980年版，第31页注②。）
③ 《马克思恩格斯论艺术》（第4册），人民文学出版社，1966年版，第170页。

第一章 萌芽与诞生（1837—1844）

也不为父亲宙斯效忠，充当他的信使。①

青年马克思坚决的革新精神、对人间苦难的同情和精神上的反叛，渗透在他的博士论文的字里行间。马克思对欧洲启蒙思想的热烈的欢迎使莫泽斯·赫斯这样描绘马克思："想想看，卢梭、伏尔泰、霍尔巴赫、莱辛、海涅和黑格尔这些人熔合成为一个人——我说熔合，而不并列——于是您就有了马克思博士。"②

这时候的马克思仍然是个黑格尔主义者，在博士论文中他认为古希腊时代是自然和艺术时代，而近代则是精神和哲学时代："古代人的前提是自然界的活动，而现代人的前提则是精神的活动。古代人的斗争只有在可见的天国、生活的实体的联系、生活和宗教生活的吸引力被打破的时候才得以告终，因为要达到精神在自己的内部的统一，自然就不得不被打碎。希腊人创作雕像，用赫斐斯塔斯的艺术锤子把自然打碎；罗马人把自己的宝剑直接刺入自然的心脏：这两个民族都灭亡了。但是近代哲学撕下了神的言词的封条，把它提到精神的圣火中销毁了；近代哲学不是脱离了自然引力的单个背教者，而是同精神战斗的精神战士……"③

---

① 埃斯库罗斯：《被锁链锁住的普罗米修斯》。
② 希·萨·柏拉威尔：《马克思和世界文学》，梅绍武等译，生活·读书·新知三联书店，1980年版，第35页。
③ 《马克思恩格斯论艺术》（第2册），人民文学出版社，1963年版，第45—46页。

马克思对人类精神活动的重视和向往，在这一阶段的生活中表现得特别炽热。他爱好埃斯库罗斯和卢克莱修，他尊重席勒和歌德而蔑视那些批判他的19世纪评论家。德国浪漫主义的某些方面曾引起他的兴趣，但很快就被怀疑和厌恶所抵消了。他将古希腊神话中的英雄普罗米修斯视作自己生命的灯塔，我们看到，无论在哲学上还是在美学上，马克思终生的道路与这位神话英雄的灵魂是不再分开了。

恩格斯的家庭和青少年时期文学创作

恩格斯也出生于莱茵省，1920年生于巴门。他的父亲是一个工厂主。与马克思那充满自由主义气氛的家庭不同，在恩格斯的家庭里，一种严格保守的和虔诚主义的精神占着统治地位。恩格斯年纪很小的时候就不得不为初步建立自由主义的宗教和政治观点而对保守主义和虔诚主义进行持久而艰苦的斗争。所以，他的精神生活的斗争一开始就在家庭中进行。

对一个在生活的发展中渴求与时代同呼吸共命运的青年来讲，一个守旧的，恪守加尔文教和清教传统的家庭是不能令人满意的。这种早期资本主义所倡导的只有通过节俭、严格和吝啬的生活方式，才能扩大流动资本并将这种精神视为美德。这种信仰在某种意义上是敌视一切乐生观点的。

虔诚主义要人民保持严格的信仰和刻苦的生活方式，这样就便利了对人民的压迫和剥削；虔诚主义是正统的和反动的运动的天然同盟者，这种运动的目的就是镇压产生于18世纪并从

第一章 萌芽与诞生（1837—1844）

法国革命时期加强起来的一切理性主义和自由主义倾向。这种偏颇的虔诚主义与当时德国最保守的专制主义结合起来，竟然连歌德这样伟大的古典作家都当作下流的、不道德的作家而被否定了。

恩格斯的父亲极为保守，但他爱好音乐，会拉大提琴，并且开过家庭音乐会，而他的妻子却热爱生活，有幽默感，并把《歌德全集》当作给儿子的生日礼物。

恩格斯在这样一个充满虔诚主义气氛然而又不是十分古板的家庭中长大。恩格斯13岁以前在巴门的理科中学读书，14岁进了被认为是普鲁士最好的学校之一的爱北斐特的市立中学读书。这个机遇对恩格斯的一生是极为重要的。爱北斐特的社会与政治方面都比较进步。工人敢于起来斗争，学校充满自由主义思想。恩格斯描绘那里的学校生活时说：

> 爱北斐特中学的经济状况非常拮据，但它是被公认为普鲁士最好的学校之一……
>
> 汉契克博士，教授，代理校长……能用西塞罗的拉丁文写诗和散文，写过许多传教文章、教育问题论文和学习希伯来文的材料……
>
> 克劳森博士，第三个一级教员，他无疑是全校最能干的一个，学识渊博，精通历史和文学。他讲课非常吸引人；他是唯一善于使学生对诗发生兴趣的人，否则乌培河谷的庸夫

俗子就会完全失掉这种兴趣。①

充盈着自由气息的学校使恩格斯更渴望取得不受约束的生活和独立的观点。青年马克思一生都对开明的具有热烈的民主思想的父亲充满挚爱，相反地，恩格斯却通过对父亲的反抗从而表达了他内心向往自由和热爱生活的愿望。

这种生活环境形成了高度敏感的青年恩格斯心理上深深的孤独感。他渴望理解，但在家里找不到任何人能与他沟通。在他们家里住过的一位妇女回忆说，有一次他在大白天里提着灯笼，就好像是正在寻人的第欧根尼②一样。这种渴望自由的灵魂骚动使他甚至于求助于宗教。比如，他在一首诗里，就祈求基督拯救他的灵魂。他在1837年3月12日按例行坚信礼时，他的激动情绪使所有在场者都感到惊讶。还有，在他的学业证明书上，校长除称赞他心地纯洁、性情温和之外，还称赞他笃信宗教的感情。

这种渴求精神自由的心灵骚动最初并不表现在政治上，而是具有一般的、不确定的解放的要求的形式。这种解放的要求就是表现在他对过去伟大英雄人物的高尚而热爱自由的人格的态度上。他于1836年的一首诗里写道：

在我面前遥远的地方，

---

① 《马克思恩格斯全集》，第1版第1卷，第510—511页。
② 第欧根尼是古希腊犬儒主义学派创始人，他大白天打着灯笼在市场上，自嘲说，在寻找真正的人。

第一章 萌芽与诞生（1837—1844）

隐约出现了另一幅美丽的画图，

正仿佛小星透过云层，

优美而柔和地照耀。

它们在走近——我已经辨识出

它们的形象，

我看见射手退尔，

看见力战妖龙的齐格弗里特，

执拗的浮士德走近了我，

阿齐里斯出现在前面，

还有崇高的能干布雍，

和他那些骑士随从。

走近了的还有——兄弟们，请不要笑——

英雄唐·吉诃德[①]，

他骑着骏马，

在广阔的世界上驰骋。[②]

这是一个渴望自由的灵魂的舒展。青年恩格斯向往着文学作品中充满浪漫主义的幻想的人物和世界，期盼着打破精神枷锁，骑着骏马，在广阔的世界上驰骋。对于他，也和对于马克思一样，诗歌艺术只是摆脱庸人社会的一个出路。他在一个小组里

---

① 现多译为堂吉诃德。——编者注
② 科尔纽：《马克思恩格斯传》（第1卷），刘磊等译，生活·读书·新知三联书店，1963年版，第158—159页。

专心地从事诗歌创作活动，小组成员的作品则在组内朗读。他当时写的诗，都是歌颂德意志史诗中的英雄，这些英雄对恩格斯来讲，正好体现了他对自由的热望。这些"热望"很快体现在创作里，1837年写的一篇小说就描写了希腊海盗为着祖国的自由而对土耳其人进行的英勇的斗争。

1838年8月，恩格斯离开故乡到不来梅去学习经商。恩格斯活跃的天性，为挣脱羁绊而获得身心自由的欢乐，都尽情地体现在他充满生机的日常生活中。练习击剑，游泳，骑马郊游，参加音乐活动，对绘画也有浓厚兴趣。卓越的语言天才使他在外语研究上取得了迅速的进展，他不仅能用法语、英语来写信，甚至也能用一点西班牙语、葡萄牙语、意大利语和荷兰语。与马克思在书斋里开始与真理接近的历程不同，恩格斯是通过生活实践，与日常生活、与工业生产、与商业活动的接触和实践，开始其对实际生活的了解和对民主与自由理想的向往的。而与马克思相同的是，青年恩格斯也是以诗作为抒发自己内心炽热的情感的工具。青年恩格斯写诗并不满足于诗句和韵律的华丽多彩和铿锵有力，并不满足于远方景色的出色描写，而是把它们和对自由活动的称颂结合起来，这种自由活动在他身上就是向往政治自由的最初形式。

如在《贝都因人》这首诗里，他把贝都因人拿来跟与他们毫不相干的观念相比，除此之外，还把贝都因人对目前的处境所感到的痛苦同他的先前的痛苦相比，诗中写道：

铃声响了起来,
丝幕向上升起;
人们凝神屏息,
默默等在那里。

科莱布今天不来,
给诸位开心打趣,
席勒这回也不登场,
来倾吐金言玉语。

高傲的沙漠王子,
到这儿来为诸位解闷。
他们的豪情和自由,
已似春梦无痕。

他们为了挣几个钱,
才表演家乡的舞蹈,
所有的人全都沉默,
只有一个人放歌哀号。

昨天科莱布在这里插科打诨,
受到观众的欢迎,
今天人们又在这里,

给贝都因人热烈鼓掌。

敏捷而矫健的沙漠之子!
你们曾顶着正午的烈日,
穿过摩洛哥的沙漠,
走遍海枣的国土!

你们在美丽的乌尔·查利德的土地,
遍历邦里的花园。
胆大的铤而走险,
马儿也来助战!

你们曾在沙漠的月下,
倚着泉旁的棕榈树,
听一张灵巧的嘴,
述说美丽动人的故事。

你们曾在狭窄的天幕里,
在爱的怀抱内寻求好梦,
直到天边晨曦出现,
骆驼发出了叫声!

奉告远道的来客,

第一章 萌芽与诞生（1837—1844）

请返回自己的家园，

衣冠楚楚的老爷们不了解你们，

你们的歌诗也打动不了他们的心弦！①

年轻的恩格斯对自己的诗作并不满意。他清楚他并不是一个天生的伟大的诗人，他胸中涌动着诗的激情和比写诗更伟大的社会改造的抱负，他越来越迅速地加快了摆脱宗教和旧传统的过程。1839年4月在他写给弗里德里希·格雷培的信里，就承认自己受到了时代的自由民主思想的鼓舞。他写道：

"这些时代观念……奠基在每个人的自然权利之上，并且涉及现代关系下和这种权利相矛盾的一切事物。例如，和这些观念有关的，首先有人民参加国家管理问题，即宪政问题；其次则有犹太人解放问题，取消一切宗教强制、一切世袭贵族问题等等。对于这些，谁又能提出什么理由来加以反对呢？……

"……由于这一切时代观念，我夜里睡不着觉；当我站在邮车上，望着普鲁士国徽时，我就感到自己沉浸在自由精神里。每当我翻阅一本什么杂志时，我都注意寻求自由事业的进展情况。"②

---

① 参见《马克思恩格斯早期著作选》，1956年俄文版，第266—267页，引自科尔纽：《马克思恩格斯传》（第1卷），刘磊等译，生活·读书·新知三联书店，1963年版，第169—171页。
② 科尔纽：《马克思恩格斯传》（第1卷），刘磊等译，生活·读书·新知三联书店，1963年版，第173页。

可以这样说,恩格斯此时所表达的思想是对精神生活的渴求,是与青年马克思相仿的。他渴望自己像山洪那样,冲出山谷,给自己开辟一条道路。①

由此可见,19世纪30年代中期到40年代初,是青年马克思和恩格斯的美学思想初步形成发展的时期,它们的总的特点是,对浪漫主义诗歌的爱好,对自由精神的向往,对现实生活的关切,对虚伪、骄慢、粗野的自然主义的鄙视,以及对生活的热爱和充满激情的向往。这是德国19世纪中叶特有的孕育着精神萌动时期的精神取向,青年马克思和恩格斯的审美理想与艺术趣味,也是在这个大的精神生活的格局下萌动和生成起来的。

第二节 青年黑格尔派

青年黑格尔运动提供的哲学与思想基础

19世纪30年代的文学—美学思潮,普鲁士德国是在青年德意志运动这个自由主义思潮的大背景下产生出来的。青年德意志运动中追求自由的思想,首先在文学上通过夸张的抒情和直抒胸臆而达到了淋漓尽致的表达。马克思、恩格斯最初的一些抒情诗篇,无不充满着强化个人情感色彩的自由、奋发、斗争和渴望新的精神的言词,精神是朦胧的,而方向是明确的。他们的精神基

---

① 科尔纽:《马克思恩格斯传》(第1卷),刘磊等译,生活·读书·新知三联书店,1963年版,第174页。

第一章　萌芽与诞生（1837—1844）

础，都是而且只能是黑格尔哲学这个基础。然而，对黑格尔哲学的垄断式的统治的不满，对在精神领域中教皇的统治，在那样一个大的动荡的时代，酝酿着革命的时代背景下，青年思想者们是断然不会全盘接受的。在这样一种情况下，马克思恩格斯采取了当时唯一正确的可行的办法和立场：在黑格尔哲学内部寻找革命的因素。

马克思在 1837 年 4—5 月，因病休养。在这期间，他从头至尾阅读了黑格尔的全部著作，并开始结识了"博士俱乐部"的成员，参加了博士俱乐部。这群风华正茂、朝气蓬勃的大学教师、作家和大学生们，在柏林宪警市场的施特黑利咖啡店内，不停地争论黑格尔哲学问题。马克思正是通过自身的钻研和争论，使他们同原来讨厌的黑格尔哲学越来越近，终于发现了他的思想闪光点：

> 发现了最崇高的智谋，领会它深邃的奥秘，
> 我就像神那样了不起，像神那样披上晦暗的外衣，
> 我长久地探索着，漂游在汹涌的思想海洋里，
> 在那儿我找到了表达的语言，就紧抓到底。[①]

马克思终于发现了"真理"，并声称要紧紧抓住它。这不是一个青年人一时的激情，而是经过痛苦探索的结晶。但是，马克

[①] 《马克思恩格斯全集》，第 1 版第 40 卷，第 651 页。

思并不是完全匍匐在黑格尔脚下，相反，他很快敏感地意识到黑格尔体系的内在矛盾，迅速发展的经济和社会逐渐暴露了并加深了这种哲学的内在矛盾。自然科学的飞速进步使黑格尔的自然哲学失去了根据，同时，加强了资产阶级实力的经济高涨，也引起了对他的政治体制的批判。人们无法容忍他关于"进一步是永恒的"这样的辩证观点并且将普鲁士国家和基督教看作是绝对理念的体现之间所存在的妥协。革命方法与保守的体系之间的矛盾，在黑格尔学派内部引起分化，分成黑格尔的保守正统门生与自由派门生，老年黑格尔派和青年黑格尔派。恩格斯说过：

"黑格尔的整个学说……为容纳各种极不相同的实践的党派观点留下了广阔场所；而在当时的理论的德国，有实践意义的首先是两种东西：宗教和政治。特别重视黑格尔的体系的人，在两个领域中都可能是相当保守的；认为辩证方法是主要的东西的人，在政治上和宗教上都可能属于最极端的反对派……到30年代末，他的学派内的分裂越来越明显了。左翼，即所谓青年黑格尔派，在反对虔诚派的正统教徒和封建反动派的斗争中一点一点地放弃了在哲学上对当前的紧迫问题所采取的超然态度，由于这种态度，他们的学说在此之前曾经得到国家的容忍、甚至保护……斗争依旧是用哲学的武器进行的，但已经不再是为了抽象的哲学目的；问题已经直接是要消灭传统的宗教和现存的国家了。"[①]

---

① 《马克思恩格斯选集》，第2版第4卷，第220—221页。

第一章 萌芽与诞生（1837—1844）

19世纪30年代末40年代初崛起的青年黑格尔派，以黑格尔体系中的辩证法为出发点，对进步的、改革的、发展的思想情有独钟。他们的分歧由哲学开始，直至在政治上表现为尖锐的对立。老黑格尔认为普鲁士国家是永恒的、基督教是至上的观点，遭到青年黑格尔派的猛烈攻击。青年黑格尔派依照18世纪百科全书派的榜样，先是抨击基督教，然后才抨击国家，对黑格尔将宗教内容与哲学内容相提并论的观点进行了猛烈的抨击。黑格尔认为，"哲学和宗教的内容、要求和利益都是相同的。宗教的对象同哲学的对象一样，是客观存在的永恒真理本身，是神，除了神对神的解释以外，再也没有任何其他东西了。……所以，哲学在解释宗教时，也就是在解释它自己，而在解释自己时，也就是在解释宗教……这样，宗教和哲学便合二为一了；哲学本身实际上就是神灵礼拜……因此，哲学和宗教是同一的，它们的差别就在于它们的活动方式不同……它们按研究神的方式的不同而有所区别"①。黑格尔的这种宗教神学受到了两方面的攻击。正统的宗教学者反驳黑格尔将宗教与神学混为一谈，认为不是哲学，而只有宗教，才是绝对真理的启示。而从另外激进的一端对黑格尔的批判是以大卫·弗里德里希·施特劳斯的名著《耶稣传》为代表的。他通过对黑格尔的批判，得出结论：不论基督或基督教，都不能认为具有永恒的、绝对的意义。在这本书中，施特劳斯抨击了黑格尔哲学的主要构成部分。他断言，宗教的本质和哲学的本

---

① 黑格尔：《哲学和宗教讲演录》。

质是不同的，从而粉碎了黑格尔所认为的宗教和哲学的协调，以及作为黑格尔学说基础的逻辑发展和历史发展的统一。因此，在理性的和逻辑的真理之外，还存在着历史的现实，它并不是必然和这种真理相吻合的。由于把属神的东西完全移入人类的发展中，黑格尔关于神的概念所固有的形而上学的和超验的性质就被扬弃了，基督教的绝对价值就被否定了。这种摧毁黑格尔体系的举动，为青年黑格尔运动的发展铺平了道路，青年黑格尔派受到施特劳斯的言论启发，进一步发展了他的批判，使黑格尔的学说适合于当时的自由主义潮流。他们的主要任务是把黑格尔的观念运动的理念加以推广和运用，用发展的、行动的、不断变化的学说来同黑格尔的自我封闭的体系对立起来。青年黑格尔运动把行动哲学和批判哲学变成了政治武器，他们继承了"青年德意志"的事业，通过批判现存制度，使普鲁士国家具有合理的，即适合于资产阶级意向的、自由的性质。

其间，对青年黑格尔运动起决定作用的是费尔巴哈。在批判黑格尔的过程中，费尔巴哈通过批判唯心主义世界观关于思维与存在关系的理解，开始由唯心主义世界观转向唯物主义世界观。从根本上对黑格尔的思辨的唯心主义进行了"颠覆"。1838年、1839年这两年，费尔巴哈相继发表论文，对黑格尔的体系作了决定性的摧毁。费尔巴哈批判道："黑格尔哲学是思辨的体系哲学的顶峰……黑格尔实际上并没有深入地观察过、思想过感性意识，对他来讲，感性意识之为对象，只是作为自我意识、思想的对象。这种感性意识只是自我确认范围内的思想的异化。正是因为这个缘故,所以,现象学或逻辑学(因为这是一样的)也从直接假定自身开始,因而也就从与感性意识直接矛盾、绝对分离开始。因为它像我们说过的那样,并不是从思想的异化开始,而是从关于思想的异化的思想开始,在这里面思想自然已经确信要战胜它的对方了……因此思想便嘲弄感性意识,把它说成最好的东西。但是正因为如此,思想也就没有驳倒它的对方……哲学是关于真实的、整个现实界的科学,而现实的美就是自然界,最普遍意义的自然界。在最简单的自然物里面也包含着最深奥的秘密,然而这些自然物却被渴望彼岸的幻想的思辨者践踏至脚下。只有回到自然界,才是幸福的源泉。"[1]

费尔巴哈的尖锐的、深刻的、明晰的批判,如果说不是全部,也是十分坚决地动摇了黑格尔哲学的基础。他从存在出发,从感性出发,从具体的现实出发,不是把精神看作世界原则而是把自然界看作世界原则。这样,费尔巴哈就给唯物主义哲学奠定了基础。费尔巴哈是青年黑格尔派的哲学导师和指路人。

当时,青年黑格尔派的激进的社会改革理想主要表现在政治方面,其间的活跃分子如卢格与聚集在《哈雷年鉴》周围的青年黑格尔派,以及其中优秀的代表人物鲍威尔等人,用自己的尖利的文章和著作向普鲁士专制制度发起了猛烈的进攻。鲍威尔的批判哲学给青年黑格尔派提供了一个武器,但这个武器仅仅是"精

---

[1] 《费尔巴哈哲学著作选》上卷,生活·读书·新知三联书店,1959年版,第60、70、84页。

神的",他们的运动仅仅局限在思想上,没有把斗争的目标规定为对现存事物进行实际的革命改造,而是基本上局限于对统治的观点和制度进行不断的批判。

青年黑格尔运动的外在影响可以被看作是社会改革的必然要求的体现,而它的内在要求则体现在黑格尔哲学的革命性改造和费尔巴哈对它的批判上。在对黑格尔哲学,包括青年黑格尔运动的内在的批判上,费尔巴哈给青年黑格尔运动找到了光明的出路,为青年黑格尔运动中最激进的、最可能成为更高层次上的新的批判者找到了思想的突破口。青年马克思恩格斯就是在这种背景下,走向唯物主义,从而形成自己的哲学观和美学观的。

在转向唯物主义前夜的美学与艺术理想

政治批判与哲学改造的大背景,使青年马克思、恩格斯一步一步地走向与工人阶级的解放斗争密切相关的实践活动,其间,他们的美学思想与艺术批判精神也越来越摆脱了青年时代的浪漫主义理想和对自由主义的牧歌式的或对理想中的英雄充满憧憬的阶段。

先让我们看看马克思、恩格斯转向青年黑格尔运动后的生活历程。我们将他们结束自己的中学时代踏上大学或走上社会的经历列表如下。

1836—1844年,马克思:

马克思1836年10月到柏林弗里德里希-威廉大学法律系注册入学,1837年4月8日,自学黑格尔哲学,成为柏林博士俱

第一章 萌芽与诞生（1837—1844）

乐部的成员，1839—1841年写作博士论文《德谟克利特的自然哲学和伊壁鸠鲁的自然哲学的差别》，为马克思的革命民主主义思想打下了基础。1841年1月23日《雅典神殿。德意志知识界杂志》刊登马克思的文学作品《狂歌》。3月，马克思领到柏林大学的毕业证书，4月，被耶拿大学授予哲学博士学位。

1841—1842年深入研究费尔巴哈哲学，成为《莱茵报》的自由撰稿人，并成为《莱茵报》的编辑和主编。1843年与卢格一起筹备《德法年鉴》。1844年10月流亡巴黎。

1838—1844年，恩格斯：

1838年7月，恩格斯离开巴门到不来梅商行见习。在见习期间利用业余时间研究语言、历史和哲学，他写作诗歌、散文、小说和评论。1841年9月，恩格斯赴柏林服兵役，并到柏林弗里德里希—威廉大学听课。1842年初，认识鲍威尔不久加入青年黑格尔派。1842年底，恩格斯前往英国，1844年2月，《德法年鉴》创刊号在巴黎出版，这一期刊登了恩格斯的著作《政治经济学批判大纲》和《英国状况。评托马斯·卡莱尔的〈过去和现在〉》。恩格斯开始从唯心主义向唯物主义，从革命民主主义向共产主义转变。

马克思与恩格斯的历史性的会见是在1844年8月底至9月初，当时马克思在巴黎为一家德文报纸《前进报》撰稿并实际上成为领导人。当时恩格斯从曼彻斯特返回德国，途中在巴黎逗留，拜访了马克思，开始了他们辉煌的长达半个世纪的合作。

我们叙述的是马克思和恩格斯开始合作之前的精神历程。在

1844年巴黎会面的历史性时刻前,马克思在拿到博士学位以后直至筹办《德法年鉴》的这段时间,对他的精神发展是决定性的,在最初的诗歌创作尝试之后,马克思的美学思想形成的决定性阶段是在《莱茵报》工作和筹办《德法年鉴》期间。在这段时间里,马克思开始走上政治斗争的道路,在理论上走向费尔巴哈和又开始扬弃费尔巴哈。

有意思的是,作为政论家和哲学家的马克思在拿到博士学位以后计划写的几部书,有的主题是关于美学与艺术的。有一部关于宗教和艺术的稿子,似乎已写得相当可观,但后来由于马克思对文中显露的黑格尔学派倾向感到不满而从未发表。[①] 但为此准备的材料却使马克思受益匪浅。马克思曾摘引卢莫尔的《意大利研究》里的一段话:

"我们如果不带宗教或美学迷信来探讨希腊艺术中的英雄和神明……无疑便在自然界一般生命当中找不出什么没有发展过或不能再发展的东西。因为在这些塑造的形象当中凡是属于艺术范畴的东西,都是那些对壮丽的体型赋予人类优美姿态的描绘。"[②]

可以看出,马克思对壮丽、优美等词汇已纯然是在审美范畴中使用了。他对希腊艺术的宗教和以希腊艺术为范本的审美特征的认知,在这样的历史氛围中凸显得非常显明。据考证,马克思在这一时期的文章中,引证了康德、温克尔曼、莱辛、歌德、席

---

① 《马克思恩格斯全集》,第1版第27卷,第419页。
② 参见米哈依·里弗希兹:《卡尔·马克思的艺术哲学》,1938年纽约版,第35页。

勒、奥·威·施莱格尔、黑格尔、格奥尔格、福斯特和费希特等人的言论。马克思的强烈的求知欲和对各种知识的渴望使他的内心丰满而又充实，并为自己的美学思想体系的确立奠定了知识基础。

马克思在报章上发表的第一篇论文是关于普鲁士书报检查令的文章，这是他担任《莱茵报》编辑和主编期间的第一篇正式在报章上发表的力作。在这篇文章中，他痛斥专制制度的检查令剥夺了作家的一种基本权利——一种充分表达自己观点的权利，一种采用自己独特风格的权利，这种风格必然同即使是最有见识的检查官的风格也会迥然不同：

"其次，真理是普遍的，它不属于我一个人，而为大家所有；真理占有我，而不是我占有真理。我只有构成我的精神个体性的形式。'风格就是人。'可是实际情形怎样呢！法律允许我写作，但是我不应当用自己的风格去写，而应当用另一种风格去写。我有权利表露自己的精神面貌，但首先应当给它一种指定的表现方式！哪一个正直的人不为这种要求脸红……"①

马克思在这篇关于检查制度的论文里对作家拥有自由的心灵写作提出了至关重要的观点，风格即人！写作的个性，创造性，独特的方式，凡此种种，都强烈地体现了马克思对美与人的自由的关系的感受和追求。在这篇文章中，马克思对限制作家自由地表达自己的检查制度和检察官的平庸竭尽讽刺与讥笑。如果联系

---

① 《马克思恩格斯全集》，第1版第1卷，第7页。

青年马克思在十八九岁时对普罗米修斯与浪漫主义诗作的向往,就不难发现马克思最初表达的美学观点的精神资源和知识继承的关系了。

同时期,马克思在《莱茵报》的文章中表达了精神与物质之间的转化关系,及对人民进行精神教育的问题。他写道:"促使报章达到文化最高权威的水平并对人民起精神教育作用,恰恰在于它变物质斗争为思想斗争,变肉体斗争为精神和理智斗争,变对生活必需品、贪欲和经验主义的斗争为理论、认识和形态上的斗争。"① 马克思的这种犀利的风格和明确地从人民群众着眼的审美取向,也反映在他的其他论文中。他在《莱茵报》上发表的另外一篇关于书报检查制度的文章中写道:"歌德曾经说过:画家要成功地描绘出一种女性美,只能以他至少在一个活人身上曾经爱过的那种美作为典型。出版自由也有它自己的美(尽管这种美丝毫不是女性的美),要想能保护它,必须喜爱它,我感到我真正喜爱的东西的存在是必需的,我感到需要它,没有它我的生活就不可能美满。"② 尽管,马克思在此时还不能说是完成了自己的哲学建树,他的美学思想也远未成熟,但他所表达的对美好事物的追求和执着的信念,是确凿无疑的。

值得注意的是,马克思在日益参与政治斗争的时候,在审美取向上对自己艺术上的浪漫主义倾向日益疏离了。在1842年的

---

① 1842年12月11日《莱茵报》,《马克思恩格斯全集补编》,1968年柏林德文版第1卷,第405页。
② 《马克思恩格斯全集》,第1版第1卷,第41页。

最初那篇文章里，马克思坦率地声明：浪漫主义"总是带有倾向的诗篇"①。他暗示，浪漫主义的倾向不会给德国和世界带来什么好处。在《法的历史学派批判》一文中，他含蓄地批判了浪漫主义，认为18世纪流行的人的"自然概念"是可怀疑的。

"18世纪流行过的一种臆想，认为自然状态是人类本性的真正状态。当时有人想用肉眼去看人的思想，因此就创造了自然状态的人的形象——巴巴盖诺②，他们纯朴得居然用羽毛去遮盖自己的身体。在18世纪最后几十年间，曾经有人这样想：自然状态的人是具有非凡的才智的，捕鸟者到处都在模仿易洛魁人和印第安人等的歌唱法，以为用这种圈套就能诱鸟入网。所有这些奇谈怪论都是以这样一种真实思想为根据的，即原始状态只是一幅描绘人类真正状态的纯朴的尼德兰图画。对于历史学派来说，胡果也是那种还没有接触到浪漫主义文化光辉的自然状态的人。"③

马克思在这里提出了对18世纪"自然状态"的批判和讽刺，为了表达这种讽刺，马克思诉诸文学和音乐创作里的一个人物，即莫扎特和埃马努埃尔·希肯纳德共同的天才创作《魔笛》中的奇异的捕鸟人——巴巴盖诺。在同时期的《莱茵报》上，马克思写的一系列文章总是试图将文艺与社会政治关切联系起来。读读马克思这时期在《莱茵报》上的其他文章就可以知道，马克思总

---

① 《马克思恩格斯全集》，第1版第1卷，第26页。
② 巴巴盖诺是莫扎特的诗歌《魔笛》中的人物，捕鸟者，身穿用鸟的羽毛做的衣服。
③ 《马克思恩格斯全集》，第1版第1卷，第97—98页。

是自觉地将对美学思潮的评判与犀利的政治批评结合在一起。他在 1842 年 5 月 8 日《莱茵报》的一篇文章里，表明他在寻求叙述风格上平实、精神上真实的人，他将自己比作古希腊哲学家第欧根尼，是打着灯笼在大白天寻求真人的人。他大声疾呼，写作不应当为了换钱。

"为了保护（甚至仅仅是为了理解）某种特定范围的自由，我应当从这一范围的主要特征出发，而不应当从它的外部关系出发。难道降低到行业水平的出版物能忠于自己的特征吗？难道它的活动能符合自己的高贵天性吗？难道这样的出版物是自由的吗？作家当然必须挣钱才能生活，写作，但是他决不应该为了挣钱而生活，写作。

"贝朗热唱道：

　　我活着只是为了编写诗歌，

　　啊，大人，如果您剥夺了我的工作，

　　那我就编写诗歌来维持生活，

在这种威胁中隐含着嘲讽的自白：诗一旦变成诗人的手段，诗人就不成其为诗人了。

"作家绝不把自己的作品看作手段。作品就是目的本身；无论对作家或其他人来说，作品根本不是手段，所以在必要时作家可以为了作品的生存而牺牲自己个人的生存。宗教的传教士也是一样（虽然在不同的意义上来说），他也遵循一种原则：'多服从上帝，少服从人们。'这些人们中也包括具有人的要求和愿望的他自己。如果我向一个裁缝定做的是巴黎式燕尾服，而他却给我送来一件罗马式的长袍,因为他认为这种长袍更符合美的永恒规律,那该怎么办啊!

"出版的最主要的自由就在于不要求成为一种行业。把出版物贬为单纯物质手段的作家应当遭受外部不自由——检查——对他这种内部不自由的惩罚;其实他的存在本身就已经是对他的惩罚了。

"当然,出版也作为一种行业而存在,不过那已不是作家的事,而是印刷厂主和书商的事了。但是这里所谈的不是出版商和书商的行业自由,而是出版自由。"[①]

马克思有力地为出版自由作了辩护。值得注意的是,在这里马克思第一次把诗人的活动看作是出自心灵的自由的、摆脱了商业价值的从属性的非异化活动,诗意的活动。在19世纪中叶商业社会走向成熟,资本主义精神正走向它的历史顶峰的时候,马克思已十分敏感地觉察到了在金钱交易的社会里,作家、文艺家为什么而生活?为什么而写作?马克思在强调作家心灵的自由的时候认为,那些经普鲁士官方鉴赏的、从当代作家中间挑选出来并加以承认的有才能、"够资格的"德国作家,往往是国家的灾难:

"德国人只要回顾一下自己的历史,就会知道造成本国政治发展缓慢以及在莱辛以前著作界贫弱的主要原因之一就是'够资格的作家'。17世纪和18世纪的职业的、行会的、有特权的学者、博士……以及大学的平庸作家们,他们头戴呆板的假发,学

---

① 《马克思恩格斯全集》,第1版第1卷,第87—88页。

究气十足,抱着毫无价值的烦琐学位论文横亘在人民同精神、生活同科学、自由同人的中间。我国的著作界是由那些不属于够资格之列的作家创立的。你们把哥特舍德和莱辛两人在'够资格的'和'不够资格的'著者中间加以抉择吧!"①

马克思这样热情澎湃地称赞莱辛,不是偶然的。在普鲁士专制制度下的"够资格的作家",往往是丧失最基本的作家的良知和生活激情的人。哥特舍德(1700—1766)虽与莱辛是同时代人,但他却与莱辛相反选取了与时代进步相悖的路向,他的著作表现了当时德国文学界代表人物的落后、闭塞和奴才相,受到18世纪进步作家的批判。马克思不无讽刺地指出行会的、特权的、平庸的、学究气十足的作家们与人民之间的精神距离。

在这一段时间里,马克思的战斗的、与人民相联系的美学观通过具有战斗力的文章表达得非常透彻和明确。例如,1843年9月在写给卢格的信中他提出"要对现在的一切进行无情的批判",同时,在同时期的关于林木盗窃的文章里,马克思首次提出了一个他在日后的著作里发挥与建构起来的"意识形态"概念。马克思说:"我们究竟应如何来了解这一突转急变的思想表现呢?要知道,我们在思想方面所遇见的只是些拿破仑的追随者。"②

1843年3月,马克思迫于压力退出《莱茵报》编辑部,到荷兰亲戚家里消磨了一段时间,然后移居克罗茨纳赫。这段时

---

① 《马克思恩格斯全集》,第1版第1卷,第91页。
② 《马克思恩格斯全集》,第1版第1卷,第158—159页。

间，是马克思美学思想形成的极其重要的阶段。著名的克罗茨纳赫笔记为《1844年经济学哲学手稿》准备了材料。同时，马克思与卢格一起，筹办《德法年鉴》（以下简称《年鉴》）。从1843年3月起，马克思着手写《黑格尔法哲学批判导言》。从10月起，马克思到巴黎与卢格会合，投入《年鉴》的编辑工作。《年鉴》虽然只出了一期，但发表了德国思想界，特别是马克思的重要论著《黑格尔法哲学批判导言》。在《德法年鉴》刊载的马克思致卢格的信中，一如既往地对市侩世界进行了揭露，讽刺这个世界像一个"政治动物的世界"，像一个"使世界不成其为人的世界"，而他最集中的思想则体现在《黑格尔法哲学批判导言》之中。在这部著作中，马克思开始明确提出从理论走向实践，从鼓动走向行动的纲领，并明确指出了无产阶级的解放斗争问题。这是马克思的美学思想与反对异化、争取人的解放斗争的一个决定性的、重要的步骤。这个思想倾向，典型地体现在马克思对1844年出现的西西里织工起义歌的评介上。马克思以为这首歌证实了无产阶级"灰姑娘"的创造能力、阶级觉悟和最终革命意志的信念：

"法国和英国的工人起义没有一次像西里西亚织工起义那样具有如此的理论性和自觉性。

"首先请回忆一下织工的那支歌吧！这是一个勇敢的战斗的呼声。在这支歌中根本没有提到家庭、工厂、地区，相反地，无产阶级在这支歌中一下子就毫不含糊地、尖锐地、直截了当地、威风凛凛地厉声宣布，它反对私有制社会。西里西亚起义一开始就恰好做到了法国和英国工人在起义结束时才做到的事，那就是意识到无产阶级的本质。"①

这是马克思作为哲学家，同时又作为美学家的价值立场的再一次确立和鲜明的体现。这一基本立场一经确立，就像一根红线那样，贯穿在他的一生的艰苦卓绝而又富有成效的斗争中。

在与马克思会合之前这一阶段的恩格斯的思想发展和美学观又是怎样呢？当马克思参与青年黑格尔运动并在实际的斗争中逐步确立自己的健康的美学观的时候，青年恩格斯也积极投入了自由主义运动。1839年4月8日恩格斯在给格雷培的信中，称颂自由主义思想是时代的观念。他很快就成为自由主义报纸《德意志电讯》与《知识阶层晨报》的热心的撰稿人。恩格斯当时给《晨报》寄去的稿件大部分是关于不来梅发生的事件与情况的报道。在《电讯》上发表的《乌培河谷来信》，集中表现了他对现状的深刻的批判和揭露。这些来信充满着对工人命运的同情和对不合理的社会制度的批评。而在美学与文艺观点上，与马克思一样，对远离大众的贵族主义持批评和否定态度。恩格斯下面这段话，十分明确地表达了他的美学见解和对进步艺术的理解：

"因此，如果我们可以正当地要求：大众读物一般说来应以丰富的诗歌内容、浓烈的情趣和道德上的纯洁为其特色，而德国的大众读物更应以健康、真诚的德意志精神为其特色，——这就是说，具备一切时代所共通的品质，——那么，除此以外，我们

---

① 《马克思恩格斯全集》，第1版第1卷，第483页。

也有权要求，大众读物应该适合自己的时代，否则它就不成其为大众的了。例如，如果我们考察一下现代的生活，考察一下贯穿着当前一切现象的争取自由的斗争，即日益发展的立宪主义，对贵族阶级压迫的反抗，思想对虔诚主义的斗争，乐生精神对阴郁的禁欲主义残余的斗争，那么，我不明白为什么我们不该要求，大众读物在这方面应帮助那些受教育不多的人，向他们指出……这些愿望的真理性和合理性，而绝不是去鼓励伪善及对权贵和虔诚主义的卑躬屈节。"①

恩格斯提出的对大众倾斜的要求包含着许多丰富的内涵，他对自由的热烈的追求和对压迫、专制、权贵的不屈的斗争精神从他的另外一封信中也可以看出：

"……《超群出众的齐格弗里特的故事》。——这是我所喜爱的一本书……这里有性格、有大胆的、青年人般的朝气蓬勃的感情，这种感情可以成为任何一个流浪帮工的榜样，尽管他现在不需要去同巨龙和巨人搏斗……

"现在我转到德国人民所创造并且进一步发展了的两个传说上来，这两个传说是属于一切民族的民间诗歌中最深刻的创作之列的。我指的是关于浮士德和终生流浪的犹太人的传说。它们是取之不尽用之不竭的；每一个时代都可以不改变它们的实质而把

---

① 《马克思恩格斯早期著作选》，1956年俄文版，第344—745页，引自科尔纽：《马克思恩格斯传》（第1卷），刘磊等译，生活·读书·新知三联书店，1963年版，第253页。

它们变成自己的东西。"①

他继续写道:"究竟什么使我们这样强烈地神往于齐格弗里特的传说呢?不是故事的情节本身,不是那葬送了年轻的英雄的可耻的背叛行为,而是这位英雄的个性中所包含着的深刻意义。齐格弗里特是德意志青年的代表者,我们所有这些还没有被生活的重担压得服服帖帖的人都知道,在它的字里行间包含着什么意义!我们全都感到那种驱使齐格弗里特抛弃他父亲的城堡的那种对事业的渴望以及对平庸的日常生活的憎恶;经常不断的动摇,对于新的事业的庸俗的恐惧,是我们的心灵所深恶痛绝的;我们希望到外面去,希望走向广阔的世界,希望推倒审慎的围墙,达到生活、事业的圆满结局……人们把我们关进被称做学校的监狱……如果我们摆脱了纪律,那么我们就落进了我们这个世纪的女神——警察——的手中。警察跟踪着思想、谈话、走路乃至骑马乘车……剩下给我们的只是事业的影子,是练习时用的剑而不是真正的宝剑;而当握在我们手里的是练习用的剑而不是真正的宝剑时,这全般的武艺又有什么意义呢?"②

应当说,齐格弗里特这个传说英雄身上体现的对自由的渴望,对摆脱羁绊的努力,都是恩格斯本人的思想写照。他在描述自己的精神状态时写道:

---

① 科尔纽:《马克思恩格斯传》(第1卷),刘磊等译,生活·读书·新知三联书店,1963年版,第253—254页。
② 科尔纽:《马克思恩格斯传》(第1卷),刘磊等译,生活·读书·新知三联书店,1963年版,第254页。

第一章　萌芽与诞生（1837—1844）

"我的胸膛里经常在骚动和沸腾，我那有时是如醉如痴的头脑在不断地燃烧；我为寻求一个伟大的思想而备受折磨，这个思想将洗净那使我的心灵感到激动的东西的污秽，并使热力变成熊熊的火焰……我想用'短篇故事'或诸如此类的东西，来表明这种早在中世纪就已出现的当代的渴望……我还只是准备要写《浮士德》的真正的第二部，在这里面浮士德不再是一个利己主义者，而是一个为人类牺牲自己的人。《浮士德》《终生流浪的犹太人》《粗野的猎人》——这就是可以预感到的精神自由的三个典型，这些典型可以很容易地互相联系起来并和扬·胡斯相结合。这里对我来说是多么富于诗意的背景，在这个背景上面，这三个魔鬼可以自由自在地为所欲为！——可是我现在正在写的这部小说毋宁说是文体和性格描写的习作，新的构思才是货真价实的东西，我希望通过它能够获得名声。"[①]

我们通过上述引文可以看到，青年恩格斯的美学精神中充盈着对生活和精神自由的渴望，他引用民间传说和启蒙文学的故事、人物、文本，从文学进而走向参与社会生活的改造。他与马克思一样，从对青年德意志运动憧憬到青年黑格尔而走出青年黑格尔。在1839年的一封信中，他更直接地号召青年用行动来参与摧毁反动势力的斗争。他写道：

"感伤的歌声在低沉下去，动人心腑的出猎号角在等待着猎

[①] 科尔纽：《马克思恩格斯传》（第1卷），刘磊等译，生活·读书·新知三联书店，1963年版，第257—258页。

人,他将吹出猎取暴君的信号;同时,神的雷雨正在飞掠过树梢,而德意志的青年们,正挥舞着利剑,举起斟满的酒杯,伫立在丛林中;山上,燃烧着的城堡在熊熊发光,宝座在摇晃,祭坛在颤动,既然上帝在号召我们去迎接雷雨和风暴:前进吧,前进吧;——有谁胆敢抵挡我们?"①

前进吧!前进吧!这是一个激情满怀的革命志士的呐喊,同时,又是一位未来无产阶级领袖的人物心声。恩格斯在这里使用了"动人心腑的""挥舞着利剑""燃烧着的""雷雨和风暴"等字眼来表达他的发自内心的审美精神。

有意思的是,恩格斯直到19世纪40年代初仍然诗意勃发,他写道:

> 黑夜里,我独自驱车
> 在你们所熟悉的德意志国土上,
> 那里,四面八方,被强权压倒的许多人,
> 内心里怒火高涨;
> 他们愤怒的是,用繁重的劳动
> 和不倦的努力赢得的自由
> 被出卖了……②

---

① 1839年11月20日给B.格雷培的信(《马克思恩格斯早期著作选》,1956年俄文版,第327页),引自科尔纽:《马克思恩格斯传》(第1卷),刘磊等译,生活·读书·新知三联书店,1963年版,第264—265页。
② 科尔纽:《马克思恩格斯传》(第1卷),刘磊等译,生活·读书·新知三联书店,1963年版,第271页。

恩格斯的确是炽热的,他与马克思一样,他们的美学思想的出发点已经奠定,我们看到,这决不是那种躲避时代风云的自吟自唱式的个人抒怀,而是胸怀世界的与无产阶级解放事业密切相关的审美理想的建立。

第三节 《1844年经济学哲学手稿》

巴黎手稿的评价与背景

在马克思主义美学思想史上,《1844年经济学哲学手稿》占有非常重要的特殊地位。也是马克思主义美学思想第一次较为系统的表达和认证。

1844年,是马克思的哲学立场和理论观点发生转变的一年,是从革命民主主义立场转向无产阶级共产主义的关键时期,是从青年黑格尔的左派唯心主义转向唯物主义的一年。1844年期间,马克思在巴黎和布鲁塞尔进行经济学和哲学研究,在这个研究过程中,马克思开始得出对今后思想发展极其重要的唯物主义结论:社会物质生活的生产是一个共同的基础,这一基础归根到底决定着人跟自然界的关系,也决定着人跟人的关系,决定着整个社会的政治和法律制度。马克思的这一研究成果,只是以手稿、摘要和个别批注等等的形式保存了下来。《手稿》是马克思思想形成过程中的最重要的一个关节点,它不仅在经济学、哲学及社会理论方面,而且在美学方面,都奠定了马克思主义发展的基础。

人们知道《1844年经济学哲学手稿》，还是在20世纪30年代。最初，它只是部分地发表于1927年出版的《马克思恩格斯文库》俄文版第三卷上，后来又转载在1929年出版的《马克思恩格斯全集》俄文版第三卷上，标题均为《神圣家族的准备著作》。1931年1月，在苏黎世出版的一家社会民主党的月刊上，刊登了迈尔的一篇简短的报道，说是新发现了马克思的一部早期著作。1932年这部手稿经过整理，用德文发表在克吕纳版《卡尔·马克思。历史唯物主义。早期著作》一书的第一卷上，这个版本虽然增补了俄文版中所缺少的，但也是不完全的。直到1932年晚些时候，《1844年经济学哲学手稿》才在阿多拉茨基主编的《马克思恩格斯全集》德文版第三卷上全文发表。从19世纪30年代初，曲解《1844年经济学哲学手稿》的错误观点就在西欧广泛流传，这种观点对早期马克思进行了歪曲。

19世纪30年代以来的西方思想家对《手稿》的兴趣主要在于将马克思歪曲成为一个真正的费尔巴哈主义者，一个人本主义的思想家和一个与"阶级斗争"不同的"人"。他们将马克思在《手稿》中还留有的人本主义残余和费尔巴哈思想的残余，看作是马克思的中心思想和根本立场。

例如，《手稿》德文版的最初出版者朗茨胡特和迈尔在他们的"导言"中把马克思的这部新发现的著作吹得神乎其神，说它是"新的福音书"，是把马克思主义的真正隐秘的含义就像马克思本人所理解的那样不折不扣地显示出来的"真正马克思主义的启示录"。P. 德曼在他的《新发现的马克思》一文中，也首先极力强调"新发现的手稿对于重新理解马克思学说的发展过程和全部含义具有决定的意义"[①]。他们认为手稿的特殊作用在于,"它比马克思的任何其他著作都更加清楚地揭示了他的社会主义情绪背后的伦理的、人道主义的动机"[②]。德曼把马克思看作是实在论者,而不是唯物主义者。更为荒唐的是,德曼还认为,整个《手稿》"再一次令人信服地证明,就创作质量来说,马克思成就的顶点是在1843年之后。"[③]这种将青年马克思与"老年马克思"对立起来的观点并不是德曼一人所有。马尔库塞也认为,这部手稿"给理解历史唯物主义和科学社会主义全部理论的起源和未来的真正含义,提供了完全新的基础。"在他看来,《手稿》的特殊含义就在于马克思在这里把人看成是一般人,而不是仅仅看作一定阶级的代表、生产的主体等等。[④]

《手稿》在20世纪30年代初的发现给马克思主义研究界带来了一场轩然大波。青年马克思在《手稿》中到底带来了什么?他的基本立场到底如何理解?这成了我们理解马克思主义的这部不仅仅是经济学、哲学,而且也是美学著作的关键。

其实理解这一切是并不困难的。

马克思对经济学的兴趣以及充分认识到研究经济学的重要

---

① 《卡尔·马克思。历史唯物主义。早期著作》(第1卷),1932年版,第XXXVIII页。
② 《卡尔·马克思。历史唯物主义。早期著作》(第1卷),1932年版,第XXXVIII页。
③ 《斗争》,1932年第5期,第274页。
④ 《社会》,1932年第8期,第176页。

性，是在19世纪40年代初开始的。现实生活粉碎了青年马克思的浪漫主义的文学梦。在流亡巴黎期间，他目睹风起云涌的社会主义运动和形形色色的共产主义学说，以及大多以秘密团体形式存在的工人组织中间发生的思想斗争。他开始"热心地研究政治经济学、法国社会主义者和法国历史"[①]。他常常是一连几昼夜坐在那里读书，只是在吃饭和短暂睡眠时才间断一下。他力求弄懂资本主义及其矛盾发展的内部过程，政治和经济的相互关系，现代社会的阶级斗争及法国革命史。他本打算写一部《国民公会史》，然而，计划没有实现，追求更深层目标的冲动使他更进一步关心作为阶级结构的基础的社会经济结构，他认为这是理解眼前发生的阶级冲突的关键。马克思在1843年夏就得出结论，对所谓"市民社会"即社会关系的总的剖析，应该到政治经济学中去寻求。马克思在巴黎仔细研究了当时最著名的经济学家斯密、李嘉图、萨伊、斯卡尔培克、詹姆斯、穆勒等人的著作，并作了大量的摘记和评论。马克思尖锐地看出资产阶级政治经济学的根本缺陷：它把历史形成的、暂时的资本主义关系解释成仿佛从来就有的、同"人的本质"[②]相适应的关系。

马克思把自己在这段时期的研究成果叙述在一部著作中，这就是他在1844年4—8月完成的经济学哲学手稿。马克思在序言中写道，他的结论是"通过完全经验的以对国民经济学进行认

---

① 《回忆马克思恩格斯》，胡尧之等译，人民出版社，1957年版，第324页。
② 《马克思恩格斯全集》，第1版第42卷，第25页。

真的批判研究为基础的分析得出的"①。他把展开对私有制和现存政治经济学的批判作为自己的目的。在这部手稿中，马克思发展了他在《德法年鉴》中表述的思想：只有根本改造"市民社会"，换句话说，只有消灭资本主义剥削制度，才能实现人的解放。在这里明确表示要诉诸群众、诉诸无产阶级。

在经济上展开对私有制激烈批判的同时，青年马克思的哲学观正处在过渡阶段，他正在走出费尔巴哈而还未走出费尔巴哈，所以，他在对私有制的分析批判中，还仍有费尔巴哈的影子，如，用"人""人的异化"这样的概念来分析资本主义的异化劳动，以"人的复归"作为消灭私有制社会的最后目标，等等。无论从历史渊源看，还是从理论形态看，青年马克思使用这些概念时的未成熟状态与成年马克思的差异都是非常明显的。从德国古典哲学的历史渊源看，"异化"主要是黑格尔著作的哲学范畴，在《精神现象学》里，黑格尔系统地阐述了精神异化理论。黑格尔的理论对马克思曾经产生过影响。马克思在他的博士学位论文《德谟克利特的自然哲学和伊壁鸠鲁的自然哲学的区别》中就认为"感性的自然只是对象化了的、经验的、个别的自我意识。"②黑格尔认为，精神、自然意识异化为物之后，隐藏在物之中，构成物的内在本质。而博士论文也认为："在伊壁鸠鲁那里现象才被理解为现象，即理解为本质的异化，这种异化本身是在它的现

---

① 《马克思恩格斯全集》，第1版第42卷，第45页。
② 参见彼·费多谢耶夫等:《卡尔·马克思》，生活·读书·新知三联书店，1980年版，第18页。

实性里作为异化表现出来的。"[①] 在博士论文中表述出来的精神异化思想，在《手稿》中已从物质异化、人的异化上表述出来，并且非常精巧地阐述了黑格尔式的方法和概念。

综上所述，《手稿》就其性质来讲，是马克思处在政治与哲学过渡时期的一部著作，他使用的方法，主要是黑格尔式的"异化"理论，其根本的哲学出发点还带有浓厚的费尔巴哈的烙印，即以"人的本质"为立足点。然而，他为工人阶级斗争所作出巨大努力，他对私有制的深刻的揭露，都是过去的资产阶级政治经济学家们所无法相比的。

这部具有哲学上过渡性质的《手稿》会给马克思的美学思想带来怎样的影响？这正是我们要研究的问题。

《手稿》的基本美学精神

马克思的经济学哲学手稿并不是一部美学专著，所以，认为这部著作已开创性地解决了美学理论的全部问题，是不妥当的，也是不符合实际情况的。但是，马克思在这部著作中却深刻地奠基性地在美学的一系列基本问题上为马克思主义美学的发展开拓了道路，指明了方向。其基本精神是：

第一，马克思论证了审美活动的实践本质。

《手稿》论述的实践观究竟如何看待，这是美学界的一个有严重分歧的基本问题。马克思在《手稿》中使用的一个基本范

---

① 《马克思恩格斯全集》，第1版第40卷，第231页。

畴是"自然的人化"。马克思说:"总之,人的感觉、感觉的人类性——都只是由于相应的对象的存在,由于存在着人化了的自然界,才产生出来。"[①]在另一处,马克思写道:"在人类历史——人类社会的产生活动——中生成着的自然界是人的现实的自然界;因此,通过工业而形成——尽管以一种异化的形式——的那种自然界,才是真正的、人类学的自然界。"[②]马克思在解释世界历史的本质时,又写道:"但是由于在社会主义的人看来,全部所谓世界史不外是人通过人的劳动的诞生,是自然界对人说来的生成……"[③]

以上引的三段话,均出自《私有制和共产主义》这一部分。马克思认为,在异化的条件下,强调人与粗野的自然是对立着的。这时候,人还是"非人",自然也不完全是人的非有机的躯体。一切对象还不可能完全成为人的个性的确证。因为"私有财产使我们变得如此愚蠢而片面,以致任何一个对象,只有当我们拥有它……吃它、喝它、穿戴它、住它等等时,总之,当我们消费它时,它才是我们的"。异化,使人不成其为人,使人丧失或者不具备人的感觉。使人"丧失自己在对象里面",成为对象的奴隶,而要解决这个矛盾,使人还原为人,使人的感觉成为真正

[①] 马克思:《1844年经济学—哲学手稿》,刘丕坤译,人民出版社,1979年版,第79页。

[②] 马克思:《1844年经济学—哲学手稿》,刘丕坤译,人民出版社,1979年版,第81页。

[③] 马克思:《1844年经济学—哲学手稿》,刘丕坤译,人民出版社,1979年版,第84页。

人的感觉，在马克思看来，是与对象的人化，即自然的人化分不开的。自然的人化过程，也就是人成为真正的人的过程。而且，只有"通过"前一个过程，才能完成后一个过程。前一个过程是手段、途径、方法；后一个过程是目的、终极。

马克思十分正确地指出，人与自然的矛盾的克服，只有通过人类的物质实践才能完成。他指出："我们知道，理论的对立本身的解决，只有通过实践的途径，只有借助于人的实践的力量，才是可能的；因此，对立的解决决不仅仅是认识的任务，而是一个现实的、生活上的任务，而正是因为哲学把这一任务仅仅看作理论的任务，所以哲学未能解决它。"[1] 马克思在这里排除了黑格尔式的精神实践方法，肯定和强调了物质实践活动。马克思讲的"工业的历史和工业的已经产生的对象性的存在，是人的本质力量的打开了的书本，是感性地摆在我们面前的，人的心理学"[2]，也在同样的意义上肯定了人类的物质实践活动。

马克思不仅强调了人的物质实践活动，而且，还把实践活动看作是一个过程。他把人类化的自然看作是"生成着的自然"，把工业看成是自然与人的"历史的关系"。这无疑是十分正确的。马克思表达得虽然不十分明确，但表明他已用发展的、历史的眼光去考察实践问题了。

---

[1] 马克思：《1844年经济学—哲学手稿》，刘丕坤译，人民出版社，1979年版，第80页。

[2] 马克思：《1844年经济学—哲学手稿》，刘丕坤译，人民出版社，1979年版，第80页。

第一章 萌芽与诞生（1837—1844）

把物质实践作为人和自然的中介，并且把实践看作一个过程，这是马克思开始跨越旧唯物主义的有力一步。费尔巴哈认识论的重大缺陷之一，就是他把实践了解为个人对自然界的感性直观，并看不到认识过程的辩证法。它的直观性，决定了它的形而上学的、僵死的、机械的性质。马克思在《手稿》中表达的这种实践观点，不仅与黑格尔截然相反，而且大大不同于费尔巴哈，这是我们必须看到的。

但是，马克思当时的实践观点是否就是辩证唯物主义的表达呢？旧唯物主义与辩证唯物主义的实践观点的一个根本区别在于：辩证唯物主义要求把实践中的主体——人，看作是具体的、历史的人，是生活在具体的历史环境中的人；而旧唯物主义恰恰相反。对费尔巴哈来说，人仅仅是个有自我要求的、能够感觉的实体，人的认识就是一般的人类的认识，人的活动也仅是直观。马克思当时虽然在物质实践观点上有别于费尔巴哈，但在对人的认识上，实质上却是和费尔巴哈无大区别的。这一点，我们在第二节里已作了分析。而且，马克思有时就是把人仅仅当作自然的物质的人的："说人的物质生活和精神生活同自然界不可分离，这就等于说，自然界同自己本身不可分离，因为人是自然界的一部分。"[①] 这不仅思想是，甚至连语言也是费尔巴哈式的表达。费尔巴哈认为人是自然界的产物，是它的一部分（仅仅是这样！）。

---

① 马克思：《1844年经济学—哲学手稿》，刘丕坤译，人民出版社，1979年版，第49页。

所以，只有从精神、意识和躯体相统一的观点才能了解人。他写道："新哲学将人连同作为人的基础的自然当作哲学唯一的、普遍的、最高的对象——因而也将人类学连同生理学当作普遍的科学。"[①]把人看作生理学上的人，把人的活动与自然的联系看作生理学上的联系，这正是费尔巴哈的基本思想。因为他不了解人是社会的、历史的、实践的人。马克思当时在这个问题上并没有完全超越费尔巴哈。也正是由于这个原因，由于马克思在当时并未正确解决实践的主体——人的本质问题，所以，在《手稿》中人的社会实践基本上被理解为人的单纯的物质活动。当时马克思没有，也不可能科学地、系统地、明确地规定人的物质实践的社会内容。

毫无疑问，正如许多人正确指出的那样，《手稿》中实践观点的提出有着重大的历史意义。但是，它的合理内核是被包裹在异化思想的外衣之中的，它的合理性和局限性同时存在。这种矛盾的二重性，也具体地反映在马克思论述自然的人化过程的言论中。

在作了这样的论证之后，我们知道马克思的自然的人化的思想，是在异化作为方法论概念使用后提出的一个重要命题，这个命题旨在解决人与自然的矛盾以及人在私有制下的异化存在和对异化的扬弃。也就是在这个思路下，审美活动的实践性，美感产生的实践性问题提出来了。在《手稿》中，美感的产生是与"人

[①] 《费尔巴哈哲学著作选》上卷，生活·读书·新知三联书店，1959年版，第84页。

化的自然"相关的，自然的人化通过物质实践实现，在这个过程中，人对象化了，人的感觉对象化了，一切对象都成为他自身的对象化，"成为确证和实现他的个性的对象"①。马克思的这一观点为我们了解审美活动之谜提供了钥匙。审美活动正是人与自然关系的一个确证，并且只是这个关系中的一个特殊的部分。

第二，马克思在《手稿》中提出了关于"美的规律"的著名观点。他写道：

"动物只是按照它所属的那个种的尺度和需要来建造，而人却懂得按照任何一个种的尺度来进行生产，并且懂得怎样处处把内在的尺度运用到对象上去；因此，人也按照美的规律来建造。"②

美的规律的提出，在西方美学史上是一个重大的理论突破，是马克思主义美学的一个基石和立足点。理解马克思的这个论述的关节点，是理解内在尺度的问题。美学界存在的分歧是，"内在尺度"究竟是客体的尺度还是主体的心理尺度？在中文译者中，曹葆华曾两次翻译过这段话，一次是1959年在翻译米·里夫希茨的《马克思恩格斯论艺术》，对于"内在尺度"的一种译文是："……并且到处善于对对象使用适当的尺度"③，这里的意思

---

① 马克思：《1844年经济学哲学手稿》，人民出版社，1985年版，第80—82页。

② 马克思：《1844年经济学哲学手稿》，人民出版社，1985年版，第53—54页。

③ 米·里夫希茨编：《马克思恩格斯论艺术》（一），中国社会科学出版社，1982年版，第260页。

是明确的，当然是指客体的尺度。程代熙说："当时我是《论艺术》这套书的责任编辑，可以说是葆华同志的一个助手。因为这是一部马克思主义经典著作，对于书稿中的任何一个稍微重要一点的词句，我们都严格地根据俄译文反复琢磨与推敲。在当时，无论是葆华同志，还是我自己都把'对对象使用适当的尺度'理解成是对象本身的尺度。即人善于用对象本身的尺度，也就是用与对象本身相适应的尺度来衡量对象。"[①] 1962年曹葆华在翻译格·索洛维耶夫编的《马克思恩格斯论文学》时，对这一句话改译为"……并且善于到处运用对象固有的标准"，纠正了译文的不够明确，明确译出"内在的尺度"是对象的尺度、标准。英文本"内在的尺度"也是指物的尺度。柏拉威尔的 *Karl Marx and World Literature* 引用了英文本中的这句话："……to apply everywhere the inherent standard of the object."[②]

英文中这句话的意思是："处处应用对象固有的标准。"《马克思和世界文学》将它译成"到处应用客体的内在标准"，翻译是准确的。所以，《手稿》英文版中的这句话也是说物的尺度。

朱光潜先生几次从德文翻译了这段话。1960年他在《生产劳动与人对世界的艺术掌握》一文中，很明确地将"内在的尺度"翻译成物的尺度：

"动物只按照它所属的那个种的特有的标准去制造事物，而

---

① 《学习与探索》，1987年第5期。
② 格·索洛维耶夫编：《马克思恩格斯论文学》，曹葆华译，人民文学出版社，1962年版，第23页。

第一章 萌芽与诞生（1837—1844）

人却会按照它所属的那个种属的特有标准和需要去制造事物，并且还会到处运用对象的内在标准。所以人还能按照美的规律去制造事物。"①

朱光潜在文中对"内在标准"和美的规律还作了解释："生产实践不仅要依据主观方面的需要，还要依据对客观事物的认识，例如制造石刀就要认识石头的一些性质、内在规律或'内在的标准'……这正是根据'种族的标准'和'对象的内在标准'，也就是'按照美的规律，来制造事物'。"后来他翻译了有关《手稿》的美学理论部分，对这句话译为"……而且知道怎样把本身固有的（内在的）标准运用到对象上来制造"②，问题在《马克思的〈经济学哲学手稿〉中的美学问题》一文中又作了一点改动："……而且知道怎样把本身固有（或内在）的标准运用到对象上来制造。"他后来又有一个说明，对于"内在的标准"还是维持他1960年译文的看法。他说："对象本身固有的标准就更高更复杂，它就是各种对象本身所固有的客观规律。恩格斯在《劳动在从猿到人的转变过程中的作用》一文中说，'我们对自然界的整个统治，是在于我们比其他一切动物强，能够认识和正确运用自然规律'。马克思所说的'对象本身固有的标准'也就是恩格斯所说的'自然规律'。"③

---

① 《新建设》，1960年4月号。
② 《拾穗集》，第111页。
③ 《美学》，上海人民出版社总第2期，引自汤龙发：《异化和哲学美学问题》，湖南人民出版社，1988年版。

毫无疑问，上述材料有说服力地证明，关于内在尺度问题，是指客体的尺度，物的尺度。理解这一点是十分重要的。马克思的美学思想的重要问题是理解美的规律的客观性问题，而理解美的规律的客观性，我们又不能不重视和理解对象固有的尺度这样的基本问题。因为，承认对象固有的尺度，就是承认美的规律的客观性。

对"对象固有的尺度"的理解是理解马克思美学思想的一个切入点，这引导我们去掌握审美活动中客体的本身的属性，即审美客体的固有的属性。承认这一点，是唯物论的美学，不承认这一点，就是唯心论的美学。理解这一点，对理解马克思的整个美学思想是极为重要的。

第三，《手稿》阐述了美感产生的渊源与社会性质。马克思在《手稿》中写道："只有音乐才能激起人的音乐感；对于没有音乐感的耳朵说来，最美的音乐也毫无意义，不是对象，因为我的对象只能是我的一种本质力量的确证，也就是说，它只能像我的本质力量作为一种主体能力自为地存在着那样对我存在，因为任何一个对象对我的意义……都以我的感觉所及的程度为限。所以社会的人的感觉不同于非社会的人的感觉，只是由于人的本质的客观地展开的丰富性，主体的、人的感性的丰富性，如有音乐感的耳朵，能感受形式美的眼睛，总之，那些能成为人的享受的感觉，即确证自己是人的本质力量的感觉，才一部分发展起来，一部分产生出来。因为，不但五官感觉，而且所谓精神感觉、实践感觉……一句话，人的感觉、感觉的人性，都只是由于它的对象的存在，由于人化的自然界，才产生出来的。五官感觉的形

第一章 萌芽与诞生（1837—1844）

成是以往全部世界历史的产物。囿于粗陋的实际需要的感觉只具有有限的意义。对于一个忍饥挨饿的人说来并不存在人的食物形式，而只有作为食物的抽象存在；食物同样也可能具有最粗糙的形式，而且不能说，这种饮食与动物的饮食有什么不同。忧心忡忡的穷人甚至对最美丽的景色都没有什么感觉；贩卖矿物的商人只看到矿物的商业价值，而看不到矿物的美和特性；他没有矿物学的感觉。"①

马克思在这里论述的美感产生的社会历史根源和美感的性质，是相当精辟的，也是相当杰出的。我们至少可以从两层意思上来理解美感的根本性质。第一，五官感觉的形成是以往全部世界历史的产物。这是基于唯物论的立论来谈美和美感的关系。人的感觉的社会性、历史性，与外界世界的关系，在马克思的视野中均得到了充分的肯定。第二，美感的社会性及一定意义上的阶级性。"忧心忡忡的穷人甚至对最美丽的景色都没有什么感觉；贩卖矿物的商人只看到矿物的商业价值，而看不到矿物的美和特性。"我们在这里清楚地看到马克思美学精神中的阶级意识的初步论述，这无疑与马克思青年时代就开始投入的政治斗争密切相关。可以这样说，这是无产阶级的审美理想的最初的描述和表达。

综上所述，《手稿》的基本美学精神可以概括为：以初步形成的唯物主义世界观为核心和出发点，以人与对象世界的实践关

---

① 马克思:《1844年经济学哲学手稿》，人民出版社，1985年版，第82—83页。

系为基础，以美的规律说为核心，初步提出了马克思主义的代表无产阶级利益的审美理想。1844年手稿的各个基本观点，为建立成熟的马克思主义美学思想体系，构筑了坚实的出发点和地基。

《手稿》在美学史上的意义

在马克思主义美学诞生以前，西方美学已发展了两千余年。

从柏拉图的理念说到亚里士多德的模仿说，一直到康德、黑格尔的美学体系，他们都从各个方面涉及了人类审美活动的本质特点。在马克思以前，黑格尔体系是西方美学思想的集大成者，他对美的本质、美感的精神实践特征都提出了非常独特的观点。如黑格尔在解释审美实践时，举了一个例子：一个小孩将一块石子扔到水里，然后欣赏水纹的波动就像欣赏自己的作品一样。马克思的美学思想，从西方美学家那里，特别从黑格尔那里汲取了自己的精神营养，将黑格尔式的精神实践改变成了"人化的自然"——基本上是通过物质实践而形成美感的活动为基础的美学理论体系。关于青年马克思美学思想的充分的历史合理性，上文已有所分析。但我们认为，不宜将一位27岁的青年思想家写的著作和发表的美学观，看作是登峰造极之作。青年马克思的美学体系仍有许多尚待完善的地方以及尚待修正的观点。在《手稿》中，青年马克思的美学观尚有费尔巴哈人本主义的哲学烙印，对什么是"美的规律"仍留下不少含糊之处。以至于后人对此争论不已。然而，坚冰已经打破，航向已经开辟。马克思主义美学终于在无产阶级刚刚登上政治历史舞台时诞生了，为世界文明史的发展提供一份独特的奉献。

第二章

审美理想的哲学基石(1845—1848)

第一节 1845年

马克思恩格斯的合作与《神圣家族》批判

1845年是马克思主义美学史上重要年份,当然同时也是马克思主义史上重要年份。这一年,马克思和恩格斯连续出版与撰写了如《神圣家族》《关于费尔巴哈的提纲》《德意志意识形态》等历史性巨著,确立了他们的辩证唯物主义与历史唯物主义的思想体系。同时,这一年也是马克思、恩格斯历史性合作开始的一年,是两位战斗的无产阶级思想家迈出新的历史性脚步的一年。

确切地讲,马克思与恩格斯的历史性合作,是从1844年8月卅始的。1844年8月28日—9月6日,马克思恩格斯在巴黎圣热尔门郊区田凫路38号马克思夫妇的住所进行了历史性的会见,从此他们两人成了终生好友和战友。

"恩格斯在从英国到德国途中,到巴黎拜访了马克思,并和他一起度过了10天。在这个期间彼此了解了他们在一切理论领域的观点都是一致的,从此就开始了他们的共同的工作。马克思推迟再版自己的政治经济学小册子(附有对黑格尔辩证法的分析批判)的准备工作,而和恩格斯磋商出版二人合写的驳布鲁诺·鲍威尔及其伙伴的著作的计划,这部著作题为《对批判的批判所做的批判》(后来改名为《神圣家族》),恩格斯在巴黎就为这部著作写完了自己分担的部分——几个大大的章节。"[1]恩格斯自己回忆道:"当我于1844年夏天在巴黎拜访马克思时,我们在一切理论领域中都显示出完全一致,从此就开始了我们共同的工作。"[2]

马克思和恩格斯的合作是从《神圣家族》开始的。1844年下半年,马克思致力于这部书的计划,利用了一部分自己原有的经济学、历史和哲学手稿,并在写作过程中认真地研究了17和18世纪英国和法国的唯物主义者。这一著作1845年2月在法兰克福问世。它从世界观、历史观、经济学、文学、法学、社会学等多方面对青年黑格尔派主要代表人物布鲁诺·鲍威尔等人的唯心主义观点进行批判。布鲁诺·鲍威尔及其同伴对欧仁·苏的《巴黎的秘密》大加赞颂,马克思和恩格斯在批判他们的同时,也批判了这部小说。

---

[1] 弗·阿多拉茨基主编:《马克思生平事业年表》,生活·读书·新知三联书店,1977年版,第41页。
[2] 《马克思恩格斯全集》,第1版第21卷,第247页。

第二章 审美理想的哲学基石（1845—1848）

进入1844—1845年间，马克思和恩格斯在形成无产阶级世界观的关键时刻，他们合作的第一场战斗是向青年黑格尔派宣战，而且同时在文艺领域宣战，这是颇有意味的。这也给马克思主义美学思想史上增添了非常特殊的一笔。

《神圣家族》一书是对青年黑格尔派的总清算。这场清算中马克思和恩格斯所表达的政治—社会—哲学观，我们将在论述它们的理论形态时分析。我们在这里特别要分析的是马克思和恩格斯对欧仁·苏《巴黎的秘密》的批判。这是马克思和恩格斯第一次对一部长篇小说，而且也是唯一的对一部长篇小说所作的淋漓尽致的批评。这种渗透了美学精神的文艺批评是我们理解马克思主义美学思想发展史的非常有用的材料和范本。

《巴黎的秘密》在当时是一部大受推崇的作品，起先以报章连载的通俗小说形式问世，在1842—1843年间，在巴黎的《辩论日报》连载，曾引起轰动，全书出版后，当即被译成各种文字，顿时成为闻名之作。小说出版后，一个叫"弗兰茨·齐赫林·冯·齐赫林斯基"的人化名"施里加"站在黑格尔主义的立场上对小说作出了"轻浮无知"的评介，这引起了马克思的注意和反感。马克思从五个方面对施里加的批评提出了批评，这些批评是：这位信奉黑格尔主义哲学的批评家，由于批评者对法国社会生活一无所知，因此，对小说许多段落的含义，甚至表面的含义，都作出错误的理解；把欧仁·苏的许多陈词滥调说成是深邃的见解；过分重视作者本人对小说的人物和事件夸大其词的解释；面对欧仁·苏自己宣扬的社会目标没有提出适当的怀疑和批判的态度，等等。用柏拉威尔的话来说，马克思的这种分析"无疑证实鲍威尔那份刊物至少有一位撰稿人奇蠢无比，同时也表明思辨唯心主义在那些逊于黑格尔之人的笔下，会变得多么荒唐可笑"[①]。

这是马克思对《巴黎的秘密》的评论者的批评，从这些话可以看出，马克思所持的批评武器，已经具有明确的社会—历史批评立场和美学思想的锐利见解。它们是：对作品思想中所透视出的基本的哲学立场的怀疑，对作品与现实生活之间关系所持的唯物论观点，对作者本人的意图与作品体现的客观价值的区分，等等。这一切都初步勾画了马克思主义美学中的基本的社会—历史批评的内涵。

马克思关于《巴黎的秘密》的第二个方面，也是最重要的方面，是探讨作者的意图与作品的实际社会价值之间的差异。这个指导思想就是著名的现实主义批评原则中所反复阐明的：一个作家的主观愿望如何，不是看他的主观表述，而是看他的作品的实际的社会效果。《巴黎的秘密》的作者通过自己的探索与理解，企图告诉人们：小说主人翁鲁道夫尽管有些被夸大的缺点，仍然可以被看成是个令人赞美的人物，他的行动被认为是为了促进正义。马克思分析了这种行动的根源，认为这个故事正与叙述者的原意相违背，小说显示的只是个不足道的德国贵族公子披着正义

---

① 希·萨·柏拉威尔：《马克思和世界文学》，梅绍武等译，生活·读书·新知三联书店，1980年版，第121页。

的外衣在放纵邪恶而自私的情感。马克思说:

"好一个'善良的'鲁道夫啊!他那狂热的复仇心,他那嗜血的欲望,他那不动声色的深思熟虑的盛怒,他那诡诈地掩饰自己心灵的每一种恶念的伪善,凡此种种,正是他用来作为挖出别人眼睛的罪名的那些邪恶的情欲。"①

马克思提出的一个论点是:这种小说之所以能获得成功,主要原因在于它能满足读者想像中的较低级的感情,同时又能在小说家让他们亲身体现的那种道德幌子下得到不费代价的道德提高。马克思尖锐地指出:"欧仁·苏超出了他那狭隘的世界观的界限。他打击了资产阶级的偏见。现在他把玛丽花交到主人公鲁道夫的手中,以便弥补自己的孟浪无礼,以便博得一切老头子和老太婆、所有的巴黎警察、通行的宗教和'批判的批判'的喝彩。"②欧仁·苏既能放纵读者的性虐待狂,又能迁就他们的社会所能接受的传统道德观,这种本领使他获得了成功,马克思十分清楚而迅速地揭露了这一点。马克思在批评中运用的心理分析是极为成功的,但马克思的批评的深刻之处还不在于这些,马克思指出,欧仁·苏的小说中所表达的社会理想是过了时的,不符合巴黎观点状况的,这已不是什么巴黎的秘密:

"施里加先生不知道:欧仁·苏由于要对法国资产阶级礼貌一些而把时代弄错了,他把路易十四时代市民阶级常说的'啊!

---

① 《马克思恩格斯全集》,第1版第2卷,第265页。
② 《马克思恩格斯全集》,第1版第2卷,第218页。

但愿皇上也知道这一点!'改成'啊!但愿富人也知道这一点!',再借'宪章真理'时代工人莫莱尔之口说了出来。这种贫富间的质朴关系至少在英国和法国已经不再存在了。富人手下的学者即经济学家们就在这里传播关于贫穷这种肉体贫困和精神贫困的非常详细的见解。他们用安慰的口吻证明说,因为要保持事物的现状,所以这种贫困似乎也应保持下来。甚至他们很细心地计算出,穷人为了富人和自己本身的福利应该按什么比例通过各种死亡事件来缩减自己的人数。"①

马克思在这种批评中表达了这种见解:一个人不大了解历史事实,不大了解有关社会关系的各种解说,则不可能达到那种有助于对文学作品的真正理解,同时,也无法通过作品真实地、深刻地表达这个世界。"这种贫富间的质朴关系至少在英国和法国已经不再存在了"——这是对那些浅薄的批评者的反驳。这既反映了马克思的文学批评的方法论立场,又表达了马克思的同情和理解工人阶级的社会理想。对《巴黎的秘密》的批评还涉及欧仁·苏在小说中描绘的乌托邦理想。这个理想包括通过主人翁鲁道夫实施的建立模范农庄,开设一家银行无息贷款给暂时失业的工人。马克思的批评无疑正是他政治经济学的研究和深入社会主义运动的结果,从而也提供了我们理解马克思主义美学内涵的一个侧面。

马克思对《巴黎的秘密》的批评还涉及文学艺术的审美特

---

① 《马克思恩格斯全集》,第1版第2卷,第70页。

性。马克思批评欧仁·苏常以说教来代替描写，他的人物像老式漫画中的人物那样，从嘴里吐出"一袋子语汇"，通过这些语汇向小说中其他人物和读者解释作家无法在人物行动中所表现的事物——他们不得不宣扬作家本人的意图，"这种意图决定作家使这些人物这样行动而不是那样行动"，——以作家的企图来代表人物在故事中的自己的逻辑。这是在文学创作中的大忌，是违背艺术发展的最基本规律的。

马克思对《巴黎的秘密》的分析充分体现了马克思美学思想的基本原则，这显示了他一生为之遵循的对文学作品与文学批评的看法。柏拉威尔评论道：

"马克思在揭露《巴黎的秘密》一书中经作者赞同的那些荒谬的社会改革计划时，运用了他对当代社会经济程序的理解；他在评论小说中各种人物和他们那些貌似真实的行动时，运用了他阅读过的回忆录，采用了他阅读过的法国诗篇和旅行家的游记；他在评论欧仁·苏有意识迎合读者那种乐意寻求惊恐不安的刺激时，利用了他所阅读过的欧仁·苏的其他作品；他在揭露欧仁·苏欣然使用的文学惯例时，引证了他所熟悉的19世纪的其他小说；他在引证《浮士德》《唐·吉诃德》《醉心贵族的小市民》和《乔治·唐丹》中的人物来比拟欧仁·苏和他那位新黑格尔派评论员，而且在击中要害时，显示了他对世界文学名著的渊博知识。读者同一部虚构幻想的文学作品打交道，就像施里加同《巴黎的秘密》打了交道那样，如果只有一个德国外省人的经验和一个装满模糊不清的新黑格尔派观点的头脑，而很少具备其他各方面的条件,则很可能会糟糕透顶地误入歧途。"①

我们从马克思(包括恩格斯)对《巴黎的秘密》的批判中,可以看到杰出的马克思主义的文学批判的典范和美学原则的实际运用。在这部著作中,几乎包含了马克思主义美学观的全部内容,值得我们认真地学习和思索。

关于《费尔巴哈的提纲》

马克思恩格斯的文学批评,渗透了他们的哲学意识。1844—1845年对《巴黎的秘密》的批评,无疑是他们已开始成熟的哲学—社会观的体现。如果说,《1844年经济学哲学手稿》标志了马克思思想的过渡的话,那么,1845年后的《关于费尔巴哈的提纲》,则从理论上体现了马克思和恩格斯的哲学成熟。对《巴黎的秘密》的批评,是这种成熟的哲学—社会观的生动而又深刻的体现。所以,我们要理解马克思的美学,不能不去理解马克思主义美学的哲学基础。《关于费尔巴哈的提纲》就是我们打开马克思主义美学的钥匙。

1845年1月,法国外交部下令把马克思逐出法国,于是他迁到布鲁塞尔。同年春天,恩格斯也迁居到这里来了,后来恩格斯指出,当他在布鲁塞尔会见马克思时,马克思已大致完成了发挥他们唯物主义历史理论的工作,"于是我们就着手在各个极为

---

① 希·萨·柏拉威尔:《马克思和世界文学》,梅绍武等译,生活·读书·新知三联书店,1980年版,第129页。

不同的方面详细制定这些新观点了"①。马克思在布鲁塞尔写成的这个提纲，恩格斯在1858年第一次将它发表出来。这个提纲阐明了马克思主义世界观与以往的唯物主义哲学的根本区别。

关于费尔巴哈，我们知道他是马克思主义创始人在世界观发展中占有重要地位的人物。他的思想曾是马克思和恩格斯告别黑格尔的精神支柱。1880年，恩格斯应《新时代》杂志之邀撰写《路德维希·费尔巴哈和德国古典哲学的终结》一书时总结道，旧唯物主义，其中包括费尔巴哈的唯物主义，实际上从未给自己提出过这样的问题：在这些动机背后隐藏着的是什么样的现实动力，在行动者的头脑中恰以这些动机的形式出现的历史原因是什么。这就是为什么"旧唯物主义在历史领域内自己背叛了自己，因为它认为在历史领域中起作用的精神的动力是最终原因，而不去研究隐藏在这些动力后面的是什么，这些动力的动力是什么。不彻底的地方并不在于承认精神的动力，而在于不从这些动力进一步追溯到它的动因"②。恩格斯明确提出：这一缺点也完全适用于费尔巴哈。费尔巴哈在理解自然界和意识的相互关系方面是一个唯物主义者，然而当问题涉及意识和社会、社会和自然界的关系，涉及历史过程本身以及人和人的关系时，他就仍然是一个唯心主义者。费尔巴哈把人作为分析社会的出发点，但是他所理解的人都是"人的一般"和抽象的自然物。他不是"直截了当地按

---

① 纳尔斯基等编：《十九世纪的马克思主义哲学》，中国社会科学出版社，1984年版，第194页。
② 《马克思恩格斯选集》，第2版第4卷，第248页。

照本来面貌看待人们彼此间以相互倾慕为基础的关系,即性爱、友谊、同情、舍己精神等等,而是断言这些关系只有在用宗教名义使之神圣化以后才会获得自己的完整的意义"①。

任务在于要消除费尔巴哈制造出来的对抽象的人的崇拜,用关于现实的人及其历史发展的真正的客观规律的科学来代替它。费尔巴哈指出了宗教幻想的"世俗"根源,但是却对这些根源作了不正确的理解,认为它们蕴藏在生物感受的心理状态之中,而我们的任务在于:揭露一切历史幻想的社会经济根源。

恩格斯的论述再恰当不过地说明了马克思的《关于费尔巴哈的提纲》(以下简称"提纲")的革命意义。马克思的提纲的第一条就已经表明:在完成《神圣家族》以后经过一个短暂的时间,马克思在制定辩证唯物主义方面又前进了一步。"从前的一切唯物主义(包括费尔巴哈的唯物主义)的主要缺点是:对对象、现实、感性,只是从客体的或者直观的形式去理解,而不是把它们当作感性的人的活动,当作实践去理解,不是从主体方面去理解。"②对直观唯物主义(费尔巴哈式的唯物主义)的批判,在《提纲》的第九条中也得到了论说。

关于《提纲》第一条,不仅在马克思主义哲学界,而且在中国美学界,也引起了激烈的争论,并由此引出对马克思主义美学的两种认识的理解。

---

① 《马克思恩格斯选集》,第2版第4卷,第234页。
② 《马克思恩格斯选集》,第2版第1卷,第54页。

第一种理解建立在唯物主义的能动的反映论的基础上，在承认马克思主义的唯物主义与旧唯物主义有本质区别的同时，也承认两者之间唯物主义的一致性，即都承认外部世界优于主观世界。在这个大前提下，充分肯定唯物主义的实践观点。第二种理解将马克思在《提纲》中的实践观点，特别是将《提纲》第一条理解为马克思主义的主体论基础，并由此提出"实践哲学"与"实践美学"的看法，我们应当特别重视这两者的区分，因为它将涉及对整个马克思主义哲学—美学的理解，并引出对马克思主义美学史的截然不同的两种解释。

笔者认为，马克思对费尔巴哈的旧唯物主义的批判是有限度的，而不是否认一切的批判。费尔巴哈的"唯物主义"前提没有错。一切唯物主义，都以承认外部世界的优先地位为标志，马克思主义的唯物主义也不例外。《提纲》所表明的新唯物主义立场的意义在于：马克思批评了旧唯物主义把感性当作外界事物作用于人所引起的一种被动状态。马克思在强调这种观点的缺点、片面性时指出，感性是人的活动自身，实践是客观的感性活动。人不仅是周围环境作用的客体，而且还是改造周围环境的主体。旧唯物主义不能对人作用于外部事物的认识意义，即认识过程的能动的、主观的方面作出评价。然而，实践却是认识的基础，这是人们的自觉的和有目的的物质的活动。人之所以能认识世界，就是因为他改变着世界。直观的唯物主义把人对外界的感性关系同实践分割开来。马克思正确地指出，费尔巴哈"仅仅把理论的活动看作是真正人的活动，而对于实践则只是从它的卑污的犹太人的表现形式去理解和确定"①。

就其本质而言,马克思在这里不仅肯定了人的认识的唯物论前提,而且在人的认识的源泉、动力等问题上,深化了唯物主义内涵,以鲜明的特色与费尔巴哈的唯物主义作了区别。最主要的是:马克思在其哲学体系中第一次明确地确立了实践在马克思主义哲学体系中的重要地位,使旧唯物主义的基础得到了根本的改造。将马克思主义实践观作为哲学本体论的基础是哲学、美学研究中的一个重大的需要辨清的理论问题。一些哲学家常常引述马克思《关于费尔巴哈的提纲》的第一条,并强调认识的主观方面,有的人甚至将"从主体方面去理解"世界看作是马克思对旧唯物论的取消和否定。实际上,马克思只是说,认识是主体的能动活动,也只是在这个意义上说,这是"主观的"活动,而不是对事物的消极反映。

《提纲》的第二部分内容是对费尔巴哈人本主义的批判。我们还记得,在《1844年经济学哲学手稿》中,马克思尚在使用"人的本质""人的异化""人的本质力量对象化"等术语。其中,关于人的含义尚有不确定、不明确之处。但事隔几个月,至多大半年,马克思则明确了自己的理论立场。他在《提纲》中揭露旧唯物主义宗教观点的局限性时指出:费尔巴哈没有看到宗教意识就是社会的产物。并说道:"人的本质不是单个人所固有的抽象

---

① 《马克思恩格斯选集》,第2版第1卷,第54页。

物，在其现实性上，它是一切社会关系的总和。"① 马克思把人的本质规定为一切社会关系的总和，这个规定乃是对费尔巴哈哲学人本主义的局限性的克服。

《提纲》的第三部分内容，是强调马克思主义哲学的实践功能，"哲学家们只是用不同的方式解释世界，而问题在于改变世界"②。这里谈论的是理论与实践的统一，是新唯物主义与旧唯物主义相区别的根本特征。列宁曾说过，整个唯物主义世界观，特别是马克思主义关于主观因素在社会历史过程中的作用的学说，都是同马克思《关于费尔巴哈的提纲》相联系的。《提纲》是马克思主义赖以发展的基础和出发点，也是我们理解马克思主义美学问题的基础。

关于《英国工人阶级状况》

我们知道，与马克思同时，恩格斯也基本上独立地得出了新唯物主义的结论，这是恩格斯直接参与工人运动，调查英国工人阶级状况后得出的。

《英国工人阶级状况》一书，恩格斯写于1844年9月—1845年3月。我们要着重指出，马克思的《提纲》完成于1845年春，与恩格斯完成《英国工人阶级状况》时间上是相一致的。

列宁说过："在恩格斯以前有很多人描写过无产阶级的痛苦，

---

① 《马克思恩格斯选集》，第2版第1卷，第56页。
② 《马克思恩格斯选集》，第2版第1卷，第57页。

并且一再提到必须帮助无产阶级。恩格斯**第一个**指出,无产阶级**不只**是一个受苦的阶级,正是它所处的那种低贱的经济地位,无可遏止地推动它前进,迫使它去争取本身的最终解放。而战斗中的无产阶级是能够**自己帮助自己**的。"①

恩格斯写《英国工人阶级状况》时,研究了大量的实际材料,而且还直接去了解英国工人的生活,访问他们的住所,研究他们的劳动和生活情况,出席工人集会,参加宪章运动。恩格斯进行的具体的社会研究并非仅仅是对事实加以确定、描述和系统化。他作出了许多重要的理论结论,这些结论的意义,远远超出了作为研究的事实本身的意义。他得出一个结论,即工人阶级不仅能够摧毁资本主义制度,而且能够建设无产阶级的共产主义社会。

恩格斯在该书的序言中写道:"工人阶级的状况是当代一切社会运动的真正基础和出发点,因为它是我们目前社会一切灾难的最尖锐最露骨的表现。"②恩格斯作出结论:产业革命不仅是技术方面的变革,而且是社会活动关系上的变革。它的最重要的结果,就是形成了革命的无产阶级。当时工人阶级灾难般生活的状况在恩格斯的笔下得到淋漓尽致的描绘,他用事实指出:尽管社会生产、国民财富和资本家的利润都有了巨大的增长,但英国的无产阶级却不断贫困。恩格斯把资产阶级社会中的这种两极分

---

① 《列宁选集》,第3版第1卷,第91—92页。
② 《马克思恩格斯全集》,第1版第2卷,第278页。

化，解释为是私有制和资本统治的合乎规律的结果。

在《英国工人阶级状况》中，恩格斯追溯了无产阶级组织的客观条件的发展，证明了资本主义生产的进步，是如何促进无产者联合成为一支统一的威胁性的大军，这支大军日益意识到自己的利益同资本家的利益的势不两立，并预言，无产阶级和资产阶级之间的矛盾，只要目前的社会基础保存一天，即只要资本主义私有制及由此而产生的自由竞争保存一天，就会日益尖锐。资本统治和自由竞争使小资产阶级破产，这样又加剧了阶级的两极分化。这一切不可避免的后果就是"生产消费的完全脱节"，因而，也就是无政府状态和生产过剩的周期性危机。"正如我们可以有把握地从已知的数学公理中得出新的定理一样，我们也可以有把握地从现存的经济关系和政治经济学的原理中得出社会革命即将到来的结论。"[①]

当马克思在《提纲》中以哲学理论的方式表达了无产阶级的解放要求时（实践——改造世界——人是社会关系的总和），恩格斯以自己的实际的调查研究为工人阶级的解放提供了实证的极具说服力的材料，并揭示了工人阶级与资产阶级之间的不可调和的矛盾和斗争以及资产阶级私有制度的最终灭亡的历史命运。

总之，1845年马克思与恩格斯分别提供了他们新的世界观的理论思考点，并为他们的合作奠定了坚实的基础。

---

① 《马克思恩格斯全集》，第1版第2卷，第624页。

第二节 新的意识形态体系

新意识形态体系的基本内涵

马克思恩格斯的新意识形态理论，是新世界观的完备的理论表达。它主要表现在《德意志意识形态》《共产党宣言》《资本论》《哥达纲领批判》《反杜林论》《路德维希·费尔巴哈和德国古典哲学的终结》等著作中。其中以1845年的《德意志意识形态》最为重要和最为完备。这是马克思主义意识形态理论在历史上第一次最完备的表述。在这部著作中，无产阶级解放斗争的科学理论、马克思主义的科学的哲学世界观旗帜鲜明地与一切资产阶级、小资产阶级世界观对立了起来。这时，马克思和恩格斯已不再把自己的学说叫"现实的人道主义"，而把它叫作共产主义以及实践唯物主义。这种学说不仅与唯心主义相对立，而且与费尔巴哈的形而上学的唯物主义相对立。

关于意识形态的含义，在《德意志意识形态》中有如下几层意思。第一，意识形态是一个总体性概念，它包括许多具体的意识形式，如政治思想、法律思想、道德、哲学、宗教等。马克思和恩格斯在《德意志意识形态》中谈到市民社会时说："这一名称始终标志着直接从生产和交往中发展起来的社会组织，这种社会组织在一切时代都构成国家的基础以及任何其他的观念的上层建筑的基础。"[①] 在批判施蒂纳的政治经济学观念时，马克思使用

---

① 《马克思恩格斯选集》，第2版第1卷，第131页。

了"整个意识形态的上层建筑"的概念。在这个意义上我们可以把意识形态理解为"观念的上层建筑"。在《路易·波拿巴的雾月十八日》中,马克思又写道:"在不同的占有形式上,在社会生存条件上,耸立着由各种不同的、表现独特的情感、幻想、思想方式和人生观构成的整个上层建筑。整个阶级在它的物质条件和相应的社会关系的基础上创造和构成这一切。"① 这种意识形态概念向我们展现了同以往的将意识形态局限在观念范畴中的内涵。第二,意识形态是生活过程在人脑中的反映。马克思和恩格斯说:"我们的出发点是从事实际活动的人,而且从他们的现实生活过程中还可以描绘出这一生活过程在意识形态上的反射和反响的发展。"② 马克思甚至强调,即使人们头脑中模糊的东西,归根到底也是他们的可以通过经验来确定的与物质前提相联系的物质生活过程的必然升华物。第三,意识形态的载体是语言。马克思说:"'精神'从一开始就很倒霉,受到物质的'纠缠',物质在这里表现为振动着的空气层、声音,简言之,即语言。语言和意识具有同样长久的历史;语言是一种实践的、既为别人存在因而也为我自身而存在的、现实的意识。"③ 在马克思和恩格斯看来,政治思想、法律思想、道德、哲学、宗教等具体的意识形态虽然是在意识发展到一定的阶段时产生出来的,但它同样是和语言交织在一起的。一定的语言概念组合代表了一定的意识形态倾

---

① 《马克思恩格斯选集》,第2版第1卷,第611页。
② 《马克思恩格斯选集》,第2版第1卷,第73页。
③ 《马克思恩格斯选集》,第2版第1卷,第81页。

向，相反，一定的意识形态倾向也一定会用一套与之相适应的语言概念来涵盖。并且，由于意识形态的这种特征，它必定是社会的、而不是私人的。

意识形态的上述含义，决定了意识形态的产生和消亡是与社会的物质生产史、与社会经济制度的不断变革相联系的。马克思和恩格斯说："思想、观念、意识的生产最初是直接与人们的物质活动，与人们的物质交往，与现实生活的语言交织在一起的。"① 起初，意识是人们对可感知的周围环境即自然界的一种意识，当自然界作为一种完全异己的、有无限威力的、有无限权力的和不能制服的力量与人们对立时，人们同它的关系就如同动物同它的关系一样，"人们就像牲畜一样慑服于自然界，因而，这是对自然界的一种纯粹动物式的意识（自然宗教）"②。这种狭隘的、神秘的、粗糙的和混沌的意识随着生产效率的提高和生产的发展，分工也发展起来了。后来发展到物质劳动和精神劳动的分工，"从这时候起，意识才能摆脱世界而去构造'纯粹的'理论、神学、哲学、道德等等"③。意识形态是在精神劳动与物质劳动的分工形成以后才产生出来的。当这种分工在统治阶级内部出现时，"一部分人是作为该阶级的思想家出现的，他们是这一阶级的积极的、有概括能力的玄想家，他们把编造这一阶级关于自身

---

① 《马克思恩格斯选集》，第2版第1卷，第72页。
② 《马克思恩格斯选集》，第2版第1卷，第81—82页。
③ 《马克思恩格斯选集》，第2版第1卷，第82页。

的幻想当作主要的谋生之道"①。

如上所述,按照马克思和恩格斯的设想,意识形态是在劳动分工的基础上产生的,根据马克思和恩格斯的观点,只要分工还不是出于自愿而是自发的,意识形态对于社会大部分成员来说,总是一种异己的力量。在资本主义社会中,这种强制性的分工愈发达,积累愈增加,资本与劳动之间的分裂也就愈剧烈,意识形态也就愈倾向于以在广泛的商品生产和交换中升华出来的物的关系来掩盖人与人之间、资本与劳动之间的真实关系。这一思想后来被马克思发展成为对以商品生产为中心的资本主义社会的意识形态批判(《资本论》),而且他们还认为,像任何特定的意识形态一样,资本主义社会的意识形态也难逃被消灭的厄运。这一使命只有无产阶级才能承担起来。但无产阶级要消灭资本主义社会的意识形态体系,必须具备一种阶级意识,即共产主义意识,在批判资本主义社会的意识形态的核心思想——物化意识的前提下来确立无产阶级的阶级意识。

显而易见,马克思主义意识形态观与唯心主义者完全不同,与旧唯物主义的内涵也完全不同,它们不可能具有自己独立的历史。"而发展着自己的物质生产和物质交往的人们,在改变自己的这个现实的同时也改变着自己思维和思维的产物。"②

从这一历史分析出发,于是,马克思和恩格斯在《德意志

---

① 《马克思恩格斯选集》,第2版第1卷,第99页。
② 《马克思恩格斯选集》,第2版第1卷,第73页。

意识形态》一书中得出了著名的结论:"统治阶级的思想在每一时代都是占统治地位的思想。这就是说,一个阶级是社会上占统治地位的物质力量,同时也是社会上占统治地位的精神力量。支配着物质生产资料的阶级,同时也支配着精神生产资料,因此,那些没有精神生产资料的人的思想,一般的是隶属于这个阶级的。"① 这一思想具有巨大的实践性功能,是马克思主义意识形态理论向实践转化的一个重要出发点,也是我们分析形形色色的意识形态体系的一个有用的方法论准则,它使我们可以清楚地意识到:任何以全社会名义、全人类名义为口号的意识形态体系,都只是统治阶级意识形态的一个掩饰词和借口而已。要真正认识到一种占统治地位的意识形态,必须深入到那个社会中去并了解统治阶级的详细状况。确定这一观点的同时,我们同时看到马克思和恩格斯将意识形态的转化、教育作用提高到十分重要的地位。意识形态是通过教育途径为人所接受的,通过教育,它才具有实践的品格,成为个人思考和行动的出发点。

以上是《德意志意识形态》中关于意识形态问题的一些基本论点。我们在阐述这些具体的基本论点时,深深感觉到它们对马克思主义美学与文艺批评的重大的指导意义。意识形态的阶级属性、社会性、历史性,它由分工产生而成为统治阶级思想的社会属性,它通过教化而使之具有实践品格的特性,使我们对文艺现象的观察有了一个坚实的出发点。

---

① 《马克思恩格斯选集》,第2版第1卷,第98页。

关于德意志意识形态

让我们来看一看马克思和恩格斯关于意识形态论述的一个具体实例。

马克思视之为批判对象的"德意志意识形态",主要是指以费尔巴哈、布·鲍威尔和施蒂纳为代表的现代德国哲学。

马克思在《德意志意识形态》一开始就指出:"德国的批判,直至它最近所作的种种努力,都没有离开过哲学的基地。这个批判虽然没有研究过自己的一般哲学前提,但是它谈到的全部问题终究是在一定的哲学体系即黑格尔体系的基地上产生的。"①

这一时期的德国哲学从康德开始并以黑格尔为主要代表,而被青年黑格尔派发展到荒唐的地步。青年黑格尔派的代表人物鲍威尔和施蒂纳的哲学观,正如马克思和恩格斯所评介的那样,"自宗教改革以来,德国的发展就具有了完全的小资产阶级的性质"②。他们的小资产阶级性质是由当时德国的政治—经济状况决定的。旧的封建贵族绝大部分在农民手中被消灭了,德国开始了由于小诸侯、小地方和容克地主的割据而分崩离析的时期,农业仍然保存着农奴的依附和徭役,这种经营方式不能在农民中形成积极的革命阶级。在城市中,德国市民过于软弱,因此,任何一个阶级都不能形成绝对的统治。在这种情况下,"也就产生了德

---

① 《马克思恩格斯选集》,第 2 版第 1 卷,第 64 页。
② 《马克思恩格斯全集》,第 1 版第 3 卷,第 212 页。

国理论家不依赖市民的那种虚假的独立性，即这些理论家用以表达市民的利益的形式和这些利益本身之间的假象的矛盾"[1]。这是当时德国那些小资产阶级理论家所赖以生存的社会土壤。适合于在这种土壤中生存的，是那种貌似激进和革命，其实是躲避现实的以极端的黑格尔主义面目出现的思辨哲学。鲍威尔与施蒂纳都完全把人的精神活动当作人的唯一有意义的活动，他们把人的理想、理想的人作为历史的依据，用理想的人来代替现实的人。这样，整个历史就被看作是人的意识的自我异化过程。马克思和恩格斯一针见血地指出：从施特劳斯到施蒂纳对德国哲学的批判都局限于对宗教的批判，他们把意识、政治、法律、道德等宣布为宗教之物，因而宗教的统治被当成了前提，一切占统治地位的关系都被宣布为宗教关系，都是宗教意识的产物。于是，他们以扬弃宗教为由，把一切现实的事物和关系都当作意识，都简化为他们批判对象予以否定和废弃，而代之以新的意识。他们认为，这样就能改变世界。马克思和恩格斯写道："这种改变意识的要求，就是要求用另一种方式来解释存在的东西，也就是说，借助于另外的解释来承认它。……他们仅仅反对这个世界的词句，那么他们就绝对不是反对现实的现存世界。"[2] 而"要真正地、实际地消灭这些词句，从人们意识中消除这些观念，就要靠改变了的环境而不是靠理论上的演绎来实现"[3]。

---

[1] 《马克思恩格斯全集》，第1版第3卷，第213页。
[2] 《马克思恩格斯选集》，第2版第1卷，第66页。
[3] 《马克思恩格斯选集》，第2版第1卷，第95页。

《德意志意识形态》的三分之二是批判施蒂纳的。这种批判的立足点，就是上文所论述的以现实的社会关系为出发点的观点。施蒂纳的《唯一者及其所有物》一书，是一部宣扬利己主义和无政府主义的著作，它标志着青年黑格尔运动将黑格尔思辨唯心主义哲学主观化推向顶点。在这部著作中，施蒂纳认为人就是个别的个体人而非普遍的人，是因其独特性而有别于他人的"我"。因为"我"的唯一性为标志，所以要肯定自我是个别和唯一的，就必须进行解放的斗争，这种斗争成了历史。施蒂纳据此将人类史划分为未达到自我意识的史前期，和"我"实现了自己的真实存在的人类史时期。他同时把历史划分为三个阶段：自然统治人的现实主义（古代），精神统治人的唯心主义（中世纪）和人实现了自己个体性和独特性的利己主义（近代）。并认为，人一生成长的儿童、青年、成人三个阶段，从"我"的实现的意识上讲，是与历史的三个阶段相符合的。他认为，在利己主义阶段，人从自然和精神的统治下彻底解放出来，达到个体意志的自由，人只服从于自己的目的。因为宗教、国家、社会都是被人的意识圣化了的固定观念，是压迫人的工具，所以，人要达到解放，就必须反对以国家为最高权威的"政治自由主义"，以合理组织社会为目的的"社会自由主义"，以及以人为教条的人道自由主义。而消灭所有这一切固定观念不能采用革命的办法（因为革命是一种与个人意志不相容的集体事业），而只能采用个人否定和抛弃上述一切的"背叛"的方法。施蒂纳认为，人的苦难是由精神原因造成的，所以，人的解放仅在于从思想上否定限制人的意志自由的种种概念和固定概念,只要去揭示这些观念的神圣性,按照利己主义的意志自由原则去占有、去享乐,人就达到了"我",实现了解脱。所以,这种唯心主义的理论基础推导出了绝对的利己主义伦理学。这种绝对利己主义必然陷入否认主观认识、否认一切理性价值因而拒绝一切责任和义务的非理性主义泥坑。《唯一者及其所有物》充分表达了施蒂纳的主观唯心主义的历史观,政治上的无政府主义及伦理关系上的绝对的利己主义。

《德意志意识形态》的另一个重要内容,是清理以费尔巴哈的人道主义为基础的德国"真正的社会主义"。恩格斯在1846年8月19日写给马克思的信中谈到费尔巴哈时写道:"当他只限于谈论自然宗教的时候,他还不得不较多地守着经验主义的基地,但是接下去便十分混乱了。又全是本质呀,人呀。"[1]费尔巴哈认识到,要使人们意识到自己真实的本质就足以消灭关于宗教的虚幻意识,他根本没有认识到只有改造产生宗教意识的现实社会关系才能真正消除宗教意识。所以,费尔巴哈关于消灭宗教的思想导致他对社会问题的解决只能是唯心主义的解决。费尔巴哈关于社会问题的理论归结为人类学和道德学。它被早期青年黑格尔派运动中的莫泽斯·赫斯所接受,并把它转变成一种关于社会异化的理论。赫斯从费尔巴哈关于"人的本质"的观点出发,认为人的本质的真正异化不是宗教而是资本主义社会,因而

---

[1] 《马克思恩格斯全集》,第1版第27卷,第38页。

以为可用费尔巴哈批判宗教的原则和方法来批判资本主义。他认为，作为人的本质的自由活动——劳动——异化为商品和货币，商品和货币奴役着人们，这种奴役导致社会分化为占有者和被占有者，人们的活动成为被强制、被奴役的劳动，从而使人们在自己本身活动中失去作为自身活动特点的欢乐。这种抽象的伤感的人道主义的社会主义理论，离开了资本主义产生异化劳动的深刻的社会历史背景分析，离开了对资本主义社会阶级本质的认识，从而使社会主义运动成为真正的"小资产阶级"运动。这股思潮，在当时的德国影响巨大，它的一些基本思想甚至影响了写1844年手稿时的青年马克思。显然，由于这股思潮的巨大的社会影响（1845—1847）广泛流行，这一思潮的主要代表人物，除莫泽斯·赫斯之外，还有卡尔·格律恩、奥托·吕宁、弗里德里希·施纳克、海尔曼·皮特曼等人。"真正的社会主义"思潮对于正在兴起、还不很强大的德国无产阶级革命运动，具有迷惑和削弱斗志的作用。所以，对它的批判也成了重建德意志意识形态的一个很重要的内容。马克思和恩格斯在《德意志意识形态》中，揭露了作为"真正社会主义"思潮的理论来源、性质及其产生的必然性。他们写道："一小撮德国空谈家是断送不了共产主义运动的。但是，在像德国这样的国家里，许多世纪以来哲学词句都占有一定的势力，这里没有其他民族所有的那种尖锐的阶级对立，而这种情况本来就削弱着共产主义意识的尖锐性和坚定性，在这样的国家中毕竟应当反对一切能够更加冲淡和削弱对于共产主义同现存秩序的充分对立性的认识的词句。"[①]并明确指出：这些真正的社会主义者企图以"德国的特别是黑格尔和费尔巴哈的意识形态，来阐明社会主义和共产主义文献的思想。"[②]他们当了德意志意识形态的俘虏，而看不清英、法社会主义和共产主义的现实运动的基础。

可以这样说，《德意志意识形态》既是马克思和恩格斯建立辩证唯物主义与历史唯物主义世界观的基本理论表达，又是对当时德意志意识形态的一个清理与批判。同时，它也为马克思主义美学思想体系的系统建立作了坚实的理论铺垫，这是我们研究马克思主义美学思想史不能不加以特别注意的问题。

《德意志意识形态》中的文艺问题

在《德意志意识形态》中，马克思和恩格斯除了阐明新世界观的基本立场和内涵，以及批判德国流行的小资产阶级社会主义思潮，清算黑格尔、费尔巴哈的哲学基础之外，还对当时的文艺现象作出了有说服力的具体分析，这些分析既体现了马克思和恩格斯一贯的辩证唯物主义与历史唯物主义的基本立场，又较系统地阐述了与文艺有关的基本理论问题。这些问题分别是：

1. 物质生活的生产决定文学与艺术等上层建筑

在《德意志意识形态》里，马克思和恩格斯论述道："我们

---

① 《马克思恩格斯全集》，第1版第3卷，第554页。
② 《马克思恩格斯全集》，第1版第3卷，第536页。

谈的是一些没有任何前提的德国人，因此我们首先应当确定一切人类生存的第一个前提，也就是一切历史的第一个前提，这个前提是：人们为了能够'创造历史'，必须能够生活。但是为了生活，首先就需要吃喝住穿以及其他一些东西。因此第一个历史活动就是生产满足这些需要的材料，即生产物质生活本身，而且这是这样的历史活动，一切历史的一种基本条件，人们单是为了能够生活就必须每日每时去完成它，现在和几千年前都是这样。……大家知道，德国人从来没有这样做过，所以他们从来没有为历史提供世俗基础，因而也从来没有过一个历史学家。"[①]马克思所阐述的是历史唯物主义的基本前提，是观察文艺问题的一个基本立足点和方法论。而且，这一方法论是整个马克思主义美学和文艺批评的真正的基石，是贯穿马克思主义文艺思想中的一根红线。

2. 分工与艺术生产

分工与艺术生产问题只有到了1857—1858年间，才被马克思和恩格斯彻底地阐述清楚，但在《德意志意识形态》一书中，分工与艺术生产的思想已初露端倪。马克思和恩格斯说："原来，当分工一出现之后，任何人都有自己一定的特殊的活动范围，这个范围是强加于他的，他不能超出这个范围：他是一个猎人、渔夫或牧人，或者是一个批判的批判者，只要他不想失去生活资料，他就始终应该是这样的人。而在共产主义社会里，任何人都

---

① 《马克思恩格斯选集》，第2版第1卷，第78—79页。

没有特殊的活动范围，而是都可以在任何部门内发展，社会调节着整个生产，因而使我有可能随自己的兴趣今天干这事，明天干那事，上午打猎，下午捕鱼，傍晚从事畜牧，晚饭后从事批判，这样就不会使我老是一个猎人、渔夫、牧人或批判者。"①马克思和恩格斯关于分工的思想，是我们理解艺术生产奥秘的关键。正是由于他们考察文艺问题与旧唯物主义相反，他们不仅一贯地从人类的物质生产资料的生产实践来阐明文学艺术的产生和发展及其社会功能，而且，他们也一贯地坚持将艺术作为人的感性活动，当作实践的形式去理解。早在《1844年经济学哲学手稿》中，马克思就提出了"宗教、家庭、国家、法、道德、科学、艺术等等，都不过是生产的一些特殊的方式，并且受生产的普遍规律的支配。"②从实践的观点去理解分工和艺术活动，我们可以清楚地认识到人的特殊的精神活动——艺术审美活动的本质特征是与人的劳动分工有关的，并在人的劳动实践中逐步地生成着人的艺术感觉和艺术创造才能。从生产的角度去理解艺术，人们可以认清过去关于艺术与艺术本质方面的种种猜想和臆断，并由此展开对人的审美活动本质的历史分析。

"思想、观念、意识的生产最初是直接与人们的物质活动，与人们的物质交往，与现实生活的语言交织在一起的。人们的想像、思维、精神交往在这里还是人们的物质行动的直接产物。

---

① 《马克思恩格斯选集》，第2版第1卷，第85页。
② 《马克思恩格斯全集》，第1版第42卷，第121页。

表现在某一民族的政治、法律、道德、宗教、形而上学等的语言中的精神生产也是这样。人们是自己的观念、思想等等的生产者。"①

  我认为，马克思和恩格斯在《德意志意识形态》中提出的艺术生产的观点，在美学史上是一个划时代的贡献。它是对美的规律说的一个重大发展和深化。只有将美的规律观点与艺术生产理论结合起来考察，才能真正体现马克思主义美学的精髓。艺术生产的观点的本质是将人的特殊的精神生活方式理解成为人类的一种实践活动，由此，我们自然而然地得出了人类审美实践是人类所有实践活动的一部分，并可以从此解开审美实践的全部秘密。当我们将人类的艺术——审美活动建立在实践基础之上时，我们就可能抛开自古以来的从本质论角度谈论美是什么的问题。按照马克思主义的观点，问题应当这样提：审美是什么？于是，我们又可以回到艺术生产的角度，解剖艺术生产（审美活动）的全过程，从艺术生产的客体、主体，主客体的联结过程论及艺术生产的发展逻辑。②所以说，马克思和恩格斯在《德意志意识形态》中所开始论及的分工与艺术生产问题，为科学的美学理论的建立奠定了发展的基础。

  3.《德意志意识形态》所涉及的美学与文艺问题还很多，例如，马克思和恩格斯在书中提出了文学批评的历史原则与比较原

---

① 《马克思恩格斯选集》，第2版第1卷，第72页。
② 参见许明：《美的认知结构》，花山文艺出版社，1993年版，第56页。

则。关于历史区别，在《德意志意识形态》一文中马克思已经指出：

"自然科学和历史。

"没有政治史、法律史、科学史等等，艺术史、宗教史等等。"①

马克思的意思非常明确，必须在一个更加广阔的范围内研究艺术与文学，要把艺术看作是一部包罗万象的历史。这个宗旨也始终贯彻在《德意志意识形态》全书之中。马克思和恩格斯的这个"历史原则"，是贯穿在他们的批评实践和全部美学思想之中的。作为对这个"历史原则"的具体化，他们在具体的叙述中运用了"比较"的方法，他们在对施蒂纳的批评中，对历史与文学典故的运用驾轻就熟，信手拈来，处处闪现着他们的历史眼光和广阔的艺术视野。在历史的比较中，他们十分机智地展开了施蒂纳等小资产阶级思想的浅陋和短视。

如果施蒂纳"把拉斐尔同列奥纳多·达·芬奇和提香比较一下，他就会发现，拉斐尔的艺术作品在很大程度上同当时在佛罗伦萨影响下形成的罗马繁荣有关，而列奥纳多的作品则受到佛罗伦萨的环境的影响很深，提香的作品则受到全然不同的威尼斯的发展情况的影响很深。和其他任何一个艺术家一样，拉斐尔也受到他以前的艺术所达到的技术成就、社会组织、当地的分工以及

---

① 《马克思恩格斯选集》，第2版第1卷，第134页。

第二章 审美理想的哲学基石（1845—1848）

与当地有交往的世界各国的分工等条件的制约"①。马克思和恩格斯的批评范例向我们展示了什么是正确的文学批评，它将丰富的历史知识和文学史、艺术史融合在一起，在艺术的长廊中界定一个作者和一部作品的地位。又如，与历史原则有关，马克思和恩格斯尖锐地批评了真正的社会主义者企图将社会主义运动变成纯粹的文学运动。施蒂纳将一个小说家让·保尔·理希特的作品引用来说明在拿破仑占领下生活的德国人心中"微小的盘剥和伟大的幻想的混合"。马克思和恩格斯的这种批评针对的是这些小资产阶级社会主义者将对文学的研究代替对社会的研究分析。他们在告诫文学艺术家不要脱离实际的社会生活，那些"'真正的社会主义者'将不得不愈来愈多地只在小资产者中间寻找自己的群众，而在那些萎靡和堕落的著作家中寻找这些群众的代表"②。再如，马克思和恩格斯在《德意志意识形态》中揭露了金钱拜物教的本质特征，揭露了在资本主义社会中金钱与艺术的关系。莎士比亚作品中的泰门再一次被用来说明一个伊丽莎白时代的剧作家如何比一个现代的德国哲学家更能清楚地说明金钱的主要作用：

> 只这一点点儿，
> 就可以使黑变成白的，

---

① 《马克思恩格斯全集》，第1版第3卷，第459页。拉斐尔（1483—1520），意大利画家，建筑家；达·芬奇（1452—1519），意大利画家、雕塑家、建筑家；提香（1477—1576），意大利画家，威尼斯派。
② 参见《马克思恩格斯全集》，第1版第3卷，第538页。

> 丑的变成美的，
> 错的变成对的，
> 卑贱变成尊贵，
> 老人变成少年，
> 懦夫变成勇士。

马克思和恩格斯风趣地引用这些材料，使他们的批判具有叙事风格上的魅力，同时，也更形象地说明了他们一贯重视的观察文学活动必须与社会生活密切相联系的观点。

总之，在《德意志意识形态》一书中，马克思和恩格斯不仅建立了辩证唯物主义与历史唯物主义的哲学体系，为马克思主义美学的发展提供了一个新的出发点，而且也提供了一个马克思主义文学批评的范例，这种批评生动地展示了他们的美学思想的全部内涵。

第三节 社会革命与文艺批判

马克思的两篇文艺评论及对"真正的社会主义"的批判

1845—1846年是我们理解马克思主义美学形成与发展的十分重要的一年。除了《关于费尔巴哈的提纲》《德意志意识形态》之外，马克思还发表了少有的几篇专门的文学评论文章。《伯歇论自杀》发表在莫泽斯·赫斯主编的《社会镜报》上，这篇文章采用了书评的形式，详细考察了一个叫让·伯歇的人的回忆录。

第二章 审美理想的哲学基石（1845—1848）

马克思写道：

"从著名的作家的作品当中，从那些准备以某种程度的仪式来迎接自己的死亡的绝望的人所写的诗当中，可以编出一部奇特的语录。在作出自杀决定之后出现的那阵奇异的冷酷时刻，一种富于感染力的热情在他们的灵魂中熊熊燃起，并且发泄在纸上，甚至在那些被剥夺了受教育机会的阶级的人们当中，也会有这种情况出现。在他们深刻领会即将牺牲的全部意义之前，他们整理好思路，集中全部力量，道出最后几句颇有热情和特色的话。

"有一些这类被埋在公文档案里的诗确是杰作。一个集中全部精力于自己的买卖上并把他的商业当做他的上帝的、笨拙的资产者，会觉得这种观点十分浪漫。他的轻视并不使我们感到奇怪。百分之三的人甚至一点也不知道他们正在一天一天地、一小时一小时地、零割碎剐地在慢性自杀，并且在谋杀他们自己的人性，我们对这部分人能有什么别的期望呢？但是，那些装作虔诚而且受过教育，却还重复笨拙的资产者口中那些无聊话语的好人，我们又如何来谈论他们呢？"[①]

马克思的评论道出了一个真理性的观点，即诗是人类激情的产物，这种激情不是有钱人的特权，即使在被剥夺了受教育机会的人那里，诗的激情也会随着对生活的热爱而迸发出来。所以，马克思得出结论：那种扼杀激发人的激情的生活，是人的自杀性

---

① 希·萨·柏拉威尔：《马克思和世界文学》，梅绍武等译，生活·读书·新知三联书店，1980年版，第168页。

生活，对这种生活歌颂的人，是在精神上慢性自杀，并且在帮助人类的文化自杀。一年之后，即1847年10月，马克思为另一家报纸《德意志—布鲁塞尔报》撰写了一系列文章，在这些文章中，他再一次用丰富的文学知识和辩论技巧，批驳了一个小报记者卡尔·海因岑的观点。马克思的批评集中在关于粗俗文学的评介上。他写道：

"在宗教改革以前不久和宗教改革期间，德国人创立了一种独特的、单是一个名称就够骇人的文学——粗俗文学。目前我们正处在类似16世纪的革命时代的前夜。粗俗文学重新出现在德国人面前是并不奇怪的。对历史发展发生的兴趣不难克服这类作品所引起的美学上的反感；这类作品早在15、16世纪就在那些甚至鉴赏力不高的人们中间引起过这种反感了。

"16世纪的粗俗文学是：平淡无味，废话连篇，大言不惭，像伏拉松一样夸夸其谈，攻击别人狂妄粗暴，对别人的粗暴则歇斯底里地易动感情；费力地举起大刀，吓人地一挥，后来却刀背朝下地砍去；不断宣扬仁义道德，又不断将它们破坏；把激昂之情同庸俗之气滑稽地结合一起；自称关心问题的本质，但又经常忽视问题的本质；以同样自高自大的态度把市侩式的书本上的一知半解同人民的智慧对立，把所谓'人的理智'同科学对立；轻率自满，大发空言，无边无际；给市侩的内容套上平民的外衣；反对文学的语言，给语言赋予纯粹肉体的性质（如果可以这样说的话），喜欢在字里行间显示著者本人的形象：他摩拳擦掌，使人知道他的力气，他炫耀宽肩，向谁都摆出勇士的架子；宣扬健康的精神是寓于健康的肉体，其实已经受到16世纪极无谓的争吵和肉体的感染而不自知；为狭隘而僵化的概念所束缚，并在同样的程度上诉诸极微末的实践以对抗一切理论；既不满于反动，又反对进步；无力使敌手出丑，就滑稽地对他破口大骂；索洛蒙和马尔科夫，唐·吉诃德和桑乔·潘萨，幻想家和庸人，两者集于一身；鲁莽式的愤怒，愤怒式的鲁莽；庸夫俗子以自己的道德高尚而自鸣得意，这种深信无疑的意识像大气一样飘浮在这一切之上。如果我们没有记错，德国人民的智慧已用'海涅卡——力大无穷的仆人'这首歌为它立下了一座抒情纪念碑。海因岑先生是复活这种粗俗文学的功臣之一，在这方面可以说，他是象征着各国人民的春天即将来临的一只德国燕子。

"海因岑……的宣言，为我们研究这种畸形文学（上面我们已经指出这种文学代表德国的历史兴趣的一面）提供了便利的机会。我们根据海因岑宣言来描述以这篇宣言为代表的文学变种，正如文学史家根据16世纪流传下来的作品描述16世纪的作家如'笨蛋传教士'。"[①]

马克思对现实的批判借助于历史的批判。他将19世纪的德国与16世纪的德国相比较。19世纪的德国是一个时代变动的历史阶段，在这个变动的时代，诚如16世纪一样，文学出现了粗俗倾向。平淡无奇，废话连篇，大言不惭，人格萎缩……这种

---

① 《马克思恩格斯全集》，第1版第4卷，第322—323页。"笨蛋传教士"是德国作家和神学家托马斯·穆尔纳的绰号。

文学特点是典型的革命时期的小资产阶级征兆。这个阶级既不参与革命但又不甘落寞于历史之外，所以，他们在革命前夜人格上的种种弊端的出现，是极自然的事。在革命面前的这群小资产阶级理论家、作家、批评家，找到了自己那种粗俗的激情的表达方式，被马克思讽刺为"德国智慧的抒情表达方式"，并认为这为我们研究这种畸形文学提供了机会。

以上是马克思对19世纪德国文学粗俗化的批评，另一方面，马克思又宣扬了与这种粗俗文学相反的"吸引人"的作品：

"又如在轰轰烈烈的革命时代，在强烈的、激情的否定和背弃的时代，例如18世纪，出现了正直而善良的大丈夫，出现了以停滞状态的田园生活来同历史的颓废相对抗的素有教养、作风正派的盖斯纳之类的色鬼。但是为了嘉奖这些田园诗人（他们也是一些批评化的道德家和道德化的批评家），应当说，他们在评定牧人和山羊两者在道德方面谁数第一时所表现的那种犹豫不决的态度是诚恳的。"①

显然，这是马克思对革命时代的"正人君子"——往往是道德伪善的伪君子们的辛辣的讽刺。18世纪的变革时代，是轰轰烈烈的革命时代，在这个时代中，恐惧这种历史颓废的田园诗人却将历史激情置之身外。这是一批真正的自觉边缘化的文学与现实生活中的人物。马克思认为，这正是动荡时期的德国中产阶级具有的典型特征。他们幻想行动而不敢行动，他们假想自己成为

---

① 《马克思恩格斯全集》，第1版第4卷，第329页。

英雄而生活中却不过是道道地地的懦夫。

马克思的批评建立在他的深刻的对历史运动和社会发展的见解上。诚如马克思所言:"德国哲学从天国降到人间;和它完全相反,这里我们是从人间升到天国。这就是说,我们不是从人们所说的、所设想的、所想像的东西出发,也不是从口头说的、思考出来的、设想出来的、想像出来的人出发,去理解有血有肉的人。我们的出发点是从事实际活动的人,而且从他们的现实生活过程中还可以描绘出这一生活过程在意识形态上的反射和反响的发展。"[①]这一观察历史和社会的原则,被马克思灵活地运用于文学批评实践活动中。对粗俗的文学与对田园诗派的作家的批评,正是他理论的一个实践方式。

在同一时期,以《哲学的贫困》为题发表了对蒲鲁东的批评。蒲鲁东作为一个哲学家,同那些真正的社会主义者一样,并不理解社会关系是同生产关系紧密联系着的,而将人虚伪地抽象化和一般化,并用这一个"词"变出所有一切来。他说:"蒲鲁东先生把普罗米修斯的名字给予作为人的社会,并且用以下的话来歌颂他的功绩……蒲鲁东先生的这个普罗米修斯真是怪物!他无论在逻辑上或在政治经济学上都是软弱无力的……这种说明现象的方法,部分是希腊的,部分是犹太的,既神秘又有寓意……但是蒲鲁东先生使之复活的这个普罗米修斯究竟是什么东西呢?这就是社会,是建立在阶级对抗上的社会关系。这个是个人的关

---

① 《马克思恩格斯选集》,第2版第1卷,第73页。

系,而是工人和资本家、农民和地主的关系。抹杀这些社会关系,那就是消灭整个社会,而你的普罗米修斯也就变成一个没有手脚的怪影,就是说既没有工厂也没有分工,总之,没有最初你为了使他能获得这种劳动的剩余而给他的一切东西。"①

蒲鲁东用他在文学中初次遇到的一位神话英雄来使社会人格化,使得他所想表达的真理变得十分不清。他将整个人类社会装扮成一个人的样子,那就是用一个幽灵来代替一个又区分又复合的现实,就是用词汇来代替事物,用神话来代替理论。而马克思强调的是:社会关系是历史的产物,"人们按照自己的物质生产率建立相应的社会关系,正是这些人又按照自己的社会关系创造了相应的原理、观念和范畴。所以,这些观念、范畴也同它们所表现的关系一样,不是永恒的。它们是历史的、暂时的产物"②。

值得我们思考和注意的是,马克思在《哲学的贫困》一书中引出和考察了关于艺术消费者的问题。他说:"消费者并不比生产者自由。他的意见是以他的资金和他的需要为基础的。这两者都由他的社会地位来决定。而社会地位却又取决于整个社会组织。当然,工人买马铃薯和妇女买花边这两者都是根据本人的意见行事的。但是他们的意见的差别就是由于他们在社会上所处的地位不同,而这种社会地位的差别却又是社会组织的产物。"③我们应当特别重视马克思关于"消费者并不比生产者自由"的论

---

① 《马克思恩格斯全集》,第1版第4卷,第133—135页。
② 《马克思恩格斯选集》,第2版第1卷,第142页。
③ 《马克思恩格斯全集》,第1版第4卷,第86页。

述。这是历史唯物主义思想贯彻在文学批评领域中的一个杰出的见解。马克思的这个见解，深化了关于艺术生产与分工的理论，它突出了关于艺术消费的社会性本质。这一点，正是以后的马克思主义美学研究者所特别缺乏关注的，也是阐述得特别不够的。

马克思的两篇文学评论以及随后在《哲学的贫困》中所阐发的文艺思想和美学见解，逻辑地凸显了1845年以来马克思主义美学与资产阶级唯心主义美学与艺术批评的根本区别。19世纪中叶形形色色的资产阶级、小资产阶级思想家、文艺家，"真正的社会主义者"，他们普遍以抽象"人的本质"为出发点，构造了形形色色的思想体系和艺术批评的标准，无视德国的资产阶级革命及这场革命中的无产阶级的阶级要求。马克思的批判体现了他从青年时代起就树立的面向社会，面向大众，为推动历史进步而斗争的社会观——历史观——美学观。这种鲜明的革命性贯彻在他的美学思想的全部历史之中。在同一时期，恩格斯撰写了《诗歌和散文中的德国社会主义》，作为《德意志意识形态》一书第二卷的补充。在这篇论文中，恩格斯通过对"真正的社会主义"的文学作品的详尽分析，揭露了这一派别的本质特点：他们反对政治革命，"极端畏惧一切巨大的群众运动、一切强大的社会运动"，"希望不要有什么暴风雨来打扰他享受他那微小的宁静的乐趣"。他们不去实际地批判资本主义而只是限于哀叹人类的苦难、痛哭流涕地宣扬博爱，他们充满幻想地向资本巨头呼吁，要巨头们成为人类的德行者，而鄙视"倔强的叱咤风云的和革命的无产者"，他们以在慈善掩饰下的伪善的小市民的庸俗气希望"现代社会继续存在下去,但是不要它存在的条件"。恩格斯指出:"它宣扬人的福音,真正的人的福音,真正的、真实的人的福音,真正的、真实的、活生生的人的福音;它竭尽全力地宣扬,但它的力量并不太大。"

恩格斯的批评是马克思主义美学最初的实践文本之一,我们从中可以领悟到马克思主义美学的活动准则的内涵。

社会革命纲领与文艺思想

1847—1848年,这是马克思和恩格斯革命生涯中极其重要的阶段,也是马克思主义美学思想发展的极重要的阶段。马克思在1847年上半年,确切地说,在6月15日以前完成了《哲学的贫困》,恩格斯在1—4月写完了《真正的社会主义者》,在两部著作中,马克思和恩格斯进一步发挥了他们在1845年确立的科学世界观的原理。而这一思想发展的最后结果,是闻名于世的《共产党宣言》。正如法国国立科学研究中心研究员马·鲁贝尔所说:"科学分析同道德判断的结合在社会研究的领域中决不是鲜见的。马克思是不寻常的,而他的著作之所以特别引人注意,是因为他和任何其他的重要思想家不同,他是一位公认的领袖,因而也成了一个有组织的政治运动的先知。"[①]《共产党宣言》就是这种崇高评介的最好的证明。它在1848年2月最初在伦敦出版

---

① T.鲍茨尔和马·鲁贝尔合编:《卡尔·马克思的社会学与社会哲学著作选读》,1963年哈蒙斯沃斯版,第40页。

时，几乎没有受到人们注意，但很快就成为全世界无产者必读的"圣经"。《共产党宣言》所阐述的基本思想，明确地确立了作为无产阶级代言人的马克思和恩格斯的全部世界观。它以无产阶级与资产阶级的阶级斗争为基本线索并以反对私有制为纲领，处处闪耀着为人类解放而奋斗的思想光辉。

《共产党宣言》所包含的美学精神主要表现为它所包含的社会革命内涵和文化理想。《共产党宣言》是继《德意志意识形态》之后又一部里程碑式的著作。在这里，它彻底贯彻了历史唯物主义的分析方法，对社会意识的分析建立在生产关系与经济关系的分析之上。它明确地断言，"资产阶级的生产关系和交换关系，资产阶级的所有制关系，这个曾经仿佛用法术创造了如此庞大的生产资料和交换手段的现代资产阶级社会，现在像一个魔法师一样不能再支配自己用法术呼唤出来的魔鬼了"[①]。这个"魔鬼"，就是耸立在整个经济基础上的上层建筑与意识形态体系。这个体系一旦成立，它就有自己的运转规则与变化秩序。从这个基本立场出发，马克思和恩格斯批评了18、19世纪德国的作家们如何脱离实际生活地介绍法国的社会主义和共产主义作品。

"德国的哲学家、半哲学家和美文学家，贪婪地抓住了这种文献，不过他们忘记了：在这种著作从法国搬到德国的时候，法国的生活条件却没有同时搬过去。在德国的条件下，法国的文献完全失去了直接实践的意义，而只具有纯粹文献的形式……这

---

① 《马克思恩格斯选集》，第2版第1卷，第277—278页。

样，第一次法国革命的要求，在18世纪的德国哲学家看来，不过是一般'实践理性'的要求，而革命的法国资产阶级的意志的表现，在他们心目中就是纯粹的意志、本来面目的意志、真正人的意志的规律。"①

这里，"纯粹文献的"是指一大堆轻飘飘的词句，同现实、同社会现实与政治现实脱离的词句。马克思和恩格斯指出：这种效果犹如"一件用思辨的蛛丝织成的、绣满华丽辞藻的花果和浸透甜情蜜意的甘露的外衣……"的文学，在19世纪的德国不过是商业交易中的货色，而不是什么"革命理想的理论"。在充满拜物教精神的社会里，"资产阶级抹去了一切向来受人尊崇和令人敬畏的职业的神圣光环。它把医生、律师、教士、诗人和学者变成了它出钱招雇的雇佣劳动者"②。这样，甚至诗歌在现代世界里都成了一种商品，并且要受到它的经济规律的制约。马克思和恩格斯以毋庸置疑的口吻对那些企图以"人的""爱的""全社会的"名义宣传自己思想的人说道："你们的观念本身是资产阶级的生产关系和所有制关系的产物……"③ 于是，我们看到了马克思和恩格斯在《共产党宣言》中的著名的基本观点的表述：

"人们的观念、观点和概念，一句话，人们的意识，随着人们的生活条件、人们的社会关系、人们的社会存在的改变而改变，这难道需要经过深思才能了解吗？

---

① 《马克思恩格斯选集》，第2版第1卷，第298—299页。
② 《马克思恩格斯选集》，第2版第1卷，第275页。
③ 《马克思恩格斯选集》，第2版第1卷，第289页。

第二章 审美理想的哲学基石（1845—1848）

"思想的历史除了证明精神生产随着物质生产的改造而改造，还证明了什么呢？任何一个时代的统治思想始终都不过是统治阶级的思想。"[①]

以上的思想是《共产党宣言》对《德意志意识形态》的再一次阐述和发挥。从1844年起，马克思主义创始人的美学思想就坚定地遵循着唯物主义原则，将广义的意识形态的起源与发展建筑在整个社会生活的基石之上，形成了分析文学现象、评介作家作品的一整套方法论体系。而这一思想却又是在日后的发展中遭到各种不同的解读和歪曲，是有着最大歧义的基本论点。这种歧义就是：马克思和恩格斯的这一思想，开辟了"独断的决定论"的先河，是使唯物主义庸俗化的一个起点。关于这一点，20世纪的西方马克思主义的思想家们已说得过多了。然而，历史却证明马克思和恩格斯的正确。一个时代的文学现象，只有从一个时代的政治经济社会发展的现实之中去寻找其发生、发展的根源。

《共产党宣言》的这一基本立场，在于使我们了解，一个时代的美学思想的演变离不开社会阶级关系变化的现实可能。审美理想中涵盖着阶级要求与它的道德欲求。所以，《共产党宣言》给我们提供了一个从阶级的观点去观察文学艺术的新视点和新视角。对此，我们可以引申到对艺术家与作家——作为知识分子一员的认识，马克思和恩格斯对此的观点是：由于社会本身的矛盾，知识分子在任何时候都能够反对统治的思想。"资产阶级中

[①]《马克思恩格斯选集》，第2版第1卷，第291—292页。

也有一部分人，特别是已经提高到从理论上认识整个历史运动这一水平的一部分资产阶级思想家，转到无产阶级方面来了。"本隶属于资产阶级阵营的知识分子，可以通过他们的理论觉悟，摆脱由于出身和教育形成的精神羁绊，成为消灭私有制的伟大历史运动的战士。马克思和恩格斯将这一伟大的历史使命与知识分子可能作出的能动的历史选择联系起来了，这是马克思主义美学思想方面的一个重要的理论贡献。至此，我们知道，他们的美学思想，除了提供方法论的基础外（以社会的人为出发点，将对美学思潮的理解建立在社会历史的分析之上），还对艺术生产的主体在阶级社会中的可能的发展作出了理论规定。艺术生产主体的可转变性问题为我们提供了一个辩证地处理问题的范例。

《共产党宣言》在美学上的另一个重要的理论是关于"文学成为世界的文学"的论述。19世纪中下叶的资本主义发展使市场成为"世界性的共同体"，民族、地域、国家之间的界限被资本和自由贸易打破了。作为思想意识形态一部分的文学艺术也作为世界文学的一部分已不可能成为完全独立的、自我封闭的一部分。"各个相互影响的活动范围在这个发展进程中越是扩大，各民族的原始封闭状态由于日益完善的生产方式、交往以及因交往而自然形成的不同民族之间的分工消灭得越是彻底，历史也就越是成为世界历史。"[①] 这是马克思和恩格斯在《德意志意识形态》中的一段话。作为进一步的阐述，在《共产党宣言》中，他们指

---

① 《马克思恩格斯选集》，第2版第1卷，第88页。

出:"资产阶级,由于开拓了世界市场,使一切国家的生产和消费都成为世界性的了。使反动派大为惋惜的是,资产阶级挖掉了工业脚下的民族基础。古老的民族工业被消灭了,并且每天都还在被消灭。它们被新的工业排挤掉了,新的工业的建立已经成为一切文明民族的生命攸关的问题;这些工业所加工的,已经不是本地的原料,而是来自极其遥远的地区的原料;它们的产品不仅供本国消费,而且同时供世界各地消费。旧的、靠本国产品来满足的需要,被新的、要靠极其遥远的国家和地带的产品来满足的需要所代替了。过去那种地方的和民族的自给自足和闭关自守状态,被各民族的各方面的互相往来和各方面的互相依赖所代替了。物质的生产是如此,精神的生产也是如此。各民族的精神产品成了公共的财产。民族的片面性和局限性日益成为不可能,于是由许多种民族的和地方的文学形成了一种世界的文学。"[①] 马克思和恩格斯的这一伟大思想,给理解现代美学的发展提供了一个有先见性的启示:在世界范围内看美学思潮的互相影响和互相渗透。从这个角度看,马克思和恩格斯是充分肯定资本主义世界市场的影响并肯定资本主义生产带来的全球范围的进步的。

世界市场与文化视野的扩展,是资本主义生产所产生的必然结果。同时,也是无产阶级世界化的合乎逻辑的结果。在这个前提下,马克思主义美学就与现代社会的进展紧密地结合在一起了。20世纪的伟大实践无可辩驳地证实了马克思和恩格斯在《共

---

① 《马克思恩格斯选集》,第2版第1卷,第276页。

产党宣言》中的预言。电视、电传、电话、电脑网络，世界范围内的广泛联络，已使人类的交流成为日常事件。文化与审美趣味的共同性大大加强了。这使得我们能够在更大的范围内考虑美学思想的发展问题。

叙述风格的美学特性

我们探讨马克思和恩格斯的美学思想，除了研究他们的直接的理论表达之外，关注一下他们的叙述风格的美学特性也是十分必要的，特别在他们的文学批评论文中体现的美学特性。在19世纪40年代末这段最关键的时期，马克思和恩格斯的美学思想一方面走向了成熟，另一方面，在表述他们的美学思想时，体现了他们的高度的文学艺术涵养和一贯的审美风格。总体来讲，这一段时间，他们虽然个人的风格特点不同，但表现的叙述风格的美学特性却有相同之处，例如：对古典文学作品和当代作家的熟悉和丰富的引用，表达上的引喻、改写、诙谐的模仿，等等。在他们洋洋洒洒的叙述中，18、19世纪最重要的诗人、小说家、艺术家的言论信手拈来，古希腊罗马的哲学家的思想被旁征博引，艰深的思想被引人入胜的文学描写所装点，读来倍感亲切。

马克思和恩格斯的叙事风格可以归纳为：

旁征博引，借用丰富的事例来说明自己的思想，使他们的文章具有生动活泼的鲜明力度。在《德意志意识形态》中，在批评施蒂纳的时候，就引用了拉斐尔、达·芬奇、提香，引用了莎士比亚、《天方夜谭》、荷马、拉伯雷、歌德、《魔笛》，甚至引用了

第二章 审美理想的哲学基石(1845—1848)

民歌:《约克尔之歌》(Jockellied),他们对历史文献的熟悉,令人佩服。而在《德意志意识形态》以后的论著中,继续了在《德意志意识形态》中所采用的风格。马克思在批判卡尔·海因岑时,引用莎士比亚的《爱的徒劳》一剧中的一幕,在这一幕中,怪诞的吹牛家唐·阿德里安诺·德·亚马多,因为不适当地扮演了赫克托耳的角色而受到嘲笑。马克思显然是很有兴趣地引用了莎士比亚《特洛伊罗斯与克瑞西达》各幕的台词,而扮起海因岑指派给他的角色忒耳西忒斯;在这个戏里,愚蠢、笨拙的埃阿斯上了忒耳西忒斯的圈套,最后,忒耳西忒斯说出"我愿做一只羊身上的虱子,也不愿做这么一个没有头脑的勇士"而达到高潮,马克思正是把这句话当作自己的话。接着,他模拟英雄史诗的文体,讽刺地把海因岑勇猛的事迹记录下来,最后大段摘引《列那狐》的词句作为结尾。《列那狐》原来是一部欧洲古典作品,已由歌德用诗体改编成一部政治和社会方面都有教育意义的德语的讽刺史诗了。马克思引用的就是歌德的这部作品。马克思和恩格斯的这种旁征博引,有力地加强了叙事的力度和说明问题的文化内涵,这种美学风格与他们的美学思想交相辉映,形成了马克思主义美学鲜活的富于生命力的风格。

据伯拉威尔统计,马克思在1849年3月发表在《新莱茵报》上的文章中,除了引用海涅外,还大量引用了毕尔格尔[①]的《列

[①] 哥特弗里德·毕尔格尔(1747—1794),德国亭根林茨派诗人,狂飙突进运动的主要代表者。

诺尔》、斐迪南·赖蒙德①的剧本，还有荷马、维吉尔、《圣经》《一千零一夜》、莎士比亚、莫里哀、博马舍、歌德和席勒；一些小作品，如阿尔诺德、科尔图姆②的18世纪的拟史诗《约卜西之歌》，库伯③的《最后一个莫希干人》，克劳狄乌斯④的《莱茵葡萄酒之歌》，甚至还有罗伯特·彭斯⑤的剧本，以及《费加罗的婚礼》和罗西尼⑥的《唐克莱德》，等等。

诙谐的引用，机智的比喻，有力的论证，这一切交织在一起，使他们的叙事风格本身具有鲜明的审美特性。

让我们再举一个例子来说明这种鲜明的具有战斗力的美学风格。海涅的政治诗，特别是《德国，一个冬天的童话》，在马克思给《新莱茵报》写的文章里到处出现。马克思借用海涅的诗句来表达对1848年5月革命的种种希望：

> 那时一切都装饰鲜花，
> 月光也欢腾四射，
> 鸟儿满怀热情的歌唱，
> 人们在希望，在思考——

---

① 斐迪南·赖蒙德（1790—1836）。奥地利剧作家。
② 卡尔·阿尔诺德·科尔图姆（1745—1824），德国诗人和作家，以《约卜西之歌》一书而著名。
③ 菲尼莫尔·库伯（1789—1851），美国浪漫主义作家。
④ 马提阿斯·克劳狄乌斯（1740—1815），德国诗人。
⑤ 罗伯特·彭斯（1759—1796），苏格兰诗人，民主主义者。
⑥ 乔阿契诺·罗西尼（1792—1868），著名的意大利作曲家。

的确，引用这样的诗句，比用任何枯燥的口号来表示对革命到来的欢愉心情，更为恰当。同样，马克思用形象的叙述方式将这种美学风格贯彻在他的表达之中，我们从中不仅认识到了、领悟到了马克思的思想，而且，同时感受到了马克思在表达这种思想时的心境和内心的情感力度：

"……不相信自己，不相信人民，在上层面前嘟囔，在下层面前战栗，对两者都持利己主义态度，并且意识到自己的这种利己主义；对于保守派来说是革命的，对于革命派来说却是保守的；不相信自己的口号，用空谈代替思想，害怕世界风暴，同时又利用这个风暴来谋私利；毫无毅力，到处剽窃；因缺乏任何独特性而显得平庸，同时又因本身平庸而显得独特；自己跟自己讲价钱；没有首创精神，不相信自己，不相信人民，没有负起世界历史使命，活像一个受诅咒的老头子，注定要糟蹋健壮人民的最初勃发的青春热情而使其服从于自己风烛残年的利益，没有眼睛！没有耳朵！没有牙齿，没有一切——这就是普鲁士资产阶级在三月革命后执掌普鲁士国家权柄时的形象。"[①]

这是多么鲜明生动的深刻的刻画。可以说，没有比这更恰当的表达来描绘处境尴尬的普鲁士资产阶级在1848年的真实处境了。这是战斗的、锐利的、充满着激情的美学风格，这种风格与气质，与马克思和恩格斯的美学理论完全协调一致，都包含着为工人阶级战斗的一颗火热的心。

---

① 《马克思恩格斯选集》，第2版第1卷，第320页。

第三章

政治与经济的时代（1848—1864）

第一节 政治：19世纪50年代

意识形态理论的发展

1848年《共产党宣言》的发表是马克思主义思想史上的重要事件，也是马克思主义美学史上的一个重要的关节点。1848年以前，欧洲与德意志普鲁士正处在资产阶级革命前夜，一切意识形态和舆论变化都处在理论准备阶段。马克思和恩格斯主要是作为革命理论家、哲学家，而不是美学家参与思想理论工作和实践活动的，当然，他们的美学思想在这个时期也已成熟。其主要标志是：第一，系统地建构了美学思想的至关重要的哲学基础；第二，以《1844年经济学哲学手稿》为核心，较系统地提出了理解审美活动的基本观点，如美的规律的观点、审美实践观点、美感与人的生活实践关系的观点、审美理想中的阶级观点等；第

第三章 政治与经济的时代（1848—1864）

三，马克思和恩格斯以文学批评的实践阐发了代表着进步、正义、光明、革命利益的审美理想和文学批评的准则。总之，就1844—1848年这段时间的思想发展而言，马克思主义美学思想的基本理论框架已经形成，完全可以据此形成马克思主义美学思想的体系。但这仅是马克思主义美学思想建构和发展的一个基础和出发点，在日后的思想发展中，马克思和恩格斯的美学思想还将在革命运动和文艺批评两个实践中朝前发展。

本章阐述的是以19世纪50年代为核心的马克思、恩格斯的理论活动和美学贡献。19世纪的中叶是欧洲、也是普鲁士国家思想史上最重要的一页。1848年爆发了历史性的资产阶级革命。革命时期的理论斗争是马克思和恩格斯的主要工作，在这段时间里，文艺思想的斗争也极其繁重，与金克尔的斗争、批判拉萨尔、批评魏特林的斗争，都生动地体现了马克思主义美学思想的战斗力和科学精神。

1848年以后至60年代，马克思和恩格斯的主要阐述在于总结欧洲革命的经验。他们的一系列重要著作，都是在这个时期写出的。1848年，他们撰写的一大部分文章发表在《新莱茵报》上，这些文章大都是政论和时评以及对国际局势的分析。1848年6月，巴黎爆发工人起义，马克思和恩格斯立即在《新莱茵报》上作出了反应。马克思的《六月革命》一文在《新莱茵报》刊登后，甚至引起了股东的不满而减少了对《新莱茵报》的支持。这个时期，马克思和恩格斯的一系列重要著作陆续出版，如《德国的革命与反革命》（1851—1852）、《路易·波拿巴的雾月十八日》(1851—1852)等。这个时期，马克思的经济学著作的写作正在紧张展开，《政治经济学批判导言》(1857)分析了资本主义制度下的生产、分配、交换、消费之间，生产力与生产关系之间，生产关系和法的关系、家庭关系以及其他等等关系之间的辩证联系问题。

总而言之，马克思和恩格斯在19世纪中叶的理论建构，着重于分析或解决两个大的矛盾。第一方面是1848—1852年间，他们针对欧洲革命而总结革命运动的历史教训，从而从阶级斗争的经验中制定马克思主义的国家学说；第二方面是19世纪50—60年代为建立科学的政治经济学而斗争。这两个部分都涉及马克思主义意识形态理论的进一步深化，涉及当时德国文艺批判的思想背景，所以值得认真分析。让我们看看，从1845年马克思和恩格斯确立意识形态理论以来，进入50—60年代有哪些变化和进展。

1848—1849年的欧洲革命，给马克思和恩格斯思考社会意识形态问题提供了新的历史材料。在革命进程中，资产阶级和小资产阶级的意识形态观念的虚幻性显露出来了，并且显露了无产阶级的阶级意识与它们的根本区别。他们在《新莱茵报》上发表的文章中，在《1848年到1850年的法兰西阶级斗争》《路易·波拿巴的雾月十八日》《德国农民战争》以及其他著作中，探讨了关于各革命时期意识形态过程的变动、意识形态的阶级实质、资产阶级和小资产阶级意识形态的虚幻性问题，关于辩证唯物主义与无产阶级运动相结合的必要性问题。

第三章 政治与经济的时代（1848—1864）

与《德意志意识形态》相比，马克思和恩格斯在这一阶段的论点更深化、更开阔，理论更完备了。他们在《德意志意识形态》中，论述了意识形态产生的社会历史基础，哲学反映论的本质，它的阶级属性以及它与经济基础的关系与相互作用等等，为建构新的意识形态学说构造了一个全新的理论框架。而在50年代（19世纪），马克思和恩格斯将意识形态理论推向了一个新的高度，给美学思想和文学批评的深化带来了具有方法论意义的变革。这些新的内涵主要是：

1. 意识形态过程的变动观点

在1848年革命的历史进程中，意识形态显示了它的非固定性和流变性。意识形态不仅仅是观念、传统的信仰体系，而是与人的活动不可分割地联系着的，是包括在这个活动的过程中的，尤其包括在社会发展、意识形态观念、概念和理想的客观过程与人的主观能动性的相互作用之中。例如，在1845—1849年的革命过程中，德国资产阶级中"妥协"的意识形态曾经是十分流行的，法国的大资产阶级和小资产阶级在革命的初期曾经在"自由、平等、博爱"的口号下联合起来。在这些意识形态中利用了在社会上具有思想权威主义的传统。马克思在《路易·波拿巴的雾月十八日》中指出，一般地说，求助于过去的思想和形象乃是资产阶级革命的特点：如果说1848年法国时而模仿1789年，时而模仿1793—1795年，那么1789—1814年的法国革命则"依次穿上了罗马共和国和罗马帝国的服装"。马克思说到资产阶级革命时指出，具有社会上特殊的客观存在的旧的思想传统、形象、信仰，照例都与新时代的历史内容不相符合。马克思写道："一切已死的先辈们的传统，像梦魇一样纠缠着活人的头脑。当人们好像刚好在忙于改造自己和周围的事物并创造前所未闻的事物时，恰好在这种革命危机时代，他们战战兢兢地请出亡灵来为他们效劳，借用它们的名字、战斗口号和衣服，以便穿着这种久受崇敬的服装，用这种借来的语言，演出世界历史的新的一幕。"[①]

马克思指出：压抑着人们的意识形态上的传统，迫使他们有时在完成不直接符合他们的物质利益的历史行动。例如，在1848年，为了德国资产阶级的利益而消灭了封建的社会政治制度并代之以资产阶级的社会政治制度。但是，德国资产阶级首领们被妥协的意识形态所俘虏，他们向旧的政权机关申诉，希望借助于它们来实现向新的法制过渡。这种新的革命阶级向旧意识形态妥协的历史性结果证明了马克思的灼见：意识形态的历史作用不是一成不变的。然而，传统的意识形态对人们的社会活动的影响并不是自动的。人们的确利用意识形态传统，然而利用的却是最符合时代要求的意识形态传统。在每一个历史阶段，旧的意识形态都充满新的内容，并且往往为另一些更迫切地反映眼前发生的社会改造的本质的意识形态形象所取代。例如，马克思指出，如果说法国大革命也利用过罗马历史的形象，那么毕竟"旧的法国革命时的党派和人民群众……都穿着罗马的服装，讲着罗

[①] 《马克思恩格斯选集》，第2版第1卷，第585页。

马的语言来实现当代的任务，即解除桎梏和建立现代资产阶级社会"[1]。但是，"新的社会形态一形成，远古的巨人连同一切复活的罗马古董……都消失不见了。冷静务实的资产阶级社会把……基佐们当作自己真正的翻译和代言人……"[2]

同时，在历史进程中，传统的信仰和观念往往会遭到破坏。例如，在《路易·波拿巴的雾月十八日》中，马克思分析了在1848年革命进程中开始的对于法国农民拿破仑观念（小块土地、强有力的中央政府等等）的传统信仰的破坏过程。

总而言之，意识形态经常是由人们在其历史活动中创造出来并加以改变的。只要意识形态一经产生，意识形态的形象、观念等等便成为群众的历史活动的客观条件之一，然后，它们本身也在历史活动的新阶段发生变化。

2. 人的活动的思想形式与物质形式的相互作用问题

马克思主义对意识形态的基本解释是：意识形态过程是相对独立的过程，就其基础而言，它们是依赖于人们的物质活动的，它们是人的物质活动的产物。马克思于1848—1852年的著作中发展了他们所表述的这个早期原理。他们在各阶级的意识形态背后看到并揭示了人们的物质利益的冲突。但这只是问题的另一面。意识形态基本上是由首先在精神利益而不是在物质利益的影响下起作用的"思想家们"所创造和深入研究的。物质生活的实

---

[1]《马克思恩格斯选集》，第2版第1卷，第585页。
[2]《马克思恩格斯选集》，第2版第1卷，第585—586页。

践在某种程度上规定着"思想家们"的思想在这一或那一历史时期进行活动的那种理论上的"界限",但同时,思想家们创造的意识形态,又有着不可否定的主导性、特殊性、相对独立性。思想体系的抽象理论形式既造成这些思想体系"飞离"现实的可能性,又造成"超越"现实和意识形态积极作用于历史事件进程的条件。在《德国农民战争》(1850)一书中,恩格斯强调指出了关于社会中的意识形态斗争对于阶级的实际利益的相对独立性的思想。在16世纪德国农民战争时期,意识形态斗争带有宗教性质,因此造成了一种印象,似乎斗争的双方主要利益就在于捍卫对于宗教信条的这一种或那一种解释。根据这个事实,恩格斯指出,只是归根结底来说,意识形态斗争的主要内容和方向是由阶级的物质利益决定的,可是社会上存在着的精神传统却是制约着意识形态的一般结构。恩格斯特别指出:对客观现实的反映,在意识形态中是通过各特定社会集团的目的、利益的三棱镜来实现的。恩格斯精辟地分析了在德国农民战争中,某些居民阶层在对待束缚社会发展的中世纪封建制度的各种意识形态立场,分析了市民异教和平民异教的不同态度,等等。意识形态在实践中的发展就在这种客体—主体关系的复杂演变过程之中。

3. 意识形态的幻想作用[①]

这个问题对于中国读者来讲,是意味深长的。尽管中国公民亲自经历过"意识形态幻想"的种种体验,但真正从理论上重视

---

① 参见俞吾金:《意识形态论》,上海人民出版社,1993年版,第279页。

第三章 政治与经济的时代（1848—1864）

意识形态幻想的真实含义，并非易事。首先，我们长时期以来，并没有从理论上对马克思的意识形态理论作全面的深入考察，特别是关于"意识形态幻想"，则是在任何教科书上均闻所未闻。其实，这是一个极其敏感和重要的问题。在《德意志意识形态》《关于费尔巴哈的提纲》《共产党宣言》和其他著作中，马克思和恩格斯就已经指出：对抗性阶级社会的物质生活条件本身产生并保持着一定的意识形态幻想，只要产生这些意识形态幻想的条件还存在，它们也就一直保持着。

在马克思看来，意识形态幻想与一般的错误的理论原理是有区别的，尽管它们有共同之处。它们的共性在于：在幻想的意识中，客观现实是以虚幻的、过于夸大的、被歪曲了的形式被反映的。例如，"协商论"表达了1848年革命中德国资产阶级的利益，反映了它的立场的两重性——渴望进行某些反封建的改革和害怕革命人民。因此，德国资产阶级力求把德国的社会运动纳入以旧的立法为基础的改革活动的轨道上来。所以，马克思写道："资产阶级从旧普鲁士的立法中引申出自己的要求，为的是不让人民从新普鲁士的革命中引申出任何要求。"[①] "协商论"乃是1848年革命中德国资产阶级不坚决政策的事实上的一般思想表示和根据。然而，对于资产阶级思想家们来说，正如马克思所写的，"关于法制基础的词句已变成了一种真正的实体"[②] 已成了

---

① 《马克思恩格斯全集》，第1版第6卷，第132页。
② 《马克思恩格斯全集》，第1版第6卷，第132页。

资产阶级在革命进程中的政策的指导原则。事物的真正的相互关系被头足倒置了。狭隘的阶级的"协商论"具有一种指出历史运动道路的无可争议的权威、绝对化的力量。妥协的意识形态是建筑在把社会规律加以绝对化之上的，是建筑在右倾的幻想之上的。借助于这些幻想，资产阶级在政治上和思想上的代表人物，企图把资产阶级的利益——以他们极其狭小的目光所理解的阶级利益，装扮成整个德国的利益。

典型的意识形态幻想还表现在1848年的法国。资产阶级的"自由、平等、博爱"的口号，在某个时期曾经是代表民族的共同利益的口号。资产阶级思想家们自己维护和编造了关于1848年资产阶级革命的本质和任务这样一种"夸大的、虚幻的、热烈的想像……"①马克思讽刺当时的法国思想家阿·拉马丁时写道："像从自己的皮囊中放出风来的伊奥拉斯一样，拉马丁也解开了自己的袋囊，放出了一阵风，轻轻地一吹就把一切空中的幽灵、一切资产阶级共和国的漂亮话——一切民族友好团结、法国会使一切民族获得解放、法国为维护一切民族的利益而自我牺牲等等轻浮的词句吹向东方和西方。可是他做了些什么呢？——什么也没有做！"②1848年革命中，法国资产阶级取得了政治利益和自身的自由，但在意识形态中它的阶级立场却被虚幻地装扮成了为全体法国人民的利益而斗争。

---

① 《马克思恩格斯全集》，第1版第5卷，第516页。
② 《马克思恩格斯全集》，第1版第5卷，第516页。

正是意识形态的这种幻想，在阶级社会中完成着重要的社会作用，有助于动员人们去解决特定的历史任务。马克思和恩格斯的这一论点说明了这样一个历史事实：一切曾积极出现在历史舞台上的阶级，都竭力借助于意识形态来把自己的特殊的、局部的利益装扮成整个社会的利益，从而为社会的变革而斗争。意识形态幻想具有不同的生命力，这一点取决于引起它们出现的物质条件和社会需要的性质。由于意识形态的幻想一直保持到使它们成长起来的环境还存在的时候，所以在迅速消逝的环境的情况下，由这些环境所产生的幻想的生命也不会太久，反过来也是如此。在许多世纪里存在着这样一些意识形态幻想的形式，诸如宗教、哲学唯心主义，这是因为在一切对抗性的阶级社会中存在着产生这类观念的基础。马克思和恩格斯在1848—1852年的著作中，特别是在关于批判1848年革命唯心主义观点时，分析了资产阶级意识的坚定幻想的某些表现以及这个时期那些曾与革命一起产生和消逝的意识形态幻想，如"协商论"和"自由、平等、博爱"等等。马克思和恩格斯深刻指明了"幻想"随现实基础的消失而消失。如，他们指出，1848—1849年革命证明了资产阶级革命的许多资产阶级和小资产阶级的口号和纲领的虚幻性，揭穿了它们对于绝对性和普遍意义的奢望，揭示了它们的阶级局限性的即资产阶级的实质。

4. 关于无产阶级意识的特点

这一论点也是马克思和恩格斯在1848—1849年革命以后在理论上深入思考的结果。在1848—1849年的革命中，资产阶级、小资产阶级思想家所提出的关于"民权""人民自由"等冠冕堂皇的口号掩盖着它们的真实的历史要求。

马克思和恩格斯在1848—1852年的著作中，不止一次地指出，没有具体历史内容的"漂亮话的统治""人道主义的漂亮的实话""不切实际的幻想"，乃是小资产阶级的意识形态的有代表性的标志。历史进程使他们强烈地意识到，必须提出无产阶级自己的鲜明的口号并强化无产阶级的意识，从而使社会主义政党在理论上代表着无产阶级。他们在具体论述无产阶级的意识特点时认为，作为无产阶级意识的特征就是丢掉幻想，它应当确立在对历史发展的现实规律性和趋向的了解和掌握的基础之上。"从前的革命需要回忆过去的世界历史事件，为的是向自己隐瞒自己的内容。19世纪的革命一定要让死人去埋葬他们的死人，为的是自己能弄清自己的内容。从前是辞藻胜于内容，现在是内容胜于辞藻。"① 无产阶级意识问题的提出关涉到意识形态的能动性原则，马克思和恩格斯在分析实际的革命运动的理论中对此提出了创造性的理论证论。关于无产阶级意识问题又自然涉及个人与历史的关系问题。人民自己创造自己的历史。然而，人民在理论与阶级意识的觉醒下创造自己的历史，被赋予了意识和意志的人们是作为历史的主体而出现的。但人们不是随心所欲地创造历史，而只是在既定的历史条件下创造历史——马克思和恩格斯在新的历史条件下对意识形态理论的深化，不仅给社会历史运动提供

---

① 《马克思恩格斯选集》，第2版第1卷，第587页。

了理论支持，而且还为美学与文艺思想的建设深化了方法论的基础。关于意识形态过程的变动作用，关于意识形态幻想，关于阶级意识的确立等等，无疑都是可以有机地与审美意识的分析结合在一起的，而且，在实践上，他们也是这样实行的。

文艺思想在批评中的深化

1848年的革命高潮无疑为文艺运动提供了新的历史舞台，同时，也为马克思和恩格斯的文艺批评和美学思想的深化提供了历史契机。1848年以后至50年代的德国历史变动是异常激烈的，是工人运动走上历史舞台的时刻，是无产阶级意识觉醒的时刻。所以，在这一时刻，马克思主义的美学思想有了特别广阔的用武之地。在这一时期的艺术与美学批评主要表现在对各种文艺现象的批判和分析之中。

关于这一时期的马克思主义美学思想，首先是与政治运动分不开的。1848年的革命在德国历史上，第一次显示了无产阶级的阶级意识的觉醒和在历史进程中的各个阶级的历史要求。而文艺，在这样的历史运动中，成为政治生活的强有力的参与者和有机的组成部分。这一时期马克思和恩格斯关于文艺与美学问题的论述，见于各种文章和通讯之中，归纳起来有下面几点：

1. 热情地称颂无产阶级文艺的战斗作用

1848年3月，恩格斯兴奋地写信给马克思："德国别处的消息很好。……在慕尼黑，大学生、艺术家和工人正在进行真正的起义……"①对革命和工人起义的同情,同样在马克思的著作中得到体现:"读过我在大约两年前为《论坛报》写的关于德国的革命和反革命的文章并且想对革命有一个具体的认识的读者们,不妨看一看现在陈列在纽约水晶宫的哈森克莱维尔先生的绘画;这幅画描绘了1848年工人向杜塞尔多夫市政当局递交请愿书的情景。作家只能加以剖析的东西,杰出的艺术家以丰富的戏剧性和生命力再现出来了。"②

这一澎湃的激情和鲜明的态度,在1848年至1850年的《法兰西阶级斗争》一书中充分地体现了出来。有意思的是马克思在描绘历史场景的文学色彩,发表在1850年1月、2月和3月的《新莱茵报·政治经济评论》上的这一著作中,以生动形象的描绘展现了法兰西阶级斗争的生动场景。"在资产阶级社会最高贵的舞台上公开演出那些通常使流氓无产阶级进入妓院、贫民院和疯人院,走向被告席、苦役所和断头台的同样场景时"③,"顷刻间,官方的舞台:布景、服装、台词、演员、配角、哑角、提词员、剧本主题、决定内容和整个局面——全都变了样"。有些演员,如阿尔芒·马拉斯特(1848年临时政府成员和巴黎市长。——引者注)从舞台上消失了;另一些演员,如路易-拿破仑,则"把自己摆在顶层座的观众面前示众"。有一些突然扣人心弦的情节急转,例如1848年临时政府被剥夺了它的观点的那

---

① 《马克思恩格斯全集》,第1版第27卷,第132—133页。
② 《马克思恩格斯全集》,第1版第9卷,第263页。
③ 《马克思恩格斯选集》,第2版第1卷,第380页。

一次。演员们扮演了不同的角色:王位上的路易·菲利浦(奥尔良公爵,法国国王。——引者注)扮演了罗伯尔·马凯尔(一个喜剧中的奸商,用以讽刺七月王朝时期的金融贵族。——引者注);在离开王位以后,他又同样成功地扮演了"一个羞答答的乞丐的角色"。路易-拿破仑本人扮演了最不光彩的角色:"一个肮脏人物""一个傀儡",一个小丑;而且据说他需要一批用钱雇来的捧场喝彩者,以避免被人们嘘下台。关于法国农民——"他们在一瞬间扮演了革命剧中活跃的主角,别人就再也无法强迫他们重新回到合唱队的无所作为的、唯命是从的角色中去了"①。"法国社会中所有阶级,都突然……被追离开包厢、正厅和楼座而登上革命舞台亲身去跟着一道表演。"②

这种出色的形象的描写和比喻,除了生动地体现了马克思的政治立场和见解以外,毫无疑问也体现了马克思的日益成熟的美学见解。在这段非常时期里,马克思的美学思想主要体现在政治倾向的选择之中。当然,除此以外,马克思和恩格斯在其他一系列文艺散论中谈到了科隆审判中的漫画,对俄国沙皇的扩张主义文艺的抨击、反对路易·波拿巴(拿破仑第三)的文艺斗争。最有意思的是马克思《关于占领塞瓦斯托波尔的消息》的一篇通讯,它用极为形象的叙述巧妙地讽刺了英国人的沙文主义狂想:

"伦敦6月22日。《梦行者》第二幕刚演完,德留黎棱剧院

---

① 《马克思恩格斯选集》,第2版第1卷,第412页。
② 《马克思恩格斯选集》,第2版第1卷,第383页。

的幕布刚落下，突然发出的响亮的击鼓声把拥向小卖部的观众又召回到大厅里来。幕布重新升起，剧院经理走上舞台，他用一种不自然的过度激昂的音调说了下面的话：

"'女士们！先生们！我十分荣幸，能够向你们报告一件重要的事情：联军占领了塞瓦斯托波尔。'

"全场欢跃，高呼'万岁！''万岁！'鲜花如雨点般地抛来。乐队奏乐，观众齐唱《上帝，保佑女王》《统治吧，不列颠》《向叙利亚进发》。从上层观览席发出了要求唱《马赛曲》的呼声，但是没有得到响应。剧院经理的即兴作品是以一则电讯为根据的，但这则电讯根本没有谈到占领塞瓦斯托波尔的事，只是谈到6月18日法国人对马拉霍夫冈的强攻和英国人对大凸角堡的强攻都被击退了，而且损失很大。"①

这是一篇极为精彩的特写，它无情地讽刺了英国人那种盲目的狂想，但无一字评论，然后笔锋一转，轻轻点出消息不实，非但没有占领该地，反被击溃，而且损失很大，读后令人忍俊不禁。这同时也典型地体现了马克思的美学风格和文学叙述的才能，以及从这种叙述中体现出来的政治倾向。

在19世纪50年代还有不少散论涉及美学和文艺倾向。如马克思在《法兰西阶级斗争》中将欧仁·苏讽刺为"感伤的小市民社会幻想家"②；而恩格斯在《民主的泛斯拉夫主义》一文中，将

---

① 《马克思恩格斯全集》，第1版第11卷，第353页。
② 《马克思恩格斯选集》，第2版第1卷，第471页。

那些空幻的小资产阶级"革命家"讽刺为"在诗意盎然的美丽辞藻和华而不实的悦耳言辞掩盖下背叛人民的时代的典型人物"[①]。从上我们可以看到,马克思和恩格斯的文学批评和艺术评论实践,是以他们具有鲜明阶级立场和政治色彩的美学思想作为基础的。当然,这样说并不是意味着在美学上马克思和恩格斯放弃了探求,整个50年代值得提出的一件事是传说马克思1857年为一部百科全书写的美学条目。

马克思为准备写这个条目阅读并摘录了弗·费舍的《美学》和一部著名的德文百科全书的美学。卢卡奇曾经有一篇颇具启发的研究文章,分析了马克思的这部分美学笔记。卢卡奇指出马克思的这部分笔记有三个重要特点。第一个是,马克思对费舍关于美学的四卷著作的结构和材料安排所表现的兴趣:他不仅对这部作品所涉及的美学的各种问题感兴趣,而且认为费舍把一部卷帙浩繁的作品分册出版是一个可资仿效的办法。卢卡奇指出的第二点是,马克思着重研究的是费舍美学体系中艺术与生活关系最密切的一些部分,是一些处于生活和艺术的边界线上的问题,和主观与客观的相互关系,"美的瞬间",滑稽与丑陋等等。这些问题引导马克思思考了事物的本质与其美学上的意义的关系。马克思从费舍的著作里摘录了一些康德对这些问题的论述,这样他就以费舍的《美学》为门径,进入了对康德的《纯粹理性批判》的研究。卢卡奇提出的第三点最为重要,据他说马克思的这部分笔

---

① 《马克思恩格斯全集》,第1版第6卷,第322页。

记摘录最多的是费舍美学讨论中讨论神话的部分。费舍是黑格尔的追随者，也把神话看作是一个已经消失的、特殊的历史时期的表现。费舍的著作概括了欧洲18、19世纪的美学理论，马克思对他的研究和摘引使他的美学理论在原先接受的黑格尔美学概念体系的基础上深入一步。在纯粹美学学科的基础上，马克思在批判与斗争的丰富实践的基础上，有了更令人深思的成果。特别是他以同情的态度摘引的费舍的这样一段话："美既是客观事物，又是主观境界。它既是形式（当我们判断它的时候），又是生活（当我们感觉它的时候）。它既是我们存在的样态，又是我们的创造。"——这里的全部丰富内容的展开只有在马克思和恩格斯丰富的艺术批评实践中去领悟和理解了。

第二节　批判金克尔

金克尔其人其事

马克思和恩格斯在1848—1849年革命以后的理论斗争中，批判小资产阶级代表人物的政治理论和美学观点、文学创作实践是一个重要的方面。写于1852年5—6月的《流亡中的大人物》，就是这个时期的重要代表著作。这部著作在马克思主义美学思想史上的重要意义在于：它是19世纪50年代对小资产阶级文艺思想及其代表人物揭露批判的一个很好的范本。

《流亡中的大人物》重点分析了以哥特弗里德·金克尔为代表的一群革命中的小资产阶级思想家及他们的文艺思想，揭露和批评了他们出于自私自利的目的用躲躲闪闪的言辞惧怕革命和变革的怯弱心态。

金克尔为什么值得马克思和恩格斯花几个月时间写一部书去对付？批判他的思想斗争在马克思主义思想史上，在美学上有什么重要的和现实的意义？据《马克思恩格斯全集》中文第1版第8卷注119介绍：《流亡中的大人物》是抨击1848—1849年的革命中小资产阶级活动家的小册子，这些小资产阶级活动家在革命失败后便攻击无产阶级革命家。马克思和恩格斯的目的就是给这种攻击以应有的反击，并揭露小资产阶级流亡者玩弄革命阴谋的有害活动。这本著作写于1852年5—6月，一部分写于伦敦，一部分写于曼彻斯特恩格斯那里。

在马克思和恩格斯的叙述中，金克尔的瞻前顾后，唯"我"为主的形象和他的被虚假的泛道德主义浸透的思想被刻画得惟妙惟肖。《流亡中的大人物》的文学性和对人物的刻画在风格上可以说得上是无与伦比。

在革命洪流中的小资产阶级的性格特征，就是那种被虚饰了的"自大"——他们并不是为了别的什么理想目标，而只是为了获取个人的声望和"成功感"。马克思恩格斯形容金克尔其人一出场就像未来的伟人们故作惊人地"沉溺于深思"，"悲伤和忧郁"地给人以同情。而这一切，都是为了证明金克尔在胎儿时期就已经是一个伟人了。"一切平凡的人身上所发生的最平凡的事情，在他那里都成了意义深重的事件。每个候补神学家比金克尔更有意思地经历过的那些不值一提的痛苦和欢乐，在德国任何神学院学生宿舍中和任何教会法庭中屡见不鲜的跟小市民环境的冲突，在这里都成了具有世界意义的严重事件，而浸沉在人间苦痛之中的哥特弗利德总是要趁这些机会表演一场喜剧。"① 这位自我感觉是"大人物"的小资产阶级狂人，这样给自己画像："可惜，我同黑格尔派离得愈来愈远了；成为一个唯理论者，这是我最衷心的愿望，但是我同时又是超自然主义者和神秘主义者，而必要时甚至还是一个虔敬主义者。"②

马克思和恩格斯说："这幅自画像是任何东西都不必再增添了。"③

如果说，这种小资产阶级活动家在穷乡僻壤的狂妄是由于环境所致，那么，在大都市柏林的表现则更淋漓尽致地凸显了他在历史潮流中的虚伪性。1834—1835年，金克尔在柏林，但我们看不到这个大城市的生活情况对他发生任何影响，也看不到他当时参加学术运动的任何迹象。他只在几个"有用的"朋友之间兜圈子，并时时刻刻将自己装扮成"大师"。除了这些外，就是不断地对异性的追逐和自哀自怜的写作。

"1840年是德国历史上的一个转折点。一方面，黑格尔哲学对于神学和政治的批判的运用使科学革命化；另一方面，随着弗里德里希-威廉四世的登位开始了资产阶级的运动，而资产阶级的立宪要求在当时还是十分激进的。那时写作模糊的'政治诗

---

① 《马克思恩格斯全集》，第1版第8卷，第263页。
② 《马克思恩格斯全集》，第1版第8卷，第266页。
③ 《马克思恩格斯全集》，第1版第8卷，第266页。

第三章 政治与经济的时代（1848—1864）

歌'的现象逐渐消失，而定期刊物具有强大革命力量这种新气象出现了。

"哥特弗里德这时候做了些什么呢？莫克尔同他一起创办了《小金虫，文人雅士的杂志》和'小金虫协会'。这个刊物'唯一的宗旨就是为亲密友好的小集团每周举行一次欢畅的和快乐的晚会，并使参加者能够把自己的作品供爱好艺术的善意的批评家评断'。"①

在革命的历史车轮滚滚向前的时候，金克尔和他的小金虫沉浸于他们那个狭小的个人生活的文学圈子里，对身边琐事喋喋不休，对自己那一点点可怜的烦恼和哀怨无限地夸大。他们自由、他们的宗旨是：

> 我们得出的教训是什么？
> 　小金虫，飞吧！
> 谁老了谁就找不到伴侣，
> 因此，不要作过多的考虑！
> 　小金虫，飞吧！

这是一种在政治观、生活观、人生观、美学观上与博大的无产阶级胸怀格格不入的小资产阶级文人的自画像。这是典型的德国小市民阶层的精神生活的写照。小市民是这样一种人，在幻想

---

① 《马克思恩格斯全集》，第1版第8卷，第266页。

被热情注满能量出人头地的时候，是那么趾高气扬，飞扬跋扈；而在遭到打击，遭受挫折的时候，又是那么灰心沮丧，转而悲观失望而怀疑一切理想、真理、前途和希望。他们的痛苦——用马克思恩格斯的话来说，"最能体现出一切庸人的脆弱而缠绵的苦闷"。小金虫协会的成员们在革命失败后的岁月里写了些什么呢？"所有的报纸都充满被俘的诗人的逸事、特写、诗篇、回忆。他在狱中的苦难被无限地夸大，描绘得像神话一样；报纸每月至少要报道一次他的头发变成了灰白色；在所有的市民俱乐部里和一切晚会上，人们都是带着沉痛的心情回想起他。有教养的阶层中的少女因他的诗篇而感伤叹息，体会过热恋之苦的老处女在祖国各个城市里为他的男性力量的逐渐消失而痛哭。而参加运动的其他一切普通的牺牲者、被枪杀者、阵亡者、被俘者，在这个唯一的牺牲羔羊面前，在这个征服了男女庸人的心的大丈夫面前都销声匿迹了……"①

马克思和恩格斯轻蔑地称这些人为"人类的渣滓"，他们没有能力完成任何实际工作，却偏要去非常夸张地宣布想像中的政党、战斗的利益和充满豪言壮语的未来。

当然，这个"流亡中的大人物"，不仅仅指金克尔一人。还有夸夸其谈的、极其荒唐的鲁道夫·施拉姆，这是一个"宁愿做个厚颜无耻的空谈家，而不愿做默默无闻的人"的傀儡；而古斯塔夫·司徒卢威，则是个不择手段充当预言家的家伙，宣传各式

---

① 《马克思恩格斯全集》，第 1 版第 8 卷，第 294—295 页。

各样的荒唐无稽的思想,而在一切流亡者中间显得超群出众的阿尔诺德·卢格,企图充当德国哲学的"看门人"。不幸的是,在这个时期不再有公认的科学之王,各式各样彼此格格不入的人们开始把简单明了的经典学说弄得糊里糊涂。"这时我们的卢格茫然若失,不知所从;他那些本来就是毫无联系的黑格尔范畴,现在更是乱成一团了。"① 而卢格在思想和学术上的最主要的成果就是把抄袭别人的著作看作自己的主要使命。② 当然,"流亡中的大人物"中还有卡尔·海因岑这样的人物,这个天生的天才什么也不学习,在文学和科学方面一无所知,他只靠道听途说和靠报纸,因此,他总是落后于时代。

关于"流亡中的大人物"我们不必一一介绍了。马克思和恩格斯用犀利的笔触把1848—1849年革命时代的小资产阶级知识分子群体揭露得入木三分。我们不仅对他们的政治立场、社会见解充满着了解的兴趣,同时对他们的艺术主张也十分关注。因为,对他们的艺术主张的批判,是马克思主义美学思想发展中极其重要的一环。

对小资产阶级文艺纲领和美学主张的批判

通过上面的叙述我们知道,以金克尔为首的一群小资产阶级文人,在革命中和革命后如何投机取巧、钻营卖弄,成为社会历

---

① 《马克思恩格斯全集》,第1版第8卷,第307页。
② 《马克思恩格斯全集》,第1版第8卷,第307页。

史前进的绊脚石、无产阶级运动的破坏者和敌人。他们的政治立场和理论态度,影响也支配了他们的美学观点和文艺实践。他们在文艺领域的观点,很典型地代表了这一时期小资产阶级知识分子的美学立场。所以,马克思、恩格斯对他们的批判,既具有典型意义,又是对自己理论观点的实践。

以金克尔为首的小资产阶级文人的文艺思想,与他们在政治活动中的特点相联系,其表现是多方面的。他们在文艺生活的组织上、作风上、思想倾向上、创作实践上都表露了他们的美学思想的偏执性(美学思潮的社会性倾向在这里得到了充分的证明)。

他们的"小金虫协会"是他们政治—社会—美学立场的最充分的证明。19世纪40年代是德国历史上酝酿革命风暴的年代。在那个年代里,马克思和恩格斯通过不同的途径积极参与工人运动和早期的社会主义革命,写出了《英国工人阶级状况》与发表在《莱茵报》上的一系列战斗性极强的论文。恩格斯对那个革命的时代由衷地表示欢迎,他说:"德国别处的消息很好。……在慕尼黑,大学生、艺术家和工人正在进行真正的起义……"[①] 而反映工人阶级斗争的诗歌、绘画、小说也大量出现。

然而,与这个沸腾的社会生活大相径庭,金克尔和他的"小金虫协会"显得极其可笑和卑怯。他们在这个辉煌的时代做了什么呢?他们创办了《小金虫,文人雅士的杂志》和"小金虫协会"——马克思和恩格斯用嘲笑的口吻说到这个现象:

---

① 《马克思恩格斯全集》,第1版第27卷,第132—133页。

第三章　政治与经济的时代（1848—1864）

"我好久没有看到伪装高尚的升天的《小金虫》的这类最新产品了，它庸俗肉麻，对各方面都阿谀奉承，渴求和解和宽恕，文笔非常糟糕，在风格上和内容上只以坎伯韦尔的小市民和西蒂区的德国庸人为对象，完全迎合他们的口味。这个人甚至把他在1848年所得到的一点点东西也忘掉了，如今成了地道的资产阶级的可恶的叫化子。"①

以金克尔为代表，他们的美学观点是极其庸俗的。马克思和恩格斯将金克尔的散文诗评价为"牧师饶舌的典范"。在1848年间，"金克尔当了传教士。……金克尔研究神学不过是从基督教教义中摘录一些感伤的东西，采取克劳伦的方式加以阐述，在他的演说和著作中，显示出这种牧师饶舌的典范，这种饶舌有时也被叫作'散文诗'，而且他可笑地企图以此来证明他有'诗才'。不过，他创作诗的目的不是要种植真正的月桂树，而是要栽培毒莓来装饰他那平凡的小径"②。

那么，他的平凡的"小径"是什么模样呢？

马克思和恩格斯毫不掩饰他们对这些无产阶级运动中的庸人的鄙视。他们形容金克尔的一些忠实的信徒只不过是些"平凡、庸俗、懒惰和头脑空虚的大学生"，"小金虫"庸俗肉麻，对各方面阿谀奉承，文笔非常糟糕，是资产阶级的可恶的叫化子，等等。③

---

① 《马克思恩格斯全集》，第1版第29卷，第548页。
② 《马克思恩格斯全集》，第1版第8卷，第278页。
③ 《马克思恩格斯全集》，第1版第29卷，第548页。

马克思是这样来形容金克尔的文学演讲的:

"金克尔在布拉德福德和曼彻斯特作现代诗等等的讲学,在讲学中他像一个僧侣的、唯美的、自由主义的帮闲……关于他在美学方面的功绩,听过他讲学的人对我这样说:他在布拉德福德宣布,他将作论歌德《浮士德》的讲学,规定入场费为3先令。讲堂里挤满了人。大家对他的讲学抱很大希望。而哥特弗里德做了什么呢?他从头至尾大声朗读了《浮士德》,把这叫作论《浮士德》的讲学。当然,哥特弗里德很精明,他把这种骗人的勾当留到最后一次讲学时抛出来。——在曼彻斯特哥特弗里德宣称:

"'歌德根本不是一个诗人,因为他把"erbotig"一词同"Venedig"一词当作同韵的,而德国最伟大的诗人则是伊默曼。'

"还说:

"'我敢说,现代德国诗人中最博得公众好评的有三个人:海尔维格、弗莱里格拉特以及——我有权这样说——哥特弗里德·金克尔。'

…………

"……总而言之,哥特弗里德·金克尔离开这两个工业城市时深信,他永远不应再在这里露面了。"①

以上只是金克尔的"小径"的部分面目。在这里,马克思揭露了金克尔有很庸俗的欣赏趣味,对真正的艺术大师并无欣赏的能力,揭露他的思想苍白和精神上的贫乏。在这种揭露上,我

---

① 《马克思恩格斯全集》,第1版第28卷,第566—567页。

们从反面可以看到马克思的美学趣味和审美理想，它是反对表达上的虚伪和浮夸的，反对内涵上的苍白，反对欣赏上的低级趣味的。

"小金虫"派的文艺思想与美学趣味在另一位诗人身上得到了充分的体现。他就是当时的著名诗人弗莱里格拉特。对这位诗人的评价，很好地体现了马克思和恩格斯关于文艺与政治、诗与社会、艺术与道德等等关系的见解。

关于弗莱里格拉特，1859年2月15日马克思写信给恩格斯说："我去他那里，恰巧正是他收到你的信的那一天。他把信给我看了，他辩解说，如果说他的诗没有从政治上考虑问题，那是因为他是'诗人'。"①

这个打引号的"诗人"包含着马克思的尖锐的批评，弗莱里格拉特与金克尔一样，对文艺与政治的关系抱着顽固的小资产阶级的偏见，他们的"小金虫"协会就是以寻求闲暇和把玩无聊琐事作为目标的。然而，他们对利益和金钱却看得十分重要，马克思形容他为"重商主义的诗人"，"比其他任何人都更懂得自己的私利，对他说来商业利益（这里自然也包括诗人的荣誉）高于一切"②。

当诗人失去精神支柱后，诗的创作会怎样呢？恩格斯揭示得再清楚不过了：

---

① 《马克思恩格斯全集》，第1版第29卷，第380页。
② 《马克思恩格斯全集》，第1版第30卷，第134—135页。

"高尚的弗莱里格拉特的诗作已经有许多年相当枯竭了,他能够从他脑壳里挤出的那一点点东西也糟糕得很。他不得不耍各种花招,例如编编全集等等,但是这也不能天天搞。于是,为了不致最后被遗忘,广告一天天成为越来越迫切的需要。实际上,从1849年到1858年有谁提到过弗莱里格拉特呢?没有一个人。只有贝特齐希才重新发现了这个大文豪。原来这个大文豪已经完全被人遗忘,他只被用作圣诞节和生日的礼物,只是在文学史里,而不是在文学里出现。当然,这一切都要归咎于卡尔·马克思和他的'呼吸'。但是,只要斐·弗莱里格拉特一受到《凉亭》的奉承,——就会看到,他又会立刻喷出什么样的诗来!

"这些诗人的活动是多么渺小、无耻和卑鄙!……"[①]

诗才的枯竭,激情的枯竭,使一个讨论的时代感消失了。恩格斯对此进行了辛辣的揭露,他告诫我们,诗人与诗的关系是密不可分的。只有真正与生活相融合在一起的诗人,才会写出真正无愧于时代的诗作来。而缺乏这样生活的"诗人",马克思和恩格斯认为,"只不过是给最干瘪的散文式的词句戴上假面具"[②]而已。

对弗莱里格拉特的评论是颇有意义的。它强烈地凸显了马克思恩格斯关于诗与诗人的美学见解。并且,这与他们自己从青年时代开始的创作与生活实践相一致,为革命理想主义的与无产阶

---

① 《马克思恩格斯全集》,第1版第29卷,第622—623页。
② 《马克思恩格斯全集》,第1版第32卷,第10页。

级的解放斗争密切相关的美学运动作出了极好的说明。

关于马克思和恩格斯对弗莱里格拉特的批评,从美学的角度讲,是很有启示意义的。弗莱里格拉特本来参加了《新莱茵报》的工作,同马克思的交往使他的诗歌获得了生命。他在革命时期曾写过一些好诗,这点与金克尔有区别。正是他受马克思的委托写了《新莱茵报》的告别词:

> 别了!只是并非永别!
> 他们消灭不了我们的精神,弟兄们!
> 当钟声一响,生命复临,我还要生气勃勃地
> 回到你们身边!
> 当最后的王座倾覆,
> 当人民走上法庭
> 喊出无情的声音:"你们有罪",
> 那时候我还要重新回到你们身边。
> 我这个被放逐的叛乱者,
> 作为一个忠实于到处起义的人民的战友,
> 将在多瑙河畔和莱茵河边,
> 用言语和武器参加战斗。①

---

① 希·萨·柏拉威尔:《马克思和世界文学》,梅绍武等译,生活·读书·新知三联书店,1980年版,第267页。

弗莱里格拉特用自己对革命的真诚曾赢得了马克思和恩格斯的尊重和好感，而且，弗莱里格拉特还由于听从了马克思的忠告而修改了自己的诗作，并使它更趋完美。但是，这种友好的怀着敬意的态度并没有延续很久，他与金克尔一伙人日渐接近使他远离马克思的思想和马克思、恩格斯用心血汇入的革命实践。

使弗莱里格拉特的诗才日益枯竭的是他在革命的岁月里并不了解革命的意义。马克思在同卡尔·福格特争执时，弗莱里格拉特离开了马克思，并要马克思从"党的笼子里"解脱出来。他还将《资本论》看作是"年轻商人和工厂主"的一本有用的手册和将来学者使用的一本方便的"参考书"。[①]这种精神上同革命的背离使他艺术上失去了锐气和应有的与时代共呼吸的精神。

以金克尔、弗莱里格拉特等人为代表的德国小资产阶级文人能够活跃一时，在美学与文艺思想上能系统地提出自己的纲领，这是与当时德国的社会生活的土壤有关的。

"众所周知的天生有'美丽的灵魂'的德国小市民，由于1849年的沉重打击而对他们的最甜蜜的幻想完全失望了。他们的任何一个希望都没有实现……所有的人都灰心丧气，到处都在渴求民主主义的基督、真实的或想像的殉难者，因为他会像羔羊一样温顺地以自己的受难承担起小市民世界的罪过……以金克尔为首的'小金虫协会'准备来满足这一在各地都已经酝酿成熟

---

① 参见希·萨·柏拉威尔：《马克思和世界文学》，梅绍武等译，生活·读书·新知三联书店，1980年版，第270页。

的要求。的确，除了被俘的坐在纺车旁的……金克尔之外，除了这个泪水和激情的永不枯竭的泉源，这个传道者、美学教授、议员、政治流动商贩、火枪手、新出现的诗人和剧院老经理的结合体之外，还有谁更适于表演这出伟大的蒙难喜剧呢？金克尔是时代的英雄，而他也正是作为时代的英雄立刻被德国庸人所接受的。"[①]

一个小资产阶级的社会和时代要求使金克尔这样的小资产阶级文人名声大噪。在这个充满个人活动欲望的社会中，文学与美，成为善于看风使舵的人利用低级趣味和低级感情进行商业活动的手段。

马克思和恩格斯对此的揭露和批判非常有力地表明了他们的美学观是建立在革命与无产阶级解放斗争的基础之上的。他们关于文学艺术的见解突出地表达了这样的美学思想：在对具体的作品的分析中批判一切陈腐的美学见解，对时代的运动漠不关心和漠然视之的艺术观。

第三节 批判拉萨尔

拉萨尔及其《弗兰茨·冯·济金根》

1858—1859年间，马克思和恩格斯在完成了对小资产阶级文人金克尔等人的批判后，又集中精力对拉萨尔进行了深刻的

---

① 《马克思恩格斯全集》，第1版第8卷，第294页。

严厉的批判。他们对拉萨尔的批判，成为美学史上的一个著名事件。在这场批判中，马克思主义关于艺术的本质、悲剧的意义、创作动机与社会效果等等问题，都得到了全面的阐述。

拉萨尔（1825—1864），出身于德国一个犹太商人家庭。1848年卷入革命。他一方面与马克思主编的《新莱茵报》建立联系，声称自己是马克思的"忠实学生"和"拥护者"；另一方面，又积极参加资产阶级民主派的活动，成为它的领导人之一。革命失败后，他又悲观失望，鼓吹机会主义观点。19世纪60年代初，德国工人运动重新高涨，他又进行政治投机，趁担任全德工人联合会主席的职务之机，把一整套机会主义观点塞进联合会章程。他反对无产阶级的暴力革命，热衷于所谓普选权，企图通过和平与合法的方式使普鲁士国家变为"自由的人民国家"。马克思和恩格斯称拉萨尔的所谓社会主义为"普鲁士国家政府的社会主义"，自50年代起与之进行了不懈的斗争。

《弗兰茨·冯·济金根》是拉萨尔写于1857—1858年的五幕历史悲剧，剧本以济金根为主人公，描写他领导的一次骑士叛乱的经过。这个剧本，是以德国16世纪初济金根和胡登为首的一次骑士反对皇帝和诸侯为题材的。但是，拉萨尔对这个历史事件作了歪曲的描写。16世纪初的德国工业已经有显著进步，开始出现资本主义萌芽。但是，工商业的发展并没有促成政治上的中央集权，而是形成许多利益集团，促成了政治上的分离，出现了大大小小的封建诸侯独立王国，统治阶级内部矛盾和阶级矛盾尖锐复杂。当时德国社会各阶级贵族属于改良派，农民和平民则

第三章 政治与经济的时代（1848—1864）

属于革命派。改良派的活动主要是路德领导的宗教改革运动。济金根和胡登则是改良派中低级贵族在军事和政治上的代表。济金根是一个没落的骑士，他于1522年在首都组成了一个贵族同盟，以自卫为名组成了一支军队，于同年9月向特里尔选帝侯大主教宣战，但当他的队伍进抵特里尔城郭的时候，其增援部队被诸侯军迅速出兵截断。济金根不得不退守城堡，贵族同盟的成员不敢营救，结果济金根负伤而死，胡登则流亡瑞士，不久死于苏黎世。这次骑士叛乱就这样很快被镇压下去了。济金根和胡登领导的这次骑士暴动具有改良性质。他们提出的要求是"改革帝国"，即废除一切诸侯，将教会的主权和产业全部还俗，建立以君主为首的贵族民主制，并实行帝国的重新统一。但是，他们的这种要求在当时是不可能实现的。因为贵族民主制是"属于最原始的社会形态中的一种形态，以后都很自然地发展成为完备的封建等级制度，而封建等级制度显然已经是更高的阶段了"[①]。另外，贵族骑士在当时是得不到同盟者支援的。市民阶级深深地领教过贵族，绝不会信任贵族；农民深受贵族的剥削和虐待，他们视贵族为死敌。而骑士暴动如果不同一切反对派结成联盟，尤其是与农民结成联盟，就不可能取得胜利。因此，济金根、胡登的失败是必然的，这是历史的悲剧。拉萨尔取材这个历史性悲剧事件本来无可非议，但他却从唯心主义的"悲剧观念"出发，完全歪曲了这一历史事件的真实面目，抹杀了济金根和胡登的阶级本质及其

---

① 《马克思恩格斯全集》，第1版第7卷，第438页。

失败的阶级根源和历史根源。

　　拉萨尔的剧本《弗兰茨·冯·济金根》，取材于16世纪20年代德国的一个真实的历史事件。剧本的基本情节及剧本中的一些主要人物，都是德国历史上确实发生和存在过的。但是，拉萨尔歪曲了这段历史生活的真实。如上所述，在德国16世纪反对诸侯贵族统治的斗争中，存在着两种国民运动，即贵族运动和农民运动。这两种运动在反对诸侯贵族这个总目标上是一致的，但它们的根本目的、规模以及所起的历史作用却是很不相同的。16世纪德国的主要革命阶级是农民和城市平民，他们的反抗和起义代表着当时运动的方向，是推动反封建斗争的主要力量。贵族运动虽然也属于反封建诸侯斗争的范畴，具有一定的进步意义，但它毕竟是带有改良主义性质的运动，它所要求实现的目的仅仅是改革帝国。这两个运动虽然都以失败而告终，但农民运动所具有的那种巨大的规模，它所表现出来的那种坚韧不拔的精神，却同运动中和运动失败后贵族们的那种妥协背叛以及向封建宫廷卑躬屈膝的举动形成了鲜明的对照。而参加这两个运动的那些阶级，其利益是互相对立的。运动中的那些贵族，并没有想废除农奴制，因为他们的收入的绝大部分必须靠对农民的压榨；而农民身受贵族敲骨吸髓的剥削和虐待，理所当然地要视贵族为他们的死敌。这一切，决定这两个运动不可能结成联盟，于是，贵族的斗争一开始就陷入孤军奋战的境地，其失败也就成了不可避免的事。

　　拉萨尔在创作《济金根》时，面对的就是这样的历史事实。

但他对这样的历史事实作了违背真实的歪曲。他极力颂扬贵族运动和贵族代表人物，淋漓尽致地描写运动中的这些官方分子，而把农民运动的代表人物放到次要地位。

拉萨尔本人对这场运动的认识正是如此。他在为《弗兰茨·冯·济金根》所写的序言中认为，在那个时代"又出现了马丁·路德、乌尔利希·冯·胡登、弗兰茨·冯·济金根这样一些毫不含糊的、伟大的光辉形象"[①]。而下面一段话，最为真实地反映了拉萨尔对农民运动的轻蔑和对贵族运动所寄予的希望：

"为了引导德国走上政治上彻底新生的道路，当时德国的一切基本成分都汇集在一起了，——可是它们又彼此分解了，这真是咄咄怪事！处在这次精神上巨大变革之中的，并且也是由这次巨变所引起的，就有济金根的对抗活动。但是他的反抗活动首先也是由于求得政治上的解放和建立民族威望的目的而引起的。当时萨克森的一个编年史写道：'那个时候许多人把济金根看作是德国的勃鲁脱斯，他会替长期受到诸侯与主教暴政压迫的人民报仇雪恨，并且把他们解放出来。'——再就是一年半之后爆发的农民战争，它最初多少明显地具有伟大的政治复兴的思想基础，这是毋庸置疑的。可是在运动爆发之前，那些思想上的领导人物却似乎突然无影无踪了，因此农民战争就陷入自流，走上无依无靠的迷途，并发展成为无计划的、个别的恐怖事件，因而结果遭到失败，带来影响最深远的、最可怕的反动，造成德国历史上的

[①] 拉萨尔：《弗兰茨·冯·济金根》，原序（1859年2月4日）。

莫可名状的不幸。"①

这再好不过地叙述了拉萨尔的根本立场。在《济金根》一剧中，拉萨尔将济金根塑造成为一个身先士卒、大智大勇的英雄，而将农民的反抗只放在一个极微小的背景之中。在这个五幕历史剧中，济金根被戴上神圣的光环而显得崇高无比：

> 德意志啊，你在外面，充满着青春和阳光！
> 我热爱的国土，我努力争取的国土！
> 我的思想随着我的眼光，
> 穿过这个窗口的铁栏杆，飞向你那里。
> 他说得对！这些墙壁不是我的堡垒！
> 只是把我和民众分隔开的界线，
> 在外边，他们在沉重的压迫下期待，
> 非常焦急地期待救星的到来；
> 绵亘的山峦像胳臂似地舒展，
> 像在对我招手，召引我冲向他们的胸怀！
> 我来了——我发誓——我要
> 出去，我到你那里去，
> 任何神灵也无法阻挠我的决心。②

---

① 拉萨尔：《弗兰茨·冯·济金根》，原序（1859年2月4日）。
② 拉萨尔：《弗兰茨·冯·济金根》，第5幕第5场。

拉萨尔以他自己的愿望和眼光，塑造了一个中世纪德意志革命中的英雄。然而，这位革命家的艺术创作，却在马克思主义美学思想史上掀起了一场轩然大波。

马克思和恩格斯的批评：关于历史悲剧

拉萨尔于1857到1858年间，创作了历史剧《弗兰茨·冯·济金根》。1859年3月6日，他致书马克思，附《济金根》一册；3月21日，他致书一封，附《济金根》剧本一册，寄给在曼彻斯特的恩格斯。4月19日和5月18日，马克思、恩格斯分别回信，对这一剧本提出批评。5月27日，拉萨尔写长信提出了反批评。

马克思和恩格斯的批评主要集中在给拉萨尔的复信中，作为革命家的马克思和恩格斯，首先是从当时欧洲革命的现实出发考虑问题的。拉萨尔的《济金根》提供了对当时欧洲革命的一种解释。拉萨尔的创作动机也是如此。所以，分歧就集中在如何看待革命运动中的阶级关系及革命文艺应当如何反映现实的历史运动问题。所以，马克思和恩格斯在信中提出的一个主要问题，是历史剧（包括历史悲剧）如何忠于历史真实的问题。

拉萨尔的剧本的主要倾向在于把自己的同情倾注于贵族反对派身上。他竭力颂扬贵族运动和贵族代表人物，淋漓尽致地描写运动中的这些"官方分子"，而把农民运动及其代表人物都"放到了次要地位"。相反地，"农民和城市革命分子的代表（特别是农民的代表）倒是应当构成十分重要的积极的背景"。

马克思和恩格斯的批评，是不是像拉萨尔所狡辩的那样，是责备拉萨尔写了《弗兰茨·冯·济金根》，而没有写《托马斯·闵采尔》呢？当然不是。马克思和恩格斯没有否定拉萨尔把济金根、胡登的骑士暴动作为剧本的中心点，他们不是题材的决定论者。他们同拉萨尔的分歧，不在于能不能写这个运动。他们所要求的，是在描写这个运动时把当时的农民运动、把当时"五光十色的平民社会"作为济金根、胡登一类的前台人物活动的背景，从而使这个运动显出本来的面目。为此，恩格斯还曾经为拉萨尔设想过把农民和平民运动引进戏剧的各种方法。他曾设想过，在剧本写到济金根"由于贵族的冷漠和胆怯就遭到灭亡"之前，先比较有力地强调"气势凶猛的农民运动"，以及由此而引起的贵族的越来越保守的心理。恩格斯还声明，这不过是可供选择的方法之一，"此外至少还有十种同样好的或者更好的其他方法"。

可见，马克思、恩格斯决不是像某些教条主义批评家那样责备拉萨尔写了时代的支流（贵族运动）而没有去写时代的主流（农民运动）。他们所批评的，是拉萨尔的剧本没有反映当时贵族运动的"本来的面目"，亦即没有揭示当时德国真实的阶级关系，没有写出贵族运动的典型环境，特别是没有揭示出在这种阶级关系和典型环境中济金根、胡登等一类人物历史行动的必然性。具体地说，就是拉萨尔的剧本歪曲了16世纪20年代德国的现实关系，错误地描写了农民和骑士在这种现实关系中所处的地位，特别是忽视了农民的反抗和起义给当时反封建的国民运动带来的巨大影响，以及这种反抗和起义所造成的阶级斗争的客观情势。在马克思和恩格斯看来，能不能写出特定历史时期的典型环境，揭示这个环境中真实的阶级关系，是判断历史剧是否反映了历史真实的客观标准。

对于历史剧来说，达到艺术真实的途径，决不是不加选择地照抄历史事实。同反映现实生活一样，反映历史生活的历史剧也是允许虚构的。关于这个问题，马克思和恩格斯的观点是极其鲜明的，他们都没有从剧本是否忠实于个别具体历史事实这个方面去责备拉萨尔。例如，拉萨尔剧本的最后一幕，写了有约翰·弗里茨出现的农民场面，这在历史上是毫无根据的，因为历史上的农民领袖弗里茨早于济金根起义前几年就去世了，但恩格斯却肯定了这个农民场面在艺术上的"独到之处"，并且肯定了拉萨尔对弗里茨的个性刻画。又如，历史上的济金根究竟与农民有没有联系，据恩格斯说是"无法判断"的，但是他也不反对拉萨尔"假定"济金根与农民之间确实有某种联系。恩格斯甚至不否认拉萨尔"有权"把济金根和胡登看作是打算解放农民的，恩格斯替拉萨尔"设想"的把农民和平民运动写进剧本的种种方法，显然也属于艺术的想像和虚构。可见，对历史剧来说，问题并不在于能不能虚构，而在于通过艺术虚构是否能真实地反映出历史的面貌。拉萨尔的错误就在于他离开了艺术虚构的这个真正目的。他"假定"济金根与农民有某种联系，假定济金根和胡登打算解放农民，目的并不是要揭示贵族与农民之间不可调和的矛盾以及他们之间结盟的不可能性，而是为了把济金根和胡登打扮成农民的领袖。

马克思和恩格斯与拉萨尔之间围绕《济金根》所展开的争论，不仅反映了他们之间在认识论上的根本分歧，而且也反映了他们之间两种不同历史观的分歧。马克思和恩格斯重视德国农民运动，要求在剧本中显示这个运动的地位和作用；而拉萨尔颂扬贵族运动，贬低农民运动则是由他的历史观决定的。在拉萨尔看来，历史上的农民运动不但"不是革命的"，而且"归根到底是彻头彻尾反动的"，他甚至胡说农民运动的反动性终究不亚于历史上的贵族党派。

除了历史观的分歧以外，与此相关的悲剧观也存在着严重的分歧。马克思和恩格斯认为，历史事件中的悲剧具有客观必然性和社会阶级根源，不能只用人物性格、过失之类的观点去解释具有深刻历史社会内涵的悲剧事件。马克思和恩格斯在他们的信中明确指出，历史上济金根、胡登的骑士暴动，是悲剧性的历史事件，济金根是历史上的悲剧人物。不仅如此，他们对拉萨尔的剧本也作了同样的肯定，指出拉萨尔所"构想的冲突"是"悲剧性的"冲突，济金根的命运中存在"真正的悲剧因素"。这都是无可争议的。问题是怎样理解济金根命运中的悲剧因素，以及这种悲剧因素的根源是什么？

在拉萨尔的笔下，济金根是国家统一和民族利益的代表，他发动起义是为了反对皇帝、诸侯、教会而解放农民；但是，他不是一开始就公开打出这一旗帜，直接诉诸农民，而是采取了骑士纷争的形式。他想运用这个计谋达到上述目的，但结果不仅没有瞒住大家，却反而失去了朋友，使自己陷于孤立，导致了起义的失败。拉萨尔通过这样的描写，表达了革命悲剧是由"观念的无限的目的和妥协的有限的狡智之间的辩证矛盾"构成的。简言之，悲剧的冲突是"革命目的"与"外交手段"之间的矛盾冲突。拉萨尔认为，一切革命的力量在于"革命的狂热"，在于观念对自己本身的强力和无限性的"直接依赖"。要使革命的目的得以实现，其手段必须体现这种目的的性质。他认为，济金根虽然抱有革命目的，但也既没有把革命的狂热贯彻到底，也没有使手段符合目的所应有的性质，而是企图通过一种掩人耳目的外交手段去实现革命的目的，结果出现了上述那样的情况。拉萨尔认为，这种冲突不仅是济金根起义的悲剧冲突，而且是"差不多在每次革命中都要重复出现的永远的冲突"。

显然，拉萨尔的这种臆想的永恒的悲剧冲突，实际上是不存在的。任何悲剧冲突，都是在特定历史条件下现实的社会矛盾的反映。构成悲剧冲突的原因，可能是悲剧主人公性格上的某种弱点或行动中的某种过失，甚至似乎是某种不可抗拒的命运。但是，隐藏在这种性格和命运背后并起决定作用的，却只能是某种客观社会因素，而且这种因素总是蕴含在一定现实矛盾所造成的某种情势之中，总是同某种历史或现实的必需性相联系的。拉萨尔所设想的济金根的悲剧因素是所谓"狡智"即所谓智力的和伦理的"过失"。他认为如果济金根避免这种"过失"，就能取得胜利。但是，这完全是一种主观的幻想。因为，济金根只可能按照骑士的方式发动叛乱，这是由他的阶级地位与农民的对立所决定的。恩格斯指出，济金根命运中真正悲剧的因素在于：当时的贵族国民运动只有同城市和农民，特别是同农民结成联盟，才能取得胜利。但是，恰恰是同农民结成联盟这个基本条件是不可能有的。因此，贵族政策必然是无足轻重的；当贵族想取得国民运动的领导权的时候，国民大众即农民，就起来反对他们的领导，于是他们就不可避免地要垮台。由此可见，到人物的主观性格方面去寻找悲剧原因，是注定要失败的，悲剧冲突的真正原因在于社会历史发展的客观矛盾之中。

马克思和恩格斯在悲剧观上与拉萨尔的分歧，就其实质来讲，是美学思想的历史—哲学基础问题上的分歧，是世界观的分歧。马克思主义美学思想所具有的是历史唯物主义的哲学基础，而拉萨尔所具有的，却是道道地地的历史唯心主义的哲学基础。这正是我们理解马克思主义美学思想的着眼点。

马克思和恩格斯的批判：关于现实主义创作问题

恩格斯在给拉萨尔的信中批评道："不应该为了观念的东西而忘掉现实主义的东西。"这是恩格斯第一次将"现实主义"这个概念运用于文艺批评，并且将其作为一种文学创作的原则和方法加以提倡。早在19世纪40年代，马克思在《神圣家族》中评论欧仁·苏的《巴黎的秘密》时，就阐述了关于现实主义的理论，他指出文学应该"真实地评述人类的关系"，忠实于人物的现实个性和性格逻辑。19世纪50年代到70年代，是欧洲批判现实主义文学的全盛时期，马克思和恩格斯的美学理论在这个丰

第三章 政治与经济的时代（1848—1864）

富的创作实践之中也更丰富了，如在《新莱茵报。政治经济评论》第4期上发表的书评中明确提出了文艺创作中的真实性问题。他们在批评中反对拉斐尔式的脱离现实的理想化和新闻报道式的有闻必录这样两种违背现实主义真实性的倾向，而主张用"伦勃朗的强烈色彩"[①]栩栩如生地描绘人物和事件。1854年，马克思在《英国资产阶级》一文中还高度地评价了当时英国像狄更斯、萨克雷那样一些杰出的现实主义作家，肯定了他们作品中对社会各阶层人物所作的剖析和生动的描写，指出通过这种描写揭示出了政治和社会的真理。所有这一切，都为马克思和恩格斯批判拉萨尔，阐述现实主义理论做好了理论准备。

马克思和恩格斯在信中都建议拉萨尔注意和借鉴莎士比亚的创作经验。马克思说："这样，你就得更加莎士比亚化，而我认为，你的最大缺点就是席勒式地把个人变成时代精神的单纯传声筒。"恩格斯也说："我认为您原可以毫无害处地稍微多注意莎士比亚在戏剧发展史上的意义。"又说："我认为，我们不应该为了观念的东西而忘掉现实主义的东西，为了席勒而忘掉莎士比亚。"显然，莎士比亚化的提出，是马克思和恩格斯现实主义理论中的一个重要内容，莎士比亚化的要求是指将文学作品具体化、形象化、个性化、艺术化，而不要将艺术作品变为单纯的时代精神的传声筒。而"席勒化"则相反，它是将抽象观念的演绎代替对实际生活的真实描写的代名词。

---

① 《马克思恩格斯全集》，第1版第7卷，第313页。

值得一提的是，19世纪50年代，在德国还曾发生过关于如何评价莎士比亚和席勒的激烈争论。1858年4—5月，阿·卢格在以《理想王国中的理想主义和现实主义》为总题写了一组纪念席勒诞生100周年的文章，在文章中他竭力鼓吹席勒化而贬低莎士比亚。马克思批判了卢格的错误观点，他于1858年11月24日给恩格斯的信中说："卢格这个畜牲在普鲁茨那儿证明说，'莎士比亚不是戏剧诗人'，因为'他没有任何哲学体系'。而席勒，由于他是康德信徒，才是真正的'戏剧诗人'。为此普鲁茨写了《恢复莎士比亚的名誉》！"[①]从这场争论可以看出，在拉萨尔创作《济金根》时期，"席勒式"的影响还是根深蒂固的。他在《济金根》序言中说："德国戏剧通过席勒和歌德取得了超越莎士比亚的进步"，"尤其是席勒，首先创造了狭义的历史剧"。拉萨尔的观点，是与卢格完全一致的。

拉萨尔在创作《济金根》时，不是从当时德国的现实出发，而是从"普遍精神"和唯心主义的悲剧观念出发，任意裁剪和捏弄历史事件和历史人物。他在《济金根》序言中说，德国宗教改革的动因，是某种在"运动之前就已经绝对地存在了的改革意识"，这是一种"普遍精神"，它较之"它自己的成果"，即宗教改革运动"要更为伟大、更为广泛、更为自由、更有人性"。因此，他要以这种普遍精神作为"戏剧化的真正对象"。显然，拉萨尔的观点，完全颠倒了观念与现实的关系，犯了恩格斯所说的

---

① 《马克思恩格斯全集》，第1版第29卷，第356页。

第三章 政治与经济的时代（1848—1864）

"为了观念的东西而忘掉现实主义的东西"的错误。

拉萨尔的"席勒式"的影响还表现在创作中人物描写的抽象化、概念化。拉萨尔为自己辩护时说："诗人有权把自己的历史上的人物理想化。"作家有权"把那个时代所有的精神的光芒好像集中在一个焦点上似地集中在自己的主人公身上，赋予他只有那个时代才可能有的最高意识（哪怕是他实际上没有这种意识）。"拉萨尔仍以他的那种普遍精神为出发点，抹杀了活生生的人物个性和具体内容。在具体创作上，拉萨尔的席勒式还表现在他忽视艺术思维形象性的特征，热衷于滔滔不绝的说教和连篇累牍的议论。恩格斯正确地指出，剧本中的那种"论证性的辩论"，那种作者所特有的"老练的雄辩才能"，在戏剧中是根本不必要的。

马克思和恩格斯对拉萨尔的"席勒式倾向"的批判凸显马克思和恩格斯的"莎士比亚化"的艺术理想。它要求人物的个性化，情节化的丰富性、生动性等等。

在人物塑造问题上，马克思和恩格斯批判了两种错误的倾向，即忽视人物阶级本质的恶劣的个性化倾向和忽视个性刻画的概念化倾向。

恩格斯赞同拉萨尔对当时流行的"恶劣的个性化"的批判。拉萨尔在《济金根序言》中说："近来在我们艺术中十分流行的拙劣的细节描写法，那种对偶然性人物的既空空洞洞，又非本质的特征不厌其烦地去描写。……对于这个剧（指《济金根》。——引者注）是完全不适用的。"恩格斯对拉萨尔的这个意见作了肯定，指出，拉萨尔在剧本中对某些人物的描写是可取的，如对皇帝查理五世、特里尔大主教等人物的描写是成功的，既写出了他们的"有代表性的性格"，又作了"卓越的个性刻画"，但是，对一些主要人物却有着抽象化、理想化和概念化的毛病，马克思批评济金根这个人物"被描写得太抽象了"，批评"胡登过多地一味地表现得'兴高采烈'"，因而"令人生厌"，并向拉萨尔指出，"这是由于你对席勒的偏爱造成的"。

要反对席勒化的倾向，马克思和恩格斯指出，人物的阶级倾向和时代特征，要通过情节的进程来表现。主要人物首先应该是"一定阶级和倾向的代表"，然后才是"他们时代的一定思想的代表"。而更重要的是刻画人物，不仅要表现他做什么，而且要表现他怎样做，这是马克思主义现实主义原则的一个重要的原则。

以上现实主义美学原则使马克思和恩格斯有理由认为，未来的戏剧正是"较大的思想深度和意识到的历史内容，同莎士比亚剧作的情节的生动性和丰富性的完美的融合"。这个要求不仅要求文艺作品有深刻的思想和历史内容，而且要求把这种内容同生动、丰富的情节融为一体。马克思主义的这一美学理想，通过对拉萨尔的批评，完整地体现了出来，成为马克思主义美学思想史上的重要里程碑。

评拉萨尔的反批评

马克思和恩格斯对《济金根》的批评当然不能使拉萨尔信服。他于1859年5月27日复信，详尽地提出了他的反批评。研

第三章 政治与经济的时代（1848—1864）

究他的反批评是理解马克思和恩格斯关于现实主义与悲剧理论的一个很好的参照，甚至是反面教材。

首先，拉萨尔对马克思和恩格斯提出的悲剧观持完全否认的态度。他说："我首先应该就恩格斯的信表示一下意见；他的反对意见中的最重要的各点，亲爱的马克思，我在和剧本一同寄给你的那封关于我的剧本的悲剧观念的信中，已经预先否认了。"拉萨尔轻飘飘的一句话，自以为颇为自信地反驳并解决了关于悲剧问题的理论，其实不然。拉萨尔在1859年3月6日的信中反复说明了一个观点，即革命悲剧是由于观念的狂想与实现这种观念的手段有限性而造成的。显然，他将历史悲剧产生的根本原因归于主观精神的外观的可能性和条件，是完全错误的。下面这段话再好不过地说明了拉萨尔的观点：

"我可以断言，任何真正伦理的过失都只是智力的，并且只有智力的过失才是伦理的。因为伦理的过失不同于道德的过失，道德的过失仅仅和个别主体及其内心世界相联系，而伦理的过失却完全包括在客观的和相对正当的思想和思想立场，如果不能战胜自己的辩证的对立面，那么无论在观念世界或现实世界中都会破坏和谐，因而在理论上是片面的，在实践中是有过失的。"济金根由于意识到这种过失而采取赎罪的行为而造成了悲剧性的后果。——拉萨尔的这个结论直接导致了他对历史事件的片面理解，他以为济金根失败的社会历史原因导向了性格和心理的个人悲剧。显然，这是完全错误的。

拉萨尔对马克思的批评的回复，虽然比较客气，然而却是避重就轻,在实质性问题上寸步不让。马克思虽然认为,拉萨尔所要表达的题材是可以正当地考虑的,但对《济金根》的根本观点却持尖锐的否定态度。拉萨尔替自己狡辩说:

"你说:'但是我问自己:你所选择的主题是否适合于表现这个冲突?'对于这个问题,回答无疑是肯定的,因为这个悲剧的冲突是正式的冲突,如我在信中解释的那样,不是任何一定的革命所特有的冲突,而是在过去和未来所有的或差不多所有的革命中不断重复出现的冲突(有时是可以克服的,有时是克服不了的),一句话,是革命情势本身的悲剧的冲突。……但是,从历史上来说,毫无疑义,这种冲突在当时曾极其现实地存在过,它虽然不是济金根灭亡的最后原因,无论如何也是很重要的原因。同时这种冲突——济金根坚持外交的现实主义的倾向,拒绝公开求助于革命的力量——甚至是唯一肇祸的原因,使济金根像他自己那样灭亡而灭亡,即是,他没有开始任何现实的斗争就灭亡了,甚至还没有能够施展自己的力量就一下子被扼杀了。"——拉萨尔仍然坚持将济金根的悲剧归之于济金根个人的性格和主观决断上的失误。他得出结论说:"个人的决心和行动所具有的改造性的和决定性的作用这个前提,反而是这两种因素的必要的基础,因为没有这种基础,就不可能有戏剧上激动人心的趣味,也不可能有勇敢献身的行为。"

马克思一再深刻地批评拉萨尔没有将济金根放在一定的历史条件下去揭示他必然灭亡的命运,而拉萨尔却反复表明自己的观点,坚持认为:"个人的决心和行动所具有的改造性的和决定性的作用这个前提，反而是这两种因素的必要的基础，因为没有这种基础，就不可能有戏剧上激动人心的趣味，也不可能有勇敢献身的行为。"拉萨尔一再诉说他的"个人"观，"个人的性格、气质"对历史悲剧形成的决定性作用。他认为，"我选择的冲突，无疑是比恩格斯推荐我写的那种冲突深刻得多，有悲剧性得多，革命得多。我的冲突之所以是更深刻的更有悲剧的，是因为它是济金根本身内在的东西，而恩格斯的冲突只能发生在他和他的党派之间。这样一来，济金根本身的悲剧的过失到哪里去了呢？恐怕是这样：他自己内心里完全正当而且无可指责，而他的灭亡只是由于贵族阶级的利己主义引起的，——这是可怕的场面，而实质上完全不是悲剧的场面"。拉萨尔坚持这一观点的深层原因，在下面的论述中表达得十分清楚。他在反驳恩格斯时认为，恩格斯歪曲了他的原意，错误地批评了他。他坚持说：济金根的灭亡是由于他前进得不够远而引起的。因为，在拉萨尔看来（这一点道出了他写《济金根》的真正的目的和动机）——农民战争不是革命的，归根到底甚至是极端反动的，其反动性毫不亚于历史上的济金根和贵族党派。[①] 下面是拉萨尔与马克思和恩格斯观点完全对立的一长段话。如果说，一开始济金根还为自己作辩护，认为马克思和恩格斯冤枉了他的话，那么，这儿就有点原形毕露了：

[①] 关于拉萨尔致马克思和恩格斯的信的中译文，见北京师范大学中文系文艺理论室编：《学习参考资料》。

"要知道，农民要求于贵族的仅仅是消灭滥用权力的现象，而不是消灭制度本身，你愈仔细地研究农民战争，就愈清楚地看出这一点，这是毫不奇怪的。主体的权利这一观念，超出了那整个时代的范围，如果把这一观念带进那一时代里去，这就是最坏意义下的非历史的行为……但是根据仅只为了消灭滥用权力的现象而发起的运动，而不根据自由的权力的原则，恐怕也只能写出一部人性的悲剧来，而不能写出一部有意识的原则的悲剧来。农民运动的这种性质贯穿了这整个运动，只是在托马斯·闵采尔和传教士等等那里才有所改变，——总之，在那里加上了一些宗教空想的因素。但是，研究宗教空想的材料并且肯定地对待这些材料，这在我是完全做不到的。任何的热情，甚至按照其口号不是那么激进的自由的人的热情，我都是喜悦的。我能赋予胡登和济金根而同时又从之得出一切结论来的那种理想主义的教养，我觉得倒是更合适得多的材料，至少不是能引起两种互相对立的后果来的材料。因为要写《闵采尔》这个剧本，唯一能令人首肯的条件，就是要指出闵采尔的运动的灭亡正是由于他的宗教的性质，——这个条件不论在实质上或在历史上都是不可能实现的。

"最后，使我惊奇的是：你们没有注意到农民运动归根到底是彻头彻尾地反动的，农民运动的反动性是跟历史上的贵族党派一样的。问题在于：农民希望把仅仅作为中间权力的一切领主从帝国领主会议中排除出去。他们希望帝国领主会议仅仅代表贵族的土地所有权和农民的土地所有权（领主只在同时是贵族土地所有者的时候才能出席，不能单以领主的身份出席）。换句话说，

第三章 政治与经济的时代（1848—1864）

在他们看来，起决定作用的政治因素还不是主体——这是超出这个时代的范围的——而是私人的土地所有权，只有私人土地所有权才被认为是在法律上有能力的，他们预备以自由的私人土地所有权为基础来建立以皇帝为首的土地所有者的帝国。正是由于农民的这种极端反动的观念，所以他们和贵族的同盟还是十分可能的。从农民的各种计划中，贵族在自己的政治地位上不仅公正不会失掉，反而还有便宜可占。他们的滥用权力的现象受到限制，因而失去从农民那里得到的收入，但仍然可以用废弃领主对贵族的封地权来取得补偿。许多贵族和伯爵所以——不都是变节地，或者决不是一下子变节地和勉强地——靠近农民运动，原因就在这里。

"这种极端反动的观念同样是历史上的济金根、历史上的贵族党派和农民运动的基础，也是这三者共同的、被历史证明是对的和必然的灭亡的原因。因为这种观念是以私人土地所有制的社会权利为基础，而且又认为这种所有制是一切政治上的权利能力的源泉，但是相反地，那些支配着不是他们的私人财产和不被他们认为是封土的一切土地的领主们，却代表了第一次产生的政治的、跟私人土地所有制无关的国家原则。

"领主能战胜贵族和农民的原因就在这里，城市不应当灭亡的原因也在这里。

"所以，从严格的历史批判的观点看来，当时的农民运动是和贵族党派同样反动的。两者的思想是一样的。假如我是写批判的历史的著作，那我一定指出贵族和农民灭亡的原因正在这里。

但是艺术作品中,这样的叙述恐怕不仅鼓不起对农民问题的真正关注,反而会起相反的作用。"

所以,拉萨尔特意在剧本中给了农民以特殊的"位置",并洋洋得意地认为:

"如果我问一问,我在整个剧本中给了农民什么地位,那回答就完全不同了。一开始我就把我的剧本的一切都寄托在农民身上,一开始就故意先用极轻的笔调,渐渐用愈来愈重的笔调把他们烘托出来,最后才是用强有力的谐音和震耳欲聋的鼓声宣告他们是救世主,只有从他们身上才能期待拯救,必须向他们呼吁帮助。"①

这纯然是拉萨尔的狡辩。一个人对农民运动有如此之深的偏见和错误的判断,怎么会在自己的剧本中正确地反映农民运动呢?马克思和恩格斯的指责也正在此。拉萨尔恰恰是没有科学地、历史地理解历史上的农民运动并在自己的剧本中将农民运动置于极次要的地位。拉萨尔根深蒂固的观点是:农民、还是农民,预备以自由的私人土地所有权为基础来建立以皇帝为首的土地所有者的帝国。所以,拉萨尔的真正看法是:农民是极端反动的。

至此,我们看到了马克思和恩格斯与拉萨尔的根本分歧和实质性的不同之所在。正是这样的历史观上的分歧,决定了他们关

---

① 拉萨尔的这段引文见北京师范大学中文系文艺理论室编:《学习参考资料》。

于悲剧，关于美，关于历史剧的根本分歧。

第四节　批判福格特

批判福格特是马克思主义美学思想发展的一个必然环节

1859年，路易·波拿巴收买的警探、下流文人卡尔·福格特（1817—1895）以"民主主义者"的面貌出现，对马克思发起了一次猖狂的诽谤运动，嚣张一时。事关革命整体利益，马克思决定予以反击。向德、英法院控诉，被驳回。于是写作并印发抨击性小册子《福格特先生》，对福格特以及他的后生、帮凶予以驳斥，完全取得了胜利。这是1848年革命失败，尤其是1858年路易·波拿巴政变以来欧洲十年反动时期政治思想战线上的最后一大战役，其结果是革命力量上升，民主运动复苏，工人斗争高涨，一跨入60年代不久，即成立第一国际。

《福格特先生》一书引证和论述了大量文艺作品，提及文艺家49人，艺术团体一个，作品56种。引证最多的是莎士比亚，其中以《亨利四世》中的福斯塔夫为最多，因为福斯塔夫是威尔士王子的骑士，助纣为虐的帮凶，伤天害理的冒险家而又善于将最无耻的丑行用最无耻的谎言掩盖起来。福格特就是路易·波拿巴的福斯塔夫。

卡尔·福格特是自然科学家、庸俗唯物主义者。他早年毕业于瑞士伯尔尼大学，1847年任吉森大学教授。1848年欧洲革命爆发后他卷入了革命的洪流，并任法兰克福国民议会议员，后又为帝国摄政之一。1848年革命失败后他远离德国侨居日内瓦，并以地质学教授身份四处活动，利用他在流亡瑞士人中间的"英雄"面目，鼓吹假民主主义，多次为瑞士当局效劳，破坏工人组织和民主组织，充当拿破仑第三雇佣的代理人。1859年12月，福格特发表了《我对〈总汇报〉的诉讼》。在这本带有严重诽谤性和挑衅性的小册子中，他竭尽造谣污蔑之能事，对马克思及其战友——早期德国流亡者在"共产主义同盟"中的活动大肆攻击。这种攻击和1852年普鲁士政府制造的所谓"科隆共产党人案件"遥相呼应。福格特的这种攻击不仅给无产阶级事业带来极大的危害，而且给马克思的工作造成困难，因为他伪造历史，用一些似是而非的东西在德国民主派中进行招摇撞骗。不击退福格特的进攻，不对无产阶级政党——共产主义者同盟早期活动进行科学的阐述并作必要的澄清以回击福格特的造谣和中伤，无产阶级的解放运动，特别是当时德国面临的争取全国革命民主统一的斗争就不能发展。

马克思写的《福格特先生》这部书，在马克思主义文献中，较早地也是比较完整地描述了马克思主义创始人早期为建立无产阶级政党而进行斗争的活动。马克思通过对19世纪30至50年代欧洲、北美各国历史的论述，通过对早期无产阶级政党斗争历史的科学总结，进一步阐明了无产阶级革命的一些重要原则。这些原则无论在当时还是事隔一百多年后的今天，都有重要的理论意义和实践意义。

《福格特先生》不仅有极其丰富和深刻的内容，充满着无产

第三章 政治与经济的时代（1848—1864）

阶级的党性原则和对工人运动的敌人的不可调和的战斗精神，而且形式新颖，独具风格。文章引用了很多文艺著作中的词句和艺术形象，不仅有助于马克思对所论重大问题的阐述，而且也表达了他的丰富的美学思想和文艺观点。

"马克思的全部著作没有哪一篇能像《福格特先生》这样充分地、清楚地显示出马克思如何倾心于世界文学。西塞罗的引文，维吉尔和柏西阿斯的警句，和希腊讽刺短诗作家的一小段引文（希腊原文）代表着古希腊罗马文学；《圣经》中的人物和一些家喻户晓的词句代表着马丁·路德翻译的《圣经》。马克思还常常以不见经传的引论显示了他对古德国文学的渊博的知识——哈尔特曼、高特夫里特、沃尔夫拉姆、瓦尔特、《尼伯龙根之歌》《酒鬼》、菲沙尔特仿效拉伯雷的作品等等。对于较晚一些的作家则有歌德、席勒、路德维希·乌兰德，以及不太知名的作家如弗·威·哈克兰德尔等。当然，少不得还有海涅。像在马克思的任何著作中一样，莎士比亚总是占据着一个突出的地位。加入英国作家行列的有塞缪尔、巴特勒、廉纳、彼得·品达尔、《特利斯川·项狄先生的生平和见解》的作者洛·斯特恩、拜伦和狄更斯。在意想不到的行文中，我们会突然遇到但丁、卡德龙、塞万提斯、拉伯雷、伏尔泰、维克多·雨果、巴尔扎克和许多别的作家。马克思在1860年2月柏林发行的《人民报》上曾登了一则预告，称《福格特先生》为对德国诽谤者们的一篇'文学性'的回答，用以区别普鲁士法院拒绝马克思给予诽谤者的'法律'的回答。以马克思在这部作品中大量引用全世界伟大作家来看，也许'文学性'这个词还有出于马克思本意之外的另一个特殊意义。"①

马克思引用大量文学作品的充满论战性的著作,体现了美学理想与鲜明的政治立场之间的有机关系。马克思像过去几年一样,从来不把政治需要与审美理想截然划分开来。对福格特的批判就是这样的一个范例。

福格特是怎样一个人呢?用恩格斯的话来讲,他是"冒牌的自然科学家兼共和主义者而实际是庸俗自由主义的波拿巴分子兼书籍制造商……被收买的波拿巴暗探"②。马克思这样来看待福格特对无产阶级运动的攻击,他说:"福格特对我的攻击……应该说是资产阶级庸俗民主派以及俄国—波拿巴主义恶棍对全党的坚决打击。因此也应该给以坚决的回击……"③而福格特此人,从路易·波拿巴的金库汲取灵感,"大家都知道……《希望报》的修道士、《民族报》的骑士、《民论报》的怂恿者、《独立报》《记事晨报》《窝州新闻》等的不值钱的文人……十二月政变的卫士、普隆—普隆主义者……所有这一帮人都毫无例外地从同一位圣上的金库中汲取灵感。这样,达一达福格特就不是一个孤军作战、自行其是的游击队员,而是一个接受津贴、受人教诲、整编入队、与流氓为伍、联合了爱德华·西蒙、归服于普隆—普

---

① 参见希·萨·柏拉威尔:《马克思和世界文学》,梅绍武等译,生活·读书·新知三联书店,1980年版,第351—352页。
② 《马克思恩格斯全集》,第1版第22卷,第488页。
③ 《马克思恩格斯全集》,第1版第30卷,第23页。

隆、并且跟他一同被捕一同被绞死的人物。……"①

就是这样一个拿着波拿巴"金库"的金钱，而对无产阶级革命运动和工人阶级的斗争进行疯狂的攻击的骗子和反动分子，对马克思的攻击理所当然地要遭到坚定的反击。马克思不仅从政治上揭露他与反动政府勾结的事实，而且还揭露了他同拉萨尔、金克尔和弗莱里格拉特这些小资产阶级文人与机会主义者互相利用，互相吹捧的不光彩面目。1859年11月26日，马克思致书恩格斯，明确指出："你从拉萨尔的信中可以看到，他实际上是同福格特一个鼻孔出气，无论如何不想让柏林公众知道我反对福格特和他的宣传。"②

当然，上面这些论述与我们阐述的马克思主义美学思想并没有直接的关系。但是，至少可以说我们知道，马克思和恩格斯如何从政治上观察问题并紧密地将文艺问题与政治斗争和工人阶级的命运紧密地结合在一起考虑的。而这部著作在美学上的特点，没有比恩格斯给马克思信中所说的更为令人信服了："我愈读这本书，就愈难设想，福格特怎么能从这个'永远也出版不了'的东西中摆脱出来。……这确实是你迄今为止所写的最好的论战性著作；其文体比《波拿巴》朴素，然而这种文体运用得当，也一样有力。"③

研究马克思和恩格斯的美学思想，不仅仅要了解他们的观

---

① 《马克思恩格斯全集》，第1版第14卷，第619—621页。
② 《马克思恩格斯全集》，第1版第29卷，第494页。
③ 《马克思恩格斯全集》，第1版第30卷，第129页。

点，而且也应知道他们的审美的实践。在这种论战性著作中，马克思引用了大量的文学作品和典故，用各种叙述手法进行驳斥、论证、证明……这的确是一种美学风格的实证式的有说服力的说明，是研究马克思美学思想史的不可或缺的一个部分，而这一部分也是过去的美学史研究中特别不注意的。

马克思在叙事中灵活、熟练地运用比喻、隐喻、讽刺等手法，使论战显得形象有力而充满生机。除了从《亨利四世》中选取福斯塔夫比喻福格特外，马克思还引用许多别的人物进行比喻。在这部著作中，马克思常常把文学作品中的人物当作代表一些特点或缺点的速写记号使用。马克思还善于把文学作品中的不同人物融合在一起，用以更精确地描画一个性格复杂的同时代人。如对福格特，就用了福斯塔夫和文学舞台上的一些小丑型人物（席勒剧本《威廉·退尔》里的暴虐的州官），等等。《神曲》地狱篇提供了给马克思刻画魔鬼的方法和一些囚居在地狱里的人物的形象。前者用来形容福格特，后者马克思用来描写福格特的狐群狗党：

> 在第二圈里集居着
> 伪善者、谄媚者、妖术惑人者，
> 盗窃者、买卖圣职者、诡计多端者，
> 欺诈者、诱淫者等等卑鄙龌龊的人。[①]

---

① 《马克思恩格斯全集》，第1版第14卷，第616页。

我们可以想像得到，浦伯的《愚人记》、海涅的《科贝斯第一》《德国，一个冬天的童话》和《路德维希·白尼尔》借给了马克思特别丰富的讽刺挖苦者的手法。

在《福格特先生》一书中，马克思似乎每看到一个政治或社会现象都联想到文学作品中某一场景，例如，关于法兰克福的议会，马克思就写了这样一段话：

"在西班牙戏剧中，每一个主人公都得搭配两名丑角。在卡德龙的剧作中，甚至给圣基普里安诺这个西班牙的浮士德也配备了莫斯康和克拉林。同样地，反动将军拉多维茨在法兰克福议会中也有两名滑稽副官：他的喜剧小丑利希诺夫斯基和他的马戏团小丑芬克。"①

利用文学引证使马克思对这些政治小丑的讽刺挖苦更加深刻有力。通过这样的比喻，法兰克福议会的面目就一清二楚了。马克思通过对这些伟大作家的引证，在文章风格方面树立了典范。马克思的文章比喻形象，语言鲜活，逻辑有力，使他的美学风格与无产阶级革命的战斗实践紧密地结合了起来。

对19世纪50、60年代其他文艺思想的评述

除了集中力量批评福格特这样的人物以阐明自己的政治态度和文艺立场外，马克思和恩格斯在繁忙政治生活之余，仍十分关心文艺生活中的各种现象和人物。他们的评论是尖锐的、犀利

---

① 《马克思恩格斯全集》，第1版第14卷，第665—666页。

的，又是实事求是的。在这些评论中散见着马克思主义美学思想的闪光和灼见。

19世纪50、60年代的评论，大致可分为两大类：其一是对文艺界一些人物的批评、表扬、评论；其二是对文艺作品的评论和批评。

在第一类评论中，马克思和恩格斯的评论凸显了鲜明的立场和爱憎态度。他们对革命文艺家维尔特的逝世深感震惊，对不虚荣不做作的青年诗人济贝尔大加赞赏：

"又有一个乌培河谷的诗人、远亲来访。……一个结实、健康、不虚荣和不做作的人——这些素质对当代德国诗人来说，能与卓越的天才相媲美。"[①]我们还可以从恩格斯致母亲的信中（1859年4月20日）看到他对青年诗人济贝尔的亲切关怀：

"卡尔·济贝尔……他的生活根本不放荡，而且相反，几乎每天晚上都在家里……我想，在曼彻斯特还找不出20个像他那样年龄的年轻人过着这样规矩的生活。……我曾直率地对他说，虽然从这些作品里可以看出天才，但是非常怠惰的天才；他的全部东西作为艺术作品是一文不值的。这个小伙子在柏林可能真的很怠惰，并且有完全堕落为一个极平庸的美文学作家的危险。因此，当我看到他的时候，我经常斥责他这一点，并告诉他应当暂时放弃蹩脚诗的创作，认真地研究各个民族的古典诗人，以便从

---

① 《马克思恩格斯全集》，第1版第29卷，第373页。

头开始培养鉴赏力……"①

从恩格斯对济贝尔的亲切关怀中可以看出,他的美学观是紧密地与人的思想品质和社会属性结合在一起的。恩格斯在这里提出了"生活经验"对掌握写作技巧的重要,鼓励青年人"认真地研究和阅读古典诗人培养自己的鉴赏力"。这种关注培养审美经验的教诲应当合乎逻辑地被看作是马克思主义美学思想的合理组成部分。

另一类评论是关于文艺作品和创作现象的。恩格斯在《德国的革命和反革命》一书中对青年德意志文学流派的那种自命不凡、脱离实际、缺乏才华、思想杂乱的作风大加讥讽,认为他们是将"大学里没有经过很好消化的对德国哲学的记忆以及法国社会主义,尤其是圣西门主义的被曲解了的只言片语掺混在一起",这是一群"散布这些杂乱思想的作家"。②而相隔没有几年,恩格斯在评论马克思的政治经济学批判时,精辟地分析了1830年以来的德国社会状况和由这种窒息的社会状况产生的乏味、冗长、肤浅的小说和文艺作品。③这种将文艺作品与社会状况密切联系起来的观点贯穿在马克思和恩格斯对文艺作品评论的所有方面。如,在同一篇文章中,他们认为"没落的德国小市民的文学只能搜集枯燥庸俗的杂拌儿"。

"道梅尔先生在他的耶利米哀歌里大谈其没落的那种'文

---

① 《马克思恩格斯全集》,第1版第29卷,第576—577页。
② 《马克思恩格斯选集》,第2版第1卷,第492页。
③ 《马克思恩格斯选集》,第2版第2卷,第36—37页。

化'，是纽伦堡作为帝国自由市而欣欣向荣时期的文化，是纽伦堡的工业——艺术和手工业的混合物——起着重要作用时的文化，是和德国小资产阶级同趋没落的德国小资产阶级的文化。如果说以前的阶级，例如骑士阶级的没落能够为悲剧艺术的巨著提供材料，那么小市民阶级当然就只能表现出穷凶极恶的软弱态度和提供一些桑乔·潘萨式的格言和谚语的集录。道梅尔先生是枯燥乏味时的失去了一切幽默的汉斯·萨克斯的后继。德国哲学痛心疾首地恸哭在它的养父——德国小市民阶级——的灵床前，这就是新时代的宗教在我们面前展示的动人情景。"①

从以上论述我们可以看到，马克思和恩格斯是非常重视社会条件对文艺作品和创作的实际影响的，他们特别注重从政治、阶级意识等方面对作品和创作实际进行剖析，展示了马克思主义美学视野的深厚的内涵。下面这段话更进一步说明了他们美学思想的这种精神：

"托马斯·卡莱尔的功绩在于：当资产阶级的观念、趣味和思想在整个英国正统文学中居于绝对统治地位的时候，他在文学方面反对了资产阶级，而且他的言论有时甚至具有革命性……

"卡莱尔的风格也和他的思想一样，它和现代英国资产阶级的柏克司尼弗式伪君子的风格是针锋相对的；后者高傲浮夸而又萎靡不振、冗长累赘、数不尽的温情劝善的忧虑；这种风格已从它的首创者有教养的伦敦人那里传到整个英国文学界了。和这种

---

① 《马克思恩格斯全集》，第1版第7卷，第242页。

文学相反，卡莱尔开始把英语完全当成一种必须彻底加工的原料。他重新搜集古字古语，并依照德语的方式，例如照让·保尔的格式创造新的表达法。"①

托马斯·卡莱尔本人可能不值一谈，可是马克思和恩格斯对他文学创作活动的评价，却提出了两点值得注意的意见：第一，马克思和恩格斯始终将阶级关系以及这种关系所代表的利益放在分析创作思想的首位。文学与思想观念紧密结合不可分割，他们正是从1830年以后的欧洲革命形成的局势去看待当时的文学现象的。第二，他们在这里非常重要地谈到了风格，与风格的社会内涵。现代资产阶级的浮夸、冗长、萎靡不振造成了文学上的"伪君子"风格。而具有革命内容的文学也造成了与此相反的文学作品的叙事风格。这种评论，又在深一层次上将马克思主义美学思想丰满化了。

最后，在这一时间的论述中，我们要谈到马克思和恩格斯的那一段著名的论述，其主要内容如下：

"如果用伦勃朗的强烈色彩把革命派的领导人——无论是革命前的秘密组织里的或是报刊上的，或是革命时期中的正式领导人——终于栩栩如生地描绘出来，那就太理想了。在现有的一切绘画中，始终没有把这些人物真实地描绘出来，而只是把他们画成一种官场人物，脚穿厚底靴，头上绕着灵光圈。在这些形象被夸张了的拉斐尔式的画像中，一切绘画的真实性都消失了。

---

① 《马克思恩格斯全集》，第1版第7卷，第300、301页。

"固然,现在探讨的这两本著作已经去掉了二月革命的'伟人'以往常常穿着的厚底靴和灵光圈,深入了这些伟人的私人生活,让我们看到了他们身穿便服的形象和他们周围形形色色的配角。但是,它们并没有因此而稍微真实地描绘了人物和事件。"①

这段话包括了这样一个思想,即马克思和恩格斯对描写革命领导人作品的态度。

伦勃朗(1606—1669),17世纪荷兰伟大的现实主义画家。"伦勃朗的强烈色彩"则指伦勃朗在油画创作中形成的,用对比强烈的聚光效果突出画面主题,刻画形象的独特画风。他的画中经常采用暗的背景和受光对象形成强烈的对比,这种对比关系给观众的印象既强烈又和谐统一,使画面具有丰富的节奏感和韵律感,而且孕育着生命。伦勃朗运用强烈的色彩表现对象的本质特征,这是他主要的风格特征。马克思在这里说的"用伦勃朗的强烈色彩"去描绘革命领导人,是一种借用,就是希望用现实主义的方法,敢于忠于生活的真实,既不回避矛盾又要善于抓住革命领导人的精神,用丰富多彩的艺术手段去表现人物与众不同的外貌和个性特征。

而"夸张了的拉斐尔式的画像",则是指与上述理论相反的美学主张。

---

① 《马克思恩格斯全集》,第1版第7卷,第313—314页。(引文中提到的"两本著作"是阿·谢努:《密谋家,密谋组织;科西迪耶尔主持下的警察局;义勇军》和律西安·德拉奥德:《1848年2月共和国的诞生》)。

第三章　政治与经济的时代（1848—1864）

拉斐尔（1483—1520）是16世纪意大利杰出画家、诗人、建筑家和考古学者，和达·芬奇、米开朗琪罗并列为文艺复兴盛期画坛三杰。"拉斐尔式的画像"指拉斐尔画的艺术风格。拉斐尔在艺术上十分推崇古希腊文明，这使他的古典主义具有代表性。他的创作思想中企图使异教思想和基督思想获得协调，也就是使人和神融为一画，使希腊精神和人文主义思想融合起来。把神人化，虽然头上还绕着灵光圈，那已经是很轻的象征性的光圈，这和以前相比是了不起的革命。而"被夸张了的拉斐尔式的画像"则是指后人对拉斐尔古典主义中的形象部分的模仿和夸张说的（画家晚年的作品，大多是学生帮助完成的，这些作品带有抽象化、概念化的倾向）。拉斐尔的古典主义画风，强调华美崇高的对称感使构图和谐而统一，优美、典雅、柔和和圆润的艺术风格和画家要表现的内容相一致。但后人却片面发展他的某些形式，夸张地把他的某些形式特点运用于描绘现实生活，这样就忽略了对人的精神性格的刻画，使人物显得虚假而不真实。革命导师说用"被夸张了的拉斐尔式的画像"方法去描绘革命领导人，就是说不是按照现实生活中的人的样子去画，而是把现实生活中的革命领导人"神化"，让他们穿着古代希腊罗马演戏人穿的厚底戏靴，头上绕着像圣母头上的灵光圈，这样的革命领导人，就不是生活中的人真实的反映，而是人和神的结合，所以"一切绘画的真实性都消失了"。必须指出，马克思和恩格斯批评"被夸张了的拉斐尔式的画像"并不是贬低或否定拉斐尔，他们对拉斐尔的评价一直很高，这里只是对拉斐尔的拙劣的模仿者的批评。

谢努和德拉奥德写的两本书，都是描写二月革命时期一些革命的秘密组织情况的，特别是描写了二月革命的革命者科西迪耶尔等人的活动情况。两本书对革命者的描写没有把革命领导人"神化"，而是"深入这些伟人的私生活，让我们看到了他们身穿便服的形象和他们周围形形色色的配角"。谢努在书中描写了革命前的密谋家如何"从一个酒馆转到另一个酒馆，考查工人们的情绪，物色他们所需要的人，然后用甜言蜜语使这些人参加密谋，并且必然让组织或者新朋友出钱来痛饮一番"等等。但是革命导师认为"它们并没有因此而稍微真实地描绘了人物和事件。"为什么？因为这两个作者一个是路易·菲力普的大名鼎鼎的老牌间谍，另一个和警察局的关系也十分暧昧，他们没有正确的立场和观点，"根本谈不上对革命运动有所了解"，因此虽然写了革命领导人的日常生活，没有让人感到是脚穿厚底靴，头上绕着灵光圈的"神化"了的官场人物，但是并没有写出革命者的精神和思想，"只能写些多少像讽刺画似的二月革命丑闻录"，不能把革命领导人"真实地描绘"出来。

对于上述三种类型的创作，马克思和恩格斯对第一种是肯定的、赞扬的，对第二种和第三种都是批评的、否定的。由此我们可以体会到，马克思和恩格斯对能够面对现实，真实地反映现实的现实主义创作方法是肯定的，并且希望用这种创作方法来正确反映当时的革命运动和描写革命的领导人。

第四章

走向巴黎公社（1864—1871）

第一节 上层建筑与经济基础

马克思于1858年8月—1859年1月写成《政治经济学批判》一书。1859年，此书在柏林出版，马克思为它写了序言。在这篇"序言"中，马克思周密地、精辟地阐明了历史唯物主义的观点。它不仅是研究政治经济学的经典文献，而且是研究社会存在和社会意识、经济基础和上层建筑之间的关系的重要文献。它深刻地提示了文学文艺的上层建筑性质，为建立马克思主义美学理论奠定了坚实的理论基础。恩格斯在《卡尔·马克思的〈政治经济学批判〉》一文中曾经指出："只要进一步发挥我们的唯物主义论点，并且把它应用于现时代，一个强大的、一切时代中最强大的革命远景就会立即展现在我们的面前。"① 马克思在19世纪40年代初对政治经济学，政治与国家、法律与道德的关系并对人们的思想、精神生活的各个方面发生了兴趣。在1850年和1851两年，他很可能写成专门批判经济学的第一本这种"小册子"，但是每天在大英博物馆从早晨9点工作到晚上7点，摘录一本又一本的笔记，夜里还要分析思考这些摘录的意义，他逐渐发现他研究的这一题目内容过于庞杂，牵涉范围过广，因此不得不把具体写书的事推迟。1857年发生了马克思预言过的一次经济危机，这使他重又下定决心发表自己对这一问题的看法。从他给恩格斯的一封信可以知道马克思如何"发狂似地通宵总结我的经济学研究"②。1857年8月马克思草拟了一篇论述经济研究的总导言。在以后的六个月里，他的手稿、摘记填满了七个笔记本。这些笔记说明，马克思试图通过阅读亚当·斯密和李嘉图以及其他许多作家的著作弄清楚1844年最初在巴黎写的笔记提出的一些问题。这部手稿是马克思较后的重要著作的丰富资料，直至1939年才公开问世，即《政治经济学批判大纲》(草稿)。

1857年的总导言开始的一段考察了"物质生产"，断言所有这种生产都是社会性的：

"被斯密和李嘉图当作出发点的单个的孤立猎人和渔夫，属于18世纪缺乏想像力的虚构。这是鲁滨逊③一类故事，这类故

---

① 《马克思恩格斯选集》，第2版第2卷，第38页。
② 《马克思恩格斯全集》，第1版第29卷，第219页。
③ 现多译为鲁滨孙。——编者注

第四章 走向巴黎公社(1864—1871)

事决不像文化史家想像的那样,仅仅表示对过度文明的反动和要回到被误解了的自然生活中去。同样,卢梭的通过契约来建立天生独立的主体之间的关系和联系的'社会契约',也不是以这种自然主义为基础,这是假象,只是大大小小的鲁滨逊一类故事所造成的美学上的假象。其实,这是对于16世纪以来就作了准备、而在18世纪大踏步走向成熟的'市民社会'的预感。在这个自由竞争的社会里,单个的人表现为摆脱了自然联系等等,而在过去的历史时代,自然联系等等使他成为一定的狭隘人群的附属物。这种18世纪的个人,一方面是封建社会形式解体的产物,另一方面是16世纪以来新兴生产力的产物,而在18世纪的预言家看来(斯密和李嘉图还完全以这些预言家为依据),这种个人是曾在过去存在过的理想;在他们看来,这种个人不是历史的结果,而是历史的起点。"[1]

模仿笛福的《鲁滨逊漂流记》的各式各样鲁滨逊故事,写的都是人们同人类社会和文明隔绝一段时期的生活。马克思认为这些故事靠着它们"美学上的假象"是很容易叫人上当的。笛福的这部长篇小说没有表现物质生产始于与世隔绝的个人,或者一位创业的英雄开始是生存在纯"自然状态"中。鲁滨逊自己在荒岛上生活的某一阶段也许产生过这种幻想。在《鲁滨逊漂流记》的第三章,当他开始种植谷物时,由于没有合适的农具,便想到自己又"回复到自然状态里"去了。但是笛福一直没有忘记,鲁

---

[1] 《马克思恩格斯选集》,第2版第2卷,第1—2页。

滨逊多亏抢救来一些18世纪英国高度发达的社会工具、物质和技术，才能生存下去。因此，马克思在这段文章里攻击的并不是《鲁滨逊漂流记》本身，而是某些读者由于食而不化而产生的种种幻想。

马克思说："人是最名副其实的政治动物，不仅是一种合群的动物，而且是只有在社会中才能独立的动物。孤立的个人在社会之外进行生产——这是罕见的事，在已经内在地具有社会力量的文明人偶然落到荒野时，可能会发生这种事情——就像许多个人不在一起生活和彼此交谈而竟有语言发展一样，是不可思议的。在这方面无须多说。18世纪的人们有这种荒诞无稽的看法是可以理解的，如果不是巴师夏、凯里和蒲鲁东等人又把这种看法郑重其事地引进最新的经济学中来，这一点本来可以完全不提。蒲鲁东等人自然乐于用编造神话的办法，来对一种他不知道历史来源的经济关系的起源作历史哲学的说明，说什么亚当或普罗米修斯已经有了现成的想法，后来这种想法就被实行了等等。再没有比这类想入非非的陈词滥调更枯燥乏味的了。"①

对马克思来说，笛福的这位主人公的态度和行为，必须从"特定的社会经济变化，即从'封建社会形式解体'和'16世纪以来新兴生产力'"这一角度来观察。马克思在《哲学的贫困》，以及后来在《资本论》里都让我们看到鲁滨逊这个模型在讲述经济学的文章中可以大加利用，在《大纲》中他给我们提出了一个

---

① 《马克思恩格斯选集》，第2版第2卷，第2—3页。

非常有趣的前景。这些鲁滨逊故事不应当看作是某一原始社会组织的图景，而应看作对19世纪英国社会所孕育着的某些发展趋向的描绘。如果仔细观察一下，我们就可以发现，鲁滨逊的孤独实在就是19世纪"文明社会"人与人的关系异化疏远的一个征兆。

在《导言》的后一部分，马克思开始分析生产与消费的关系。这里他发挥了1844年手稿中已经提出的关于艺术与人类需要的关系的一些看法：

"生产不仅为需要提供材料，而且它也为材料提供需要……消费对于对象所感到的需要，是对于对象的知觉所创造的。艺术对象创造出懂得艺术和具有审美能力的大众，——任何其他产品也都是这样。因此，生产不仅为主体生产对象，而且也为对象生产主体。"[①]

这是关于艺术创造了主体鉴赏力这一真理的最扼要的论述。但是，我们不该忘记：马克思在这里不仅强调了需要考察创造与欣赏艺术品的社会的物质生产手段，也要研究这一社会的阶级结构。马克思说：

"如果我，例如，抛开构成人口的阶级，人口就是一个抽象。如果我不知道这些阶级所依据的因素，如雇佣劳动、资本等等，阶级又是一句空话。而这些因素是以交换、分工、价格等等为前提的。比如资本，如果没有雇佣劳动、价值、货币、价

---

① 《马克思恩格斯选集》，第2版第2卷，第10页。

格等等，它就什么也不是。因此，如果我从人口着手，那么，这就是关于整体的一个浑沌的表象，并且通过更切近的规定我就会在分析中达到越来越简单的概念；从表象中的具体达到越来越稀薄的抽象，直到我达到一些最简单的规定。于是行程又得从那里回过头来，直到我最后又回到人口，但是这回人口已不是关于整体的一个浑沌的表象，而是一个具有许多规定和关系的丰富的总体了。"①

毫无疑问，这种论述适合于具体的文学艺术的创造者和接受者。

第二节 艺术生产与物质生产

马克思在《〈政治经济学批判〉导言》（以下简称《导言》）中提出了"物质生产的发展同艺术生产的不平衡关系"的问题。他说："关于艺术，大家知道，它的一定的繁盛时期决不是同社会的一般发展成比例的，因而也决不是同仿佛是社会组织的骨骼的物质基础的一般发展成比例的。例如，拿希腊人或莎士比亚同现代人相比。"②"人类的童年时代，它的生产一般发展水平比起现代资本主义社会要低，但是古希腊的艺术却出现了繁荣。"而且就某方面而言还是一种规范和高不可及的范本。可见，在一定

---

① 《马克思恩格斯选集》，第2版第2卷，第18页。
② 《马克思恩格斯选集》，第2版第2卷，第28页。

时期，艺术生产和物质生产的一般发展与社会的一般发展并不都是在同一水平上，两种生产并不是按正比例的方式平衡发展的，而是以不相等的方式向前发展，其中一方面的繁荣可能伴随着另一方面的落后。这就是马克思所指出的艺术生产同物质生产发展的不平衡关系的内容。

马克思提出这个不平衡问题，和他批判当时流行于德国资产阶级的"自然唯物主义"这一斗争有着直接的关系。

自然唯物主义者脱离一定社会的生产方式、所有制形式和一定社会的历史条件，抽象地从"生产的一般发展""社会的一般发展"等一般范畴出发，来阐明艺术等精神生产和物质生产之间的联系。在他们看来：从物质生产可以直接引出艺术等精神生产的一般发展水平，可以直接引出艺术等精神生产，从物质生产和社会的一般发展水平可以直接衡量艺术等精神生产的一般发展水平。

很清楚，自然唯物主义对于艺术等精神生产和物质生产的发展之间的联系的观点，是建立于抽象的庸俗进化论的基础上的，它对于艺术生产和物质生产的"进步"这个概念的理解是建立在通常的抽象意义之上的。

进步这个概念决不能在通常的抽象意义上去理解。同样，我们也决不能离开一定社会的生产方式和所有制形式抽象地谈物质生产和精神生产的进步。像自然唯物主义者所提出的两种生产平衡发展的论点，正是这种在通常的抽象意义上去理解进步这个概念的必然结果。

马克思指出，必须具体地、历史地考察这两种生产之间的联系。他说："要研究精神生产和物质生产之间的联系，首先必须把这种物质生产本身不是当作一般范畴来考察，而是从一定的历史的形式来考察。例如，与资本主义生产方式相适应的精神生产，就和与中世纪生产方式相适应的精神生产不同。如果物质生产本身不从它的特殊的历史的形式来看，那就不可能理解与它相适应的精神生产的特征以及这两种生产的相互作用，从而也就不能超出庸俗的见解。"①

马克思就是结合古希腊的生产方式和所有制形式来分析古希腊的艺术生产和物质生产的关系的。古希腊的艺术"对我们所产生的魅力，同它在其中生长的那个不发达的社会阶段并不矛盾。它倒是这个社会阶段的结果，并且是同它在其中产生而且只能在其中产生的那些未成熟的社会条件永远不能复返这一点分不开的。"古希腊处在不发达的社会阶段，人们对于自然和社会的认识显得幼稚，所以才产生希腊艺术的'武库'和'土壤'——神话。在现代社会的生产条件下，人们的认识水平提高了，神话也就不可能再出现。所以马克思指出："任何神话都是用想像和借助想像以征服自然力、支配自然力，把自然力加以形象化；因而随着这些自然力之实际上被支配，神话也就消失了。"处在资本主义的社会发展阶段，由于社会生产的发展，"要排斥一切神话地对待自然的态度和无关的幻想"。希腊的神话、史诗，只能在

---

① 《马克思恩格斯全集》，第1版第26卷（Ⅰ），第296页。

社会生产力低下的人类童年被创造出来。它们的创造，迎来了人类历史上的第一个艺术繁荣时期。但是，在现代社会的条件下，神话和史诗这两种形式，就不会再有它们繁荣的春天了。这就是艺术生产和物质生产发展不平衡关系、不成比例。如果这两种生产的发展是平等、成比例的话，那么，现代人就应当创造出比希腊神话和史诗更好、更美的神话和史诗来。现代的神话和史诗应当更繁荣。显然这是不可能的。

恩格斯在分析18世纪比英国经济落后的德国、法国出现哲学、文学的繁荣情况时指出："不论在法国或是在德国，哲学和那个时代的普遍的学术繁荣一样，也是经济高涨的结果。"[①] 我们知道，18世纪，这两个国家正处在封建所有制向资本主义所有制过渡的历史转变时期，生产发展出现了高涨的情况，尽管它们的物质生产水平还不如当时的英国，但是引起了哲学、文学上的繁荣。显然，文学艺术的繁荣，不能直接从生产的一般发展水平中得到说明，而应当从一定的生产方式和所有制形式得到解释。

马克思写下《导言》结尾的那些不连续的札记。这一部分札记说明马克思并不赞同连续的、一致的进步这种粗浅的观点。他首先不赞同的是认为社会组织的进步必然直接影响艺术进步这种实证主义的观点。

"物质生产的发展例如同艺术发展的不平衡关系。进步这个概念决不能在通常的抽象意义上去理解。就艺术等等而言，理解

---

① 《马克思恩格斯选集》，第2版第4卷，第704页。

这种不平衡还不像理解实际社会关系本身内部的不平衡那样重要和如此困难。例如教育。美国同欧洲的关系。可是，这里要说明的真正困难之点是：生产关系作为法的关系怎样进入了不平衡的发展。例如罗马私法（在刑法和公法中这种情形较少）同现代生产的关系。

"这种见解表现为必然的发展。但承认偶然。怎样。（对自由等也是如此。）（交通工具的影响。世界史不是过去一直存在的；作为世界史的历史是结果。）

"出发点当然是自然规定性；主观地和客观地。部落、种族等。

"关于艺术，大家知道，它的一定的繁盛时期决不是同社会的一般发展成比例的，因而也决不是同仿佛是社会组织的骨骼的物质基础的一般发展成比例的。例如，拿希腊人或莎士比亚同现代人相比。就某些艺术形式，例如史诗来说，甚至谁都承认：当艺术生产一旦作为艺术生产出现，它们就再不能以那种在世界史上划时代的、古典的形式创造出来；因此，在艺术本身的领域内，某些有重大意义的艺术形式只有在艺术发展的不发达阶段上才是可能的。如果说在艺术本身的领域内部的不同艺术种类的关系中有这种情形，那么，在整个艺术领域同社会一般发展的关系上有这种情形，就不足为奇了。困难只在于对这些矛盾作一般的表述。一旦它们的特殊性被确定了，它们也就被解释明白了。

"我们例如先说希腊艺术同现代的关系，再说莎士比亚同现代的关系。大家知道，希腊神话不只是希腊艺术的武库，而且是它的土壤。成为希腊人的幻想的基础、从而成为希腊神话［艺术］的基础的那种对自然的观点和对社会关系的观点，能够同走锭精纺机、铁道、机车和电报并存吗？在罗伯茨公司面前，武尔坎又在哪里？在避雷针前，丘必特①又在哪里？在动产信用公司面前，海尔梅斯又在哪里？任何神话都是用想像和借助想像以征服自然力，支配自然力，把自然力加以形象化；因而，随着这些自然力实际上被支配，神话也就消失了。在印刷所广场旁边，法玛还成什么？希腊艺术的前提是希腊神话，也就是已经通过人民的幻想用一种不自觉的艺术方式加工过的自然和社会形式本身。这是希腊艺术的素材。不是随便一种神话，就是说，不是对自然（这里指一切对象的东西，包括社会在内）的随便一种不自觉的艺术加工。埃及神话决不能成为希腊艺术的土壤和母胎。但是无论如何总得是一种神话。因此，决不是这样一种社会发展，这种发展排斥一切对自然的神话态度，一切把自然神话化的态度；因而要求艺术家具备一种与神话无关的幻想。

"从另一方面看：阿基里斯②能够同火药和铅弹并存吗？或者，《伊利亚特》能够同活字盘甚至印刷机并存吗？随着印刷机的出现，歌谣、传说和诗神缪斯岂不是必然要绝迹，因而史诗的必要条件岂不是要消失吗？

"但是，困难不在于理解希腊艺术和史诗同一定社会发展形

---

① 现多译为丘比特。——编者注
② 现多译为阿喀琉斯。——编者注

式结合在一起。困难的是，它们何以仍然能够给我们以艺术享受，而且就某方面说还是一种规范和高不可及的范本。

"一个成人不能再变成儿童，否则就变得稚气了。但是，儿童的天真不使成人感到愉快吗？他自己不该努力在一个更高的阶梯上把儿童的真实再现出来吗？在每一个时代，它固有的性格不是以其纯真性又活跃在儿童的天性中吗？为什么历史上的人类童年时代，在它发展得最完美的地方，不该作为永不复返的阶段而显示出永久的魅力呢？有粗野的儿童和早熟的儿童。古代民族中有许多是属于这一类的。希腊人是正常的儿童。他们的艺术对我们所产生的魅力，同这种艺术在其中生长的那个不发达的社会阶段并不矛盾。这种艺术倒是这个社会阶段的结果，并且是同这种艺术在其中产生而且只能在其中产生的那些未成熟的社会条件永远不能复返这一点分不开的。"①

马克思举出文学史中的两个实例来说明艺术生产与物质生产之间的不平衡关系。他选择的这两个例子也是德国浪漫主义作家以及浪漫主义以前的席勒很喜爱的——希腊人或莎士比亚同现代有什么关系？说得具体一点，某些文艺体裁——例如史诗——与历史某一特定时期究竟有什么关系？自从荷马以后，还出现了许多史诗，但是马克思同歌德、黑格尔的看法一样，认为没有哪一部能达到荷马的那种典范的古典的形式和划时代的力量。马克思把主要用于经济学的术语也用在文学和其他艺术的历史上。他

---

① 《马克思恩格斯选集》，第2版第2卷，第27—30页。

第四章 走向巴黎公社（1864—1871）

把诗人也叫作"生产者"，把艺术品叫作"产品"，虽然是一种独特的、有别于其他种类的"产品"。马克思通过使用这样的术语叫我们不要忘记把艺术放在生产手段的框子里来观察，特别是应该放在物质生产关系和生产手段的框子里。只有明确了这一点之后，他才能独立地、抽象地研究艺术，才有余暇观察一下艺术领域自身。

但为什么艺术的某些重要的、有意义的形态——最引人注意的是史诗——只是在人类发展的初期才可能发展？如果这是把艺术领域独立出来以后其中一个难以解释的问题，那么毫不奇怪，它仍然是在较大的社会——历史范围内的问题。这里有一些矛盾需要辩证地解决。马克思认为，只要我们从一般化的公式转到具体的事例去，这些矛盾是不难解释的，而马克思自己也确实准备这样做。

马克思把莎士比亚撂在一边，先集中分析希腊人的文学与现代文学的区别。与过去相同，注意力仍然以史诗为中心。史诗的基础是神话——希腊神话，正像马克思在关于黑格尔的作品以及费舍的《美学》中谈到的那样，它不仅是希腊诗人提取必要装备的武器库，也是整个希腊艺术的土地和土壤。马克思这里用的一个暗喻 Boden，这是特别有用的词，而当"土地"讲，它和马克思用过的"基础"这个暗喻是一致的，而当"土壤"讲，它又和繁茂时期这一描写植物界的暗喻非常吻合。Boden 既是可以在上面进行建筑的地基，又是可以进行种植的土壤。但是随着人类历史的发展，这块土壤被侵蚀了，地基被割走了。希腊神话一定要当作一种特殊的幻想的产品来看待；而这种幻想是依靠一种对大自然的观点、依靠某些社会关系才产生的。这些社会关系已经一去不复返，在技术时代不可能再从人类的经验中产生了。马克思对于希腊诸神的看法也和他那一时代的许多人的看法一样，认为它们是在一个人们很不理解并非常畏惧的世界中的自然威力的人格化。但是，马克思问道，在我们看到了现代工业机器的奇迹的时候，又怎样对武尔坎的功绩感觉畏惧呢？在避雷针可以使霹雷不再伤害人的时候，丘必特的雷电又有什么可怕呢？在现代银行家的运算远远超过海尔梅斯的速度和技巧的时候，谁又为海尔梅斯的速度和把戏倾倒呢？如果神话真的如马克思所想的那样，是对自然力的一种屈服、而在幻想中赋予它们以形体并控制它们，那么当这些力量已被理解、被驯服，并在实际中受人驾驭的时候，神话就非得消失不可了。

希腊艺术是以一种特殊的神话为先决条件的。这种神话本身就很具有艺术性，因为这是希腊人民在幻想中使自然和社会关系转变形态的方法。这就解释了为什么神话不能简单地接受过来，从一个社会、一种文明移交给另一个社会和文明。在论述这一问题时，马克思举了埃及神话不可能使希腊人的艺术繁茂起来的例子。他从 Boden（地基或土壤）转到 Mutterschoss（母体），暗示一个有机体在另一个有机体中缓慢生长以及出生后虽然脱离母体但却仍与母体存在密切的关系。

马克思在把论点摆清楚以后，即开始总结。史诗诗人需要一种神话，如果一个社会排斥了能够产生神话的对待自然的态度

第四章 走向巴黎公社（1864—1871）

("自然"这里指整个客观世界，因此也包括社会关系），史诗就无法在其中繁荣滋长。一旦发明了火药和炮弹，阿基里斯就不能再被介绍到现代世界里来了；在手工印刷术，特别是印刷机发明以后，伊里亚特代表的那种口诵文学的形式也就岌岌可危了；法玛的号角同《泰晤士报》这种大报纸比起来又算得了什么呢？一种含义深广的神话可以繁荣发展的条件已经不存在了，因此像荷马的那种史诗可以产生的条件也一去不复返了。

我们刚才考察了马克思如何用各种方法（或者相互补充，或者交替更迭）解说物质与社会条件同艺术作品的关系。他用了"关系"和"比例"等词，也用了"必要的发展"和"偶然性"等概念。他一口气地谈了"物质基础"、组织和社会的"骨骼结构"。他既用了现代武器库，也用了来自自然界的一些比喻（Boden 可以解释作土地、土壤或基础）。文章中还出现了"开放""展开"和"生长"等形象词，但也有更多的如"出现"这类形象不太鲜明的词。在一些段落里，幻想被说成用一种不自觉的艺术方式对自然的和社会的形式进行"加工"。在另一些段落里，又说艺术同一定社会发展形式"牢系在一起"。马克思抛出这一切，都是解决几个棘手问题的初步尝试，都是想探索一条途径把一些令人头痛的复杂问题说清楚。

文章写到这里，马克思已经尽量从各种不同的关系，从几个不同角度对文学和艺术进行了观察。他提到了不同的人物（阿基里斯）、作品（《伊利亚特》）和文学体裁（希腊史诗），也探讨了文学领域连同其内在规律和各种关系。但是与此同时，马克思一直通过上文谈到的种种暗喻（从生物学到建筑，从有机体到诗学）使读者注意到文学的更广泛的联系。马克思已经从诗人的角度观察了文学，他手里还掌握有其他什么材料呢？哪些材料马克思可以使用？哪些材料不可以使用？由于历史、社会和经济的发展，在马克思已经掌握的题目、主题和形式中，哪些将不得不舍弃呢？

但是，马克思呈现给读者的，是另一个极为重要的问题。我们姑且承认某些文学体裁在历史较晚的时期不可能再达到原来那么高的艺术成就，但是为什么早期这种体裁写出的杰作对于现代人仍然是艺术享受的永不枯竭的源泉呢？为什么人们始终把这些作品看作是艺术典范，是无法逾越的完美的范本呢？

马克思现在显然已从诗人看待作品的角度转到读者的角度上来了。他提示了三个方面的问题：第一，现代读者对待荷马的作品的态度在某些重要方面有别于荷马同时代人对待这些作品的态度；第二，伟大的文学给予人们一种特殊的艺术享受；第三，有批判眼光的读者不得不承认有所谓规范的范本，不得不使用阿尔诺德后来称之为"试金石"的艺术准绳。马克思的文章暗含着这样的意思：如果用古希腊的艺术准绳来衡量，现代人写的史诗没有一本能够合格。文章写到这里，马克思又用了一个人们长期乐于使用的"有机体"的比喻：把世界的不同时期比作人生的不同阶段。如果我们现在还写神话式的史诗，马克思论述说，就不啻成年人再返回到童年时期的行为举止。但是，成年人想这样返老还童固然不对，对儿童的天真烂漫完全失去兴趣也同样不对，因为在儿童的稚气里含有为适应成年的特点不免要丧失的一点儿真实。这一点儿真实我们必须在"一层更高的阶梯上"重新捕捉住，再现出来。在任何一个历史时代，儿童们都非常自然地、毫不做作地把这一时代的特性表现出来。席勒在一篇有名的论文——《论"素朴的"诗和"感伤的"诗》中曾提出过这种论点，马克思在这里又把这一论点复活了。

马克思总结说：如果在个人生活中是这样，在作为总体的人类历史又何尝不是如此呢？童年时代是一个有其独特价值的阶段；为什么历史上的人类童年时代，一个开放得最完美（"开放得最完美"，又是一个花朵的暗喻）的阶段，不该显示出一种永恒的魅力呢？马克思在阐述自己的观点的关键时刻，又一次进行比较和"定位"。如果儿童的脾气和性格彼此不同——有的儿童具有创造性，有的早熟——古代的不同民族又何尝不是这样呢？马克思认为古代希腊人是"正常的"儿童，他们对我们的吸引力的最大的秘密就在这里。因此，在这种魅力同产生这种魅力的来源之间，并没有什么矛盾。马克思在总结这篇文章时，又使用了"生长""成熟"等比喻。结论是：我们喜爱希腊艺术是有道理的，这种喜爱，绝大部分要归诸对人类的一个永不复返的美好的阶段的缅怀和思念。

这种把艺术的早期和人类的"童年时代"或"青年时代"等同起来的程式已经有一段很长的历史；从柏拉图到黑格尔都作过这样的比喻。尽管如此，在马克思重又提出这一比喻时，仍然有些地方令人感到不够满足。把辉煌灿烂时期的希腊人说成"正常儿童",未免过于低估了这一复杂、成熟的民族。其实从马克思另外的文章可以看出,他对希腊人的这些特点是知道得很清楚的。如果我们把马克思在这里作的比喻看得太死,那它很容易就会被驳倒。实际上,海涅在马克思的《导言》前三年发表的《自白》中,已经作过这样的比喻:

"关于犹太人……也许我在谈论他们时从来没有怀过适当的敬意……犹太人却是成年人,是强有力的、不易折服的成年人——不仅在古代如此,就是到了今天,在经过1800年的迫害和痛苦后,依然如此。"马克思写《导言》时,把古代的某些民族说成是"早熟儿童",心目中想到的可能就是犹太人。

在马克思晚期著作中不难看到一些回到希伯来先知传统的地方,诸如对正义的要求,对现存社会的严厉批判,善与恶的战斗的幻影,希望我们现在知道的历史过程将绝对终结,等等。

在《大纲》一书后部,有一段文章企图更确切地说明,究竟是什么使生活在马克思时代的人们醉心于希腊文学永远捕捉住的那种"人类的要素"呢?

"所以在古代,尽管处在那样狭隘的民族、宗教、政治境界里,毕竟还是把人看作生产的目的;这种看法就显出比现代世界高明得多,因为现代世界总是把生产看成人的目的,又把财富看成生产的目的。其实,所谓财富,倘使剥去资产阶级鄙陋的形式,除去那在普遍的交换里创造出来的普遍个人欲望、才能、娱乐、生产能力等等,还有什么呢?财富不就是充分发展人类支配自然的能力,既要支配普通所说的自然,又要支配人类自身的那种自然么？不就是无限地发掘人类创造的天才，全面地发挥，也就是说发挥人类一切方面的能力，发展到不能拿任何一种旧有尺度去衡量的那种地步么？不就是不在某个特殊方面再生产人，而要生产完整的人么？不就是除去先行的历史发展以外不要任何其他前提，除去以此种发展本身为目的外不服务于其他任何目的么？不就是不停留在某种既成的现状里面而要永久处于变动不息的运动之中么？在资产阶级经济学以及与其相当的生产时代里，把这种彻底发掘人类内在本质弄成了彻底空虚，把普遍物化弄成了全面异化，把打破一切固定的片面目的弄到为一种纯粹外在目的而牺牲人类本身的目的。因此，那幼稚的古代世界看起来便像是一种格外崇高的世界。这是一方面。另一方面，古代世界也确是人们寻求一切完善形象、形态和圆满境界的所在。那是在狭隘观点内的一种满足，而现代则教人永不知足，否则要是谁在这个世界上什么都觉得称心如意，那必定是个庸夫俗子了。"[①]

由此看来，古代文学能给我们的是结构和形式的完美感、整体感，以及马克思称之为社会发展的"童稚"阶段人的力量所能达到的充分发展的感觉。马克思感到在现代社会中，由于技术和经济领域中的发展，人的更大的活动能量已经得到解放；但是它们却主要表现在一些不熟悉的形式上，对于通过自己的活动使世界和他们自己变成现在这个样子的人们说来，这些形式是很陌生

---

① 马克思：《政治经济学批判大纲》（草稿，第3册），人民出版社，1963年版，第104—105页。

的。因此，古代世界能够给人一幅完整和充分发展的图案；对于那些渴求在自己生活中找到这种完整和充分发展的人，对于那些努力创造一个未来的境界、使这种完整能够在更高的水平上体现出来的人，这一图景当然是很有魅力的。

《大纲》引证的这一对比再一次显示了马克思的美学观是同歌德时期、同魏玛的古典主义以及德国浪漫主义诗人的美学观点是一脉相承的。马克思把古代文学所特有的那种完美、紧凑的形式同现代社会对更高的完整令人失望的追逐加以对比，使我们想到席勒把诗歌分为"素朴的"与"感伤的"两类，也使我们想到施莱格尔认为古典诗歌是"实有的"，而现代文学则彷徨于"回忆"与"预感"之间，两者形成一种对照。但是马克思尽管把古代与现代进行对比，对于那些只赞颂"更充实"的过去而菲薄"较为空虚的"现代的人，却极为蔑视。

"在初期的发展阶段上，单个的个人似乎美些，那正是因为个人尚未造就内容丰富的个人关系，而且因为那种个人关系尚未成为脱离个人而独立的社会力量并与个人自身对立的社会关系。留恋那种原始的圆满，固然可笑；相信必须停留在这样彻底空虚中，也同样可笑。资产阶级的观点绝不可能超越反对浪漫主义观点的那个对立面，所以浪漫主义观点将作为合理合法的对立面一直陪伴资产阶级升入天堂。"[①]

马克思既不同意那种认为进步是一帆风顺、整齐划一，普

---

① 马克思：《政治经济学批判大纲》（草稿，第1册），人民出版社，1975年版，第100页。

及于各个方面的幼稚的看法，也反对颂古非今的观点。他的《大纲》中预见到这样一个未来，这种未来能把生产借助于现代生产方式而达到的丰满充实与历史早期的简单纯朴的世界和谐融睦结合为一。

马克思问道，人不是"一直努力想在更高的水平上重新创造自己的真实存在么？"艺术并不是随着资本主义的出现就停止前进了。在《大纲》一书中预见的未来社会中，将出现一种能体现新的真实的新艺术。在这个社会里，人剥削人（特别是一个阶级剥削另一个阶级）的现象不复存在了，机器也将把繁重的劳动减低到最低程度。马克思宣称，这种减低劳动数量的必然结果将是："由于社会所有成员都有可资利用的闲暇与手段，所以都能在艺术、科学等等方面深造。"马克思接着说，劳动时间的节省，并不意味着享乐的减少，而意味着力量、生产力，因而也意味着享受乐趣的能力与手段的增长。

读了上面的这一段话，我们该已经注意到，马克思这时又回到了本章早一些时候已经探讨过的《导言》中一个突出的论题：艺术品不只被动地供人享受，而且也在发展（在某种意义上也是创造）人们用以鉴赏艺术的能力。

"钢琴演奏家生产了音乐，满足了我们的听觉的感受，在某种意义上说不也是在发展着我们的这种感受能力吗？

"钢琴演奏家刺激了生产，一方面是由于能使我们成为更加精神旺盛、生气勃勃的人，一方面也是由于（人们一般总是这样认为）唤醒了一种欲望，为了满足这种欲望，需要在物质生产上投入更大的努力。"①

这样,物质生产一方面能提高生活的质,另一方面又能增加供消费用的物品的量。与此同时,艺术家也可以让他的同胞知道,该如何创造性地利用他们的空闲时间,这在未来的生产自动化的社会里是很需要学习的课程。马克思论证说,即使在很不能令人满意的 19 世纪,只把工作看为一种苦工,这种看法也是褊狭的。工作如果是由学生难忍的经济力量、由不公正地窃取了工人创造的剩余价值的资本拥有者强加在不情愿的劳动者身上,那它确是一种负担。但是自由选择的工作却是人们改变世界同时也是培养、创造自身的一个途径,是最可靠的自我体现的手段。在这一点上马克思同傅立叶的看法不一样,后者认为自由选择的工作是轻松愉快的享受,而马克思则愤慨地宣称,想像中的那种非异化的劳动"丝毫也不意味着只是一种游戏,只是像傅立叶从女店员的眼睛里天真地见到的那种欢乐。真正自由的工作,即以作曲为例,既是非常严肃的,也需要极为密切的努力"。因此艺术家是可以给社会学家、经济学家,给全人类讲清楚一个重要的道理的。

《大纲》关于艺术的一些论述同现代社会的劳动有着极为密切的关系。第三本笔记里有一段关键性的文章对这个问题说得极为明确:

---

① 希·萨·柏拉威尔:《马克思和世界文学》,梅绍武等译,生活·读书·新知三联书店,1980 年版,第 393 页。

"这种经济关系,即资本家与劳动者作为生产关系上两极所具有的特征,随着劳动越来越失去它的一切的艺术性质,它就发展得越纯粹,越完善;劳动的特殊技巧日益成为一种抽象的、无足轻重的东西,劳动日益成为纯粹抽象的活动,纯粹机械的、因而是漠不关心的、对它的特殊形态满不在乎的活动;仅仅是一种形式上的活动,或者也不妨说是一种物质的活动,活动一般形式如何是无所谓的。"①

马克思认为现代雇佣劳动的特征就是艺术属性的丧失,并认为艺术性的创造是其他一切劳动都热烈向往的一种劳动;只有在这种劳动中个人才能体现和发展他的一切潜力。

在撰写《大纲》时,马克思有时无法从别的来源找到经济学上的一些史实和有关的意见,便求助于一些大诗人的作品。这种方法马克思在过去写别的文章时倒也偶然用过。我们在这里看到,他从荷马、赫西俄德、卢克莱修等人的作品里寻找到古代社会中的有关商业和经济的信仰、活动、条件的种种实例。但在更多的情况下马克思引证文学著作是为了证实自己首先形成的独立见解。至少在读到货币的性质和威力时,马克思的某些论点便从品得、阿里斯托芬、《启示录》的作者以及莎士比亚的《雅典的泰门》中得到佐证。像马克思的所有文章一样,《大纲》一书的语言也充满了一些大作家的语汇——从歌德在《艾格蒙特》中用

---

① 马克思:《政治经济学批判大纲》(草稿,第2册),人民出版社,1962年版,第70—71页。

过的"生存舒适习惯"直到从卡莱尔那里搬用来的"现金交易关系"。马克思还利用了过去伟大作家创造的一些人物形象，一方面为的是生动地阐明自己的论点，另一方面也借此暗示自己对争论的问题所持的态度。

总之，《大纲》所揭示的经济基础与上层建筑之间、艺术与现实之间的关系，为我们的美学研究开辟了一条前所未有的畅达的道路，它提供了解决文化艺术现象的奥妙的钥匙。

第三节　掌握世界的方法

马克思在《政治经济学批判〈导言〉》中写道："整体，当它在头脑中作为被思维的整体而出现时，是思维着的头脑的产物，这个头脑用它所专有的方式掌握世界，而这种方式是不同于对世界的艺术的、宗教的、实践精神的掌握的。"这个思维着的头脑用它所专有的方式掌握世界，是指政治经济学掌握世界的方式，它不同于从艺术上、宗教上、实践—精神上对世界的掌握的方式。从德文原文看，"艺术的""宗教的""实践精神的"是三个并列成分，作为形容词共同修饰名词"掌握"的。而政治经济学掌握世界的方式，同哲学、理论及其他社会科学对世界的掌握是一样的。因此这里谈的是人类掌握世界的四种方式，即哲学的、艺术的、宗教的、实践—精神的掌握的方式。

马克思、恩格斯在《德意志意识形态》一书中具体地论述了实践精神与理论思维的联系和区别："分工只是从物质劳动和精神劳动分离的时候起才真正成为分工。从这时候起意识才能现实地想像：它是和现存实践的意识不同的某种东西，它不用想像某种现实的东西就能现实地想像某种东西。从这时候起，意识才能摆脱世界而去构造'纯粹的'理论、神学、哲学、道德等等。"[1] 这里的意识是指精神方面，"实践的意识"就是实践精神，即日常的实际的精神活动。这种实践精神不仅存在原始人的思维中，而且也存在于现代人的头脑里。

人，只有实践，在实践中掌握世界，才能在这个世界上生活。人的生活，在本质上是实践的，是人对物，人对人之间的实践关系。人的实践，是有目的、有意识的物质活动，是精神活动和物质活动的统一。因此，人对世界的实践掌握，不仅仅只是精神掌握，而且还是物质掌握，是两者的统一。

人为了在实践上改造世界，就必须在关注中反映世界，人在整个劳动过程中，都不时需要把活动和这个形象联系起来，继续进行形象思维。石匠要做个石凳，木工要制把木椅，都需要再三琢磨手中的材料（木或石），思考该做成什么样子，要砍掉或锯去哪些东西，不时和脑海中的那个意象对照，连接。

人掌握世界的实践—精神（实务精神）方式也需要逻辑思维。要制造一件物品（桌子和房子），劳动者头脑中必须有这类物品的概念，意象就是同这类物品的概念相联系着的。在制作过程中，劳动者不仅对所用的材料（木、石、金属等）的性能而

---

[1] 《马克思恩格斯选集》，第2版第1卷，第82页。

且对工具（刀、锯、机器）的原理都要有所理解。这种理解和概念，可能是别人告诉的，是由间接经验而来；但是，这种间接经验一定要和这个劳动者的直接经验相结合，才能成为这个人的理解和概念。无论来自直接经验还是来自间接经验，都必须对直观和表象进行加工，予以分析、综合、抽象、概括。任何概念都是逻辑思维的产物，在实践活动进行的意识活动所依据的概念，便是逻辑思维的结果。越是复杂的活动，不仅是形象思维，而且还有逻辑思维，都需要在更高的程度上进行。灵巧的手工艺师精雕细琢出精美的楠木家具，比起拙劣的工匠制作简单粗糙的家具，当然就要更复杂和更高的逻辑思维和形象思维。

科学（哲学）对世界掌握的方式是"从抽象上升到具体的方法"，这种方法"只是思维用来掌握具体并把它当作一个精神上的具体再现出来的方式"。它是马克思在批评英国古典政治经济学家威廉·配第、亚当·斯密、李嘉图不懂得科学的抽象法时提出来的，具体指的是马克思的政治经济学掌握世界的方式，哲学及其他社会科学都运用这种方式。

从思维方式来说，"从抽象上升到具体的方法"，是政治经济学的说明、叙述的方法，即用理论说明现实中的具体，是作为精神上的具体再现出来。例如对人口的说明、叙述，它与英国古典政治经济学不同，不是从"一个浑沌的关于整体的表象"的人口开始，而是从表象中的具体达到越来越浅显的抽象，以至达到一些最简单的规定开始，即从人口回到人口，这个人口已经不是抽象的人口，而是具有"许多规定的综合"和"多样性的统一"的人口。

从思维过程的方法来说，科学的思维过程主要是抽象化的过程，从具体到抽象再到具体都是蒸发、升华、上升和抽象，用的都是抽象化的方法，也就是科学的抽象法。由此可见，科学（哲学）掌握世界的方式主要是抽象思维。

从思维过程的结果来说，从现实中的具体经过抽象的规定再去说明现实中的具体，而不是原来的实在具体；是思维的结果，而不是思维的起点。例如"商品"这一范畴，它来源于资本主义社会中大量常见的商品，但它不是现实中常见的茶杯、布匹等具体商品，而是经过加工制造的"思维具体"，即这个商品是经过一般化了的商品。它的最抽象最本质的东西是价值；然后从价值又上升到商品，这个商品具有使用价值和交换价值。

从抽象上升到具体是理论思维的方式，用理论去说明具体，是经过思维的抽象再回到具体，是思维的具体，但不是说理论思维是排斥形象思维的。马克思说："就是在理论方法上，主体，即社会，也一定要经常作为前提浮现在表象面前。"这就是说理论思维源于实在的具体，是伴随着形象的思维，只是它从表象的具体中抽出理论本质，然后便把非本质的表象的具体舍弃，这主要是一种抽象思维。

艺术是不同于哲学对世界的掌握的方式，哲学及其他社会科学反映现实的方式是抽象思维；艺术是人对现实的审美关系，它用艺术思维的方式掌握世界，主要是形象思维。

哲学对现实的说明、叙述是从一般到个别，艺术反映现实是通过个别反映一般。艺术在揭示生活本质时，是通过具体可感的、大家看得见的事物，并保持生活的直感性，使读者感到如见其人，如闻其声，如临其境，历历在目。例如雨果的《悲惨世界》基本主题是贫穷使男子潦倒，饥饿使妇女堕落，黑暗使儿童羸弱。这三个问题主要是通过冉阿让、芳汀、珂赛特这三个人物形象为中心的人生图画表现出来的。

哲学从个别到一般是抽象化，从一般到个别也是抽象化，是一种抽象化的方法，主要是一种抽象思维。艺术的思维过程是创作过程、典型化过程，主要是典型化过程的方法。虽然典型化过程要运用语言、逻辑，是伴随着抽象思维的，但主要是一种形象思维，艺术概括和典型化不同于科学概括和抽象化。科学概括是抽象化的，它是对直观和表象的分析、综合，但不舍弃个别，而是个别和一般、个性和共性的统一，产物是"艺术典型"。

哲学思维过程的结果是"思维具体"，它是抽象思维的结果，它对文艺创作具有认识论的指导意义，艺术中的"艺术典型"相当于科学中的"思维具体"；但艺术思维有其自身的规律和特点。虽然它来源于生活中的具体形象，但这是经过艺术概括和典型化了的具体形象。后一个具体是生活中的具体形象，它是艺术典型，即典型化了的具体形象，是形象思维的产物。例如阿Q这一典型人物，它来源于现实生活的许多活人，但典型化了的阿Q，不是现实中的某某、某某。

艺术典型是"在特殊中显现了一般"，而不是"为一般而找特殊"。[①]就是说艺术家在塑造典型时是从生活、形象出发，而不是从主观、概念出发，典型是个别和一般的统一，并通过个别反映一般，而不是从一般到个别（从抽象—具体），用形象图解概念。艺术典型是以形象反映生活的特殊形式，是通过典型化了的具体形象反映社会本质。

宗教对世界的掌握，就思维方式来说，它既用形象思维又用抽象思维。黑格尔认为宗教是想像（或表象）的意识，它利用艺术为它服务。例如《圣经》中除了圣经故事外，还有许多直接宣传宗教真谛的说教、规劝、箴言。例如《旧约》中摩西十诫、《福音书》中的许多律法，等等。

从认识路线来说，宗教对世界的掌握是一种对现实的幻想的歪曲的反映。恩格斯说："一切宗教都不过是支配着人们日常生活的外部力量在人们头脑中的幻想的反映。"[②]马克思在《导言》中对黑格尔的客观唯心主义的批判，也就是对宗教唯心主义的批判。马克思指出从抽象上升到具体的方法，只是思维用来说明具体并把它作为思维具体再现出来的方式，但是黑格尔陷入幻觉，他把实在理解为思维着的自我产生的概念的产物，这样他就必须从外界上帝那里借来一种推动力，其掌握世界的方式是"头足倒置"的。宗教对世界也是"头足倒置"的，它把人创造了宗教，说成宗教创造了人，是一种对现实的颠倒的不正确的反映。

---

① 朱光潜：《西方美学史》下卷，人民文学出版社，1964年版，第67页。
② 《马克思恩格斯选集》，第2版第3卷，第666—667页。

人类掌握世界的方式就如上述四种。我们可以将它理解为形象思维和抽象思维是人类掌握世界的两种最基本的思维方式。形象思维和抽象思维是对立的统一。上述四种思维方式都要运用这两种基本的思维方式，它们之间的区别只在于侧重哪种思维方式，或者同时运用这两种思维方式。实践精神对世界的掌握方式既用形象思维又用抽象思维，它是艺术思维和哲学思维的初步和基础，后两种思维是它的高度发展。作为人们反映现实的一种独立的思维方式，它是实践家对世界的实际精神的掌握方式。艺术思维主要是形象思维，但也不排斥抽象思维，而哲学思维主要是抽象思维，但也不排斥形象思维。宗教是对现实的幻想的反映。原始人有神的观念，宗教是原始人的神的观念的发展。原始人的神的观念与后来的宗教，都同时运用形象思维和抽象思维的方式，实践精神上也运用这两种思维方式，就这个意义上说，实践精神也是宗教思维的基础。"掌握世界的方式"作为一个问题在美学上是有深刻的理论意义的。它直接涉及思维结构与美学理论的关系，这个课题迄今为止还未被开掘。

第四节 "资本的灵魂"

资本主义社会对艺术和诗歌是敌对的

马克思在表述美学的一个中心论点时写道："……资本主义生产就同某些精神生产部门如艺术和诗歌相敌对。不考虑这些，就会坠入莱辛巧妙地嘲笑过的18世纪法国人的幻想。既然我们在力学等等方面已经远远超过了古代人，为什么我们不能也创作出自己的史诗来呢？于是出现《亨利亚特》来代替《伊利亚特》。"①

我们在前面已经讲过，18世纪末和19世纪初，已有许多先进的思想家，在马克思之前就多少清楚地感觉到了资本主义社会对艺术和诗歌是敌对的。关于在资本主义文明条件下艺术发展的矛盾性质的猜想，在维柯、席勒和黑格尔、巴尔扎克、赫尔岑和车尔尼雪夫斯基的著作中都可以找到。然而他们所作的猜想始终是天才的猜想，因为那时还没有研究出资本主义生产的经济发展规律，科学还不了解这些规律的真正本质。只有马克思的学说说明了资产阶级社会的经济发展规律，阐明了这些规律和其他社会经济形态的规律有所不同，从而为理解资产阶级社会对艺术和诗歌所特有的一种关系提供了必要的科学根据。

马克思认为：资本主义对艺术和诗歌的敌对性，不是"宇宙精神"的意志或其他不受人支配的神秘力量的必然表现。同时，资本主义对艺术的敌对性，并不是偶然性的现象，资本主义生产对艺术和诗歌的敌对性，是同资本主义生产方式的本质分不开的，只要资产阶级社会本身存在，这种本质在这种社会里就会存在下去。不推翻资本主义并由社会主义取而代之，资本主义对艺术的敌对性就不可能消除。

马克思在他的经济学著作中，从《1844年经济学哲学手稿》

---

① 《马克思恩格斯全集》，第1版第26卷（Ⅰ），第296页。

起，直到《资本论》和《剩余价值理论》，全面地研究了资本主义生产与艺术和诗歌相敌对的根源。马克思在研究这个极重要问题的过程中所得出的基本结论。可以简要表述如下：

在古代世界，人表现为"生产的目的"。在资本主义社会里却颠倒过来，"生产表现为人的目的，而财富则表现为生产的目的"①。因此，"在资产阶级社会里，将军或银行家扮演着重要的角色，而人本身则扮演极卑微的角色"②。使社会的人为资本主义财富的积累过程作出牺牲，这不但必然要使劳动者陷于饥饿和贫困，使他们在物质上和精神上受到奴役，而且还会导致资本主义私有主本身的"精神空虚"，他们的"一切肉体的和精神的感觉"为一种卑鄙的"占有感觉"所代替。③

资本主义生产"对人，对活劳动的浪费，却大大超过任何别的生产方式，它不仅浪费血和肉，而且也浪费神经和大脑。在这个直接处于人类社会实行自觉改造以前的历史时期，实际上只是用最大限度地浪费个人发展的办法，来保证和实现人类本身的发展"④。社会的人是文学艺术活的灵魂，可是资本主义社会却在摧残、毁坏和糟蹋他们。"随着人类愈益控制自然，个人却似乎愈益成为别人的奴隶或自身的卑劣行为的奴隶。"⑤马克思写道：在

---

① 《马克思恩格斯全集》，第1版第46卷上册，第486页。
② 《马克思恩格斯全集》，第1版第23卷，第57页。
③ 《马克思恩格斯全集》，第1版第42卷，第124页。
④ 《马克思恩格斯全集》，第1版第25卷，第105页。
⑤ 《马克思恩格斯全集》，第1版第12卷，第4页。

第四章 走向巴黎公社（1864—1871）

资本主义的英国，"明显的阶级差别、过分细致的分工以及报界的婆罗门制造的所谓'舆论'，已经把人们的性格弄成了千篇一律，连莎士比亚恐怕都认不出自己的同胞。有差别的已不是单个人，而是他们的'职业'和阶级。如果不看职业而只看日常生活，那么一位'体面的'英国人同另一位就十分相像，连莱布尼茨也未必能找出他们之间的差别，或者 differentia specifica（特种差别）"[①]。

正如马克思所阐明的，在资本主义社会中，物质生产和精神生产、工业和艺术的不可避免的不平衡发展，巨大的文化潜力和实际上的精神贫困之间的矛盾，是整个资本主义生产方式根本矛盾的反映，即生产社会性和私人占有形式之间的矛盾的反映。马克思和恩格斯还在《共产党宣言》中写道：只有资产阶级"第一个证明了，人的活动能够取得什么样的成就。它创造了完全不同于埃及金字塔、罗马水道和哥特式教堂的奇迹；它完成了完全不同于民族大迁徙和十字军征讨的远征。"[②]资本主义生产方式在人类历史上第一次创造了大规模组织起来的社会性生产，使生产工具和方法的不断发展和变化成了社会存在的必要条件。但是，另一方面，资本主义生产方式在为社会劳动生产力、科学和技术的空前发展创造了前提之后，却使矛盾达到了最高的限度，使整个社会生产服从于利润的积累、资本的形成和增殖，这是整个社会

[①]《马克思恩格斯全集》，第1版第15卷，第490页。
[②]《马克思恩格斯选集》，第2版第1卷，第275页。

生产的唯一目的和唯一预期的成果。在资本主义社会中，积累成了整个社会生产的动机，其他一切目的较之这一动机只有次要的和非生产性的意义。因此，工业的发展、剥削的增长、资产阶级财富的积累和劳动群众贫困的加剧、物质生产的高涨和文化的衰落、资本主义制度下的文明和野蛮，凡此种种彼此都是不可避免地和密切地相互联系着的。人们常常责问说：既然我们不仅看到资本主义时代，在19世纪和20世纪产生了许多伟大的作家、画家、作曲家，而且还看到新的艺术体裁的繁荣，出现了整个新的艺术领域和种类，这是过去各个时代所没有的，并且从整个人类文化进步的观点来看，这无疑是一大进步，难道能够说是资本主义同艺术相敌对吗？难道在19世纪和20世纪，在资本主义社会的生活条件下，斯丹达尔和巴尔扎克、狄更斯和萨克雷、德拉库尔和库尔贝、贝多芬和肖邦、马克·吐温和罗曼·罗兰，他们没有创作过杰出的作品？难道在19世纪和20世纪，现实主义小说、平民诗歌、交响乐或歌剧没有经历过空前的高度繁荣时代？难道所有这些事实同马克思关于资本主义同艺术相敌对的学说不是大相径庭吗？

其实，马克思和恩格斯清楚地知道，艺术和文学的长足发展在资本主义时代并没有终止，而且还继续发展。他们不仅高度地评价过荷马的史诗或莎士比亚的悲剧，而且高度地评价过19世纪的现实主义小说。他们不但研究过塞万提斯，而且研究过巴尔扎克。恩格斯还赞赏拜伦和雪莱、俄国小说家，对莫泊桑、易卜生的作品也饶有兴味。

第四章 走向巴黎公社（1864—1871）

马克思主义关于资本主义同艺术相敌对的论点，决不等于认为：在资本主义制度下，艺术的发展就停顿下来或者终止了。这是指的另外一种意思，就是说，在分析资本主义时代的文学艺术发展时，必须估计到这一发展的深刻矛盾性，估计到阶级社会的全部历史固有的那种物质进步和精神进步的普遍的不平衡性大大地加剧了。

马克思写道：在以资本为基础的生产制度下，除了"社会生产和交换的范围以外"，"再没有什么东西表现为自在的更高的东西，表现为自为的合理的东西。"同时，资本又有传播"伟大的文明作用"。资本主义生产是"这样一个社会阶段，与这个社会阶段相比，以前的一切社会阶段都只表现为人类的地方性发展和对自然界的崇拜。只有在资本主义制度下自然界才不过是人的对象，不过是有用的东西；它不再被认为是孤立自在的力量；而对自然界的独立规律的理论认为本身不过表现为一种机智。其目的是使自然界服从于人的需要，不管是作为消费品，还是作为生产资料。"[①]资本克服"民族界限和民族偏见"，克服"把自然界神化的现象"，"在一定限度内"克服那种"流传下来的"、"闭关自守地满足于现有需要和重复旧生活方式的状况"。"资本破坏这一切并使（旧社会）不断革命化，摧毁一切阻碍发展生产力、扩大需要、使生产多样化、利用和交换自然力量和精神力量的限制。"[②]

[①] 《马克思恩格斯全集》，第1版第29卷，第203页。
[②] 《马克思恩格斯全集》，第1版第46卷上册，第393页。

总之，资本主义生产使自然界和人变成了残酷剥削的对象。在资本主义生产和交换的条件下，根据能不能扩大资本主义生产和赚取利润的观点，来评价自然界和人的种种属性。这尽管具有极大的狭隘性，但仍然具有"伟大的文明作用"。这种观点打破了中世纪农民和手工业者心目中的那种缠绕在自然界上的宗教的神秘光环，促进了对自然界及其属性和规律的理论认识的发展，促进了对人和社会生活规律的认识。资本主义生产不仅在人类历史上第一次造成多种多样的个人才能和需要，造成"自然力量和精神力量"的普遍交换，而且还形成人们对自然界和自身的清醒的、现实的关系，结束了以往对"自然界的神化"，叫人学会如何认识外部世界，认识外部世界的实际的、物质的属性，并使它服从人的需要。

因此，资本主义社会的"冷静的眼光"，它的只骛实利的性质，在马克思和恩格斯看来，也有进步的一面。这不仅对于人类文化发展普遍进步，而且对于艺术的发展，都具有重要的意义。马克思和恩格斯在《共产党宣言》中写道：在资产阶级时代，"一切等级的和固定的东西都烟消云散了，一切神圣的东西都被亵渎了。人们终于不得不用冷静的眼光来看他们的生活地位、他们的相互关系"[①]。

资产阶级社会关系的进步性不仅表现在：资产阶级社会打破了以前各个时代原有的一切宗法制的幻想和对"自然界的神化"

---

① 《马克思恩格斯选集》，第2版第1卷，第275页。

第四章 走向巴黎公社（1864—1871）

为基础的审美理想；资产阶级社会使作家和艺术家要"用冷静的眼光来看"他们周围的自然界和社会关系，因此使现实主义艺术和文学的新的历史形式能够发展起来。这些新的历史形式，按其倾向来说，是清醒的、批判的，是以对社会生活事实的深刻的、按其精确性来说几乎是"科学的"、真实的描写和分析为基础的。资产阶级社会还形成了人对现实的新型关系，扩大了对象世界的丰富性，产生了新的对象和新的人类需要，从而也丰富了外部现实和人的个性、个人内心的精神世界。

马克思认为，在早期发展阶段，个人比在资本主义时代"比较全面"。但是，古代市民，中世纪的骑士、农民或手工业者的个性的相对全面性，都是以那些时代所存在的社会关系体系的贫乏和纯朴为其条件的，因而是以个性本身的比较单纯为其条件的。个人在资本主义以前的时代所以"比较全面，那正是因为他还没有造成自己丰富的关系，并且还没有使这种关系作为独立于他自身之外的社会关系同他自己相对立"。只是资本主义生产和建立在交换价值基础上的生产，随着"个人同自己和同别人的普遍异化"，既破坏了"较早期"原有的那类人的个性，同时又第一次造成人对世界的关系的"普遍性和全面性"。这种普遍性和全面性是将来在社会主义条件下新的、更完善的个性的必要前提。这种个性不仅是完整的，而且也是丰富的和多才多艺的。

总之，说资本主义生产同艺术和诗歌是敌对的，并不等于说，资本主义社会不是整个人类历史以及文学艺术史的必要的和进步的阶段。但是，正如否认资本主义在各个方面，其中包括在艺术或文学的发展方面具有历史进步性和"文明作用"是极荒谬的一样，否认或抹杀资本主义同艺术和诗歌的相对性，也是不对的。

资本主义创造了古代世界或中世纪所没有的财富和多种多样的物品、消费以及人的活动形式，同时它也剥夺了人类大多数享受这些财富的机会，注定广大劳动群众去从事使人愚钝的、单调的劳动。资本主义促进了个性的发展，但同时它又在残酷地摧残和损害个性。资本主义导致了宗法制幻想的破灭，创造了人们用清醒的现实语言态度来对待自然界和自己本身的前提条件，同时它又使人们的劳动和意识服从资本的支配，不仅使统治阶级而且也使大多数资产阶级科学艺术界的知识分子不能真正地、客观地、现实地认识阶级关系和整个社会生活规律的机制。资产阶级制度制造了新的幻想和虚假的意识形式。这种幻想和意识形式是与商品拜物教，与资本主义分工和世界市场的支配联系在一起的。因此，资本主义在文学艺术方面的"文明作用"，也和在其他各个方面一样，具有双重性。资本主义为有计划地组织社会规模的生产创造了前提，同时它也造成了私人占有的性质。因此，为发展社会组织的生产，就必须消灭资本主义和资本主义私有制。资本主义既为艺术和文学空前未有的新发展创造了社会经济前提，它对这种发展又是敌对的。所以，资本主义是艺术和诗歌的自由繁荣的最大障碍。

资本主义社会的艺术家

马克思和恩格斯的另一个重大的理论贡献，就是正确地、科学地分析了资本主义生产与艺术生产者之间的关系。他们从两层意义上确证了资本主义生产条件下的艺术家的本质。

首先,他们从劳动与生产关系出发分析了资本主义社会中艺术家的活动本质。马克思说:"从资本主义生产的意义上说,生产劳动是这样一种雇佣劳动,它同资本的可变部分(花在工资上的那部分资本)相交换,不仅把这部分资本(也就是自己劳动能力的价值)再生产出来,而且,除此之外,还为资本家生产剩余价值。仅仅由于这一点,商品或货币才转化为资本,才作为资本生产出来。只有生产资本的雇佣劳动才是生产劳动。(这就是说,雇佣劳动把花在它身上的价值额以增大了的数额再生产出来,换句话说,它归还的劳动大于它以工资形式取得的劳动。因而,只有创造的价值大于本身价值的劳动能力才是生产的。)"①

所以,马克思认为,只有生产资本的劳动才是生产劳动。而什么是非生产劳动呢?那就是不同资本交换,而直接同收入即工资或利润交换的劳动。所以,凡是在劳动一部分还是自己支付自己(例如徭役农民的农业劳动),一部分直接同收入交换(例如城市中的制造业劳动)的地方,不存在资产阶级政治经济学意义上的资本和雇佣劳动。因此,这些定义不是从劳动的物质规定性(不是从劳动产品的性质,不是从劳动作为具体劳动所固有的我)得出来的,而是从一定的社会形式,从这个劳动借以实现的社会生产关系得出来的。例如一个演员,哪怕是丑角,只要他被资本

---

① 《马克思恩格斯全集》,第1版第26卷(Ⅰ),第142页。

家（剧院老板）雇佣，他偿还给资本家的劳动，多于他以工资形式从资本家那里取得的劳动，那么，他就是生产劳动者；而一个缝补工，他来到资本家家里，给资本家缝补裤子，只为资本家创造使用价值，他就是非生产劳动者。前者的劳动同资本交换，后者的劳动同收入交换。前一种劳动创造剩余价值；后一种劳动消费收入。

这里，生产劳动和非生产劳动始终是从货币所有者、资本家的角度来区分的，不是从劳动者的角度来区分的。

作家所以是生产劳动者，并不是因为他生产出观念，而是因为他使出版他的著作的书商发财，也就是说，只有在他作为某一资本家的雇佣劳动者的时候，他才是生产的。[①]

所以，生产劳动只是生产资本的劳动。马克思举例说，钢琴制造者要算是生产劳动者，而钢琴演奏者倒不算，虽然离开钢琴演奏者，钢琴也就成了毫无意义的东西，这不是岂有此理吗？但事实的确如此。钢琴制造者再生产了资本；钢琴演奏者只是用自己的劳动同收入相交换。但钢琴演奏者生产了音乐，满足了我们的音乐感，不是也在某种意义上生产了音乐感吗？事实上他是这样做了：他的劳动是生产了某种东西；但他的劳动并不因此就是经济意义上的生产劳动；就像生产了幻觉的疯子的劳动不是生产劳动一样。劳动只有在它生产了它自己的对立面时才是生产劳动。因此，其他经济学家就把所谓非生产劳动者说成是间接生产

---

① 《马克思恩格斯全集》，第1版第26卷（Ⅰ），第149页。

劳动者。例如，钢琴演奏者刺激生产；部分地是由于他使我们的个性更加精力充沛，更加生气勃勃，或者在通常的意义上说，他唤起了新的需要，而为满足这种需要，就要用更大的努力来从事直接的物质生产。这种分析已经承认：只有生产资本的劳动才是劳动；因此，没有做到这一点的劳动，无论怎样有用——它也可能有害——对于资本家来说，不是生产劳动，因而是非生产劳动。

但是，任何时候市场上现有的商品的（总）价值，由于有"非生产劳动"而比没有这种劳动时要大，任何时候市场上除了小麦、肉类等等之外，还有妓女、律师、布道、歌舞场、剧院、士兵、政治家等等。这帮人得到谷物和其他资料或享乐并不是无代价的。为了得到这些东西，他们把自己的服务提供给或强加给别人，这些服务本身有使用价值，由于它们的生产费用，也有交换价值。任何时候，在消费品中，除了以商品形式存在的消费品以外，还包括一定量的以服务形式存在的消费品。因此，消费品的总额，任何时候都比没有可消费的服务存在时要大。其次，价值也大了，因为它等于维持这些服务的商品的价值和这些服务本身的价值。

某些服务，作为某些活动或劳动的结果的使用价值，体现为商品，相反，其他一些服务却不留下任何可以捉摸的、同提供这些服务的人分开存在的结果，或者说，其他一些服务的结果不是可以出卖的商品。例如，一个歌唱家为我提供的服务，满足了我的审美的需要；但是，我所享受的，只是同歌唱家本身分不开的活动，他的劳动即歌唱一停止，我的享受也就结束；我所享受的是活动本身，是它引起的我的听觉的反映。这些服务本身同我买的商品一样，可以是确实必要的，或者仅仅看来是必要的，例如士兵、医生和律师的服务——或者它们可以是给我提供享受的服务。但是，这丝毫不改变它们的经济性质。如果我身体健康，用不着医生，或者我有幸不必去打官司，那我就会像避开瘟疫一样，避免把货币花在医生或律师的服务上。

剧院、歌舞场、妓院等等的老板，购买对演员、音乐家、妓女等等的劳动能力的暂时支配权（事实上通过了曲折的途径，这个途径只有从经济形式的观点来看才有意义，它不影响过程的结果）；他们购买这种所谓"非生产劳动"，它的"服务一经提供随即消失"，不固定或不物化在一个"耐久的（换句话说，'特殊的'）对象或可以出卖的商品中"，在这些服务本身以外，把这些服务出卖给公众。

不错，对老板本身来说，这些服务是由公众的收入支付的。同样不错的是，一切产品，只要它们用于个人消费，情况也完全是这样。国家固然不能出口这些服务本身，但它能出口提供这些服务的人。例如，法国出口舞蹈演员、厨师等等，德国出口学校教师。当然，随着舞蹈教员和学校教师的出口，也出口了他们的收入，可是舞鞋和书本的出口，却给国家提供了一笔补偿它们的价值。

因此，从一方面说，所谓非生产劳动有一部分体现在物质的使用价值中，这些使用价值同样可能成为商品（"可以出卖的

第四章 走向巴黎公社（1864—1871）

商品"），从另一方面说，一部分纯粹的服务（它不采取实物的形式，不作为物而离开服务者独立存在，不作为价值组成部分加入某一商品），能够（由直接购买劳动的人）用资本来购买，能够补偿自己的工资并提供利润。总之，这些服务的生产有一部分从属于资本，就像体现在有用物品中的劳动有一部分直接用收入来购买，不从属于资本主义生产一样。

在非物质生产中，甚至当这种生产纯粹为交换而进行，因而纯粹生产商品的时候，也可能有两种情况：

1. 生产的结果是商品，是使用价值，它们具有离开生产者和消费者而独立的形式，因而能在生产和消费之间的一段时间内存在，并能在这段时间内作为可以出卖的商品而流通，如书、画以及一切脱离艺术家的艺术活动而单独存在的艺术作品。在这里，资本主义生产只是在很有限的规模上被应用。例如，一个作家在编一部集体著作百科全书时，把其他许多作家当作助手来剥削。这里的大多数情况，都还只局限于向资本主义生产过渡的形式，就是说，从事各种科学或艺术的生产的人，工匠或行家，为书商的总的商业资本而劳动，这种关系同真正的资本主义生产方式无关，甚至在形式上也还没有从属于它。在这些过渡形式中，恰恰对劳动的剥削最厉害，但这一点并不改变事情的本质。

2. 产品同生产行为不能分离，如一切表演艺术家、演说家、演员、教员、医生、牧师等等的情况。在这里，资本主义生产方式也只是在很小的范围内能够应用，并且就事物的本性来说，只能在某些领域中应用。例如，在学校中，教师对于学校老板，可以是纯粹的雇佣劳动者,这种教育工厂在英国多得很。这些教师对学生来说虽然不是生产工人,但是对雇佣他们的老板来说却是生产工人。老板用他的资本来交换教师的劳动能力,通过这个过程使自己发财。戏院、娱乐场所等等的老板也是用这种办法发财致富。在这里,演员对观众来说,是艺术家,但是对自己的企业主说来,是生产工人。资本主义生产在这个领域中的所有这些表现,同整个生产比起来是微不足道的。①

在资本主义生产过程中,艺术家是整个资本机器运转中的一个无可奈何的构件,不管他如何要表现自己独立的个性和理想。然而,事实是,资本主义社会的一切职能都是为资本家服务的。马克思在《资本论》第四卷即《剩余价值理论》一书中,反驳资产阶级的辩护士施托尔希时说:"施托尔希认为,医生生产健康(但他也生产疾病),教授和作家生产文化(但他们也生产愚昧),诗人、画家等等生产趣味(但他们也生产乏味),道德家等等生产道德,传教士生产宗教,君主的劳动生产安全,等等。"但是同样完全可以说,疾病生产医生,愚昧生产教授和作家,乏味生产诗人和画家,不道德生产道德家,迷信生产传教士,普遍的不安全生产君主。这种说法事实上是说,所有这些活动,这些"服务",都生产现实的或想像的使用价值;……上述这些人都是……所谓的生产劳动者,……他们直接生产的不是特殊种类的产品,而是物质劳动的产品,所以他们直接生产财富。……其实这种荒

---

① 参见《马克思恩格斯全集》,第1版第26卷(Ⅰ),第442—443页。

谬说法完全可以由下面各点来说明：

1. 在资产阶级社会中，各种职能是互为前提的；

2. 物质生产领域中的对立，使得由各个意识形态阶层构成的上层建筑成为必要，这些阶层的活动不管是好是坏，因为是必要的，所以总是好的；

3. 一切职能都是为资本家服务，为资本家谋"福利"；

4. 连最高的精神生产，也只是由于被描绘为、被错误地解释为物质财富的直接生产者，才得到承认，在资产者眼中才成为可以原谅的。①

马克思进一步认为，有一大批所谓"高级"劳动者，如国家官吏、军人、艺术家、医生、牧师、法官、律师等等，他们的劳动有一部分不仅仅是生产的，而且实质上是破坏性的，但他们依靠出卖自己的"非物质"商品，把这些商品强加于人，而占有很大部分"物质"财富。对于这一批人来说，在经济学上被列入丑角、家仆一类，被说成靠真正的生产者（更确切地说，靠生产当事人）养活的食客、寄生虫，决不是一件愉快的事。这对于那些向来显出灵光、备受膜拜的职务，恰恰是一种非同寻常的亵渎。

马克思对资本主义社会艺术家所处的实际地位的分析，深刻地揭示了资本主义生产与艺术生产之间的有机联系。马克思揭示了在雇佣劳动制下的艺术生产与资本的必然关系，指出受雇于这个资本家社会的艺术家不得不面对资本的雇佣这一残酷的现实。

---

① 参见《马克思恩格斯全集》，第1版第26卷（Ⅰ），第298页。

所以，从这个层次上讲，艺术生产在资本主义社会中是"异化"的生产，资本主义本质上是与艺术生产相敌对的。

当然，这样分析的时候，也并不排斥在资本主义社会中，艺术家对这个既定的社会秩序的反抗和批判。按照马克思的观点，在这样一个雇佣资本的社会中，按照对待资本主义剥削的态度，艺术家可以截然分成立场不同的两个阵营。有一些资产阶级社会秩序的辩护者，他们将资本主义的发展归结为由于"资本家"的节俭，攻击工人的"懒惰、放荡和对自由的奢望"。同时，正如马克思和恩格斯在自己的作品中一再引用的那样，对推动历史进步的革命文艺家、作家，却饱含着激情对其讴歌和肯定。所以，从他们的分析可以引出这样的结论：任何一个诚实的和进步的艺术家的创作，在对抗阶级的社会里，特别是在资本主义社会里，不同统治阶级的那些阻碍社会发展思想和偏见进行相当尖锐的斗争，就不能得到发展。艺术家同人民群众的联系，同当代进步社会运动的联系，可以使艺术家摆脱这些思想的偏见，使他对社会历史发展的基本趋向得到更广泛的和更进步的了解。艺术家在阶级社会里能不能克服统治阶级的思想和偏见，能不能真实地、深刻地认识社会的发展和它的动力、矛盾和趋向，这要看艺术家的这种联系广泛、巩固和自觉到什么程度。

然而，艺术家和任何其他的思想家一样，要正确地了解社会生活和它的动力，是有一定困难的，因为他们的头脑受到各种"虚假的意识"的影响。阶级和等级的偏见、艺术家周围的环境、世代相传的保守的传统、专业化的加深和分工的过细，所有这些作为阶级社会文化固有的特性，对艺术家的思想意识都会发生一定的影响，使他们看不清艺术和社会实践的实际联系。艺术家能不能在或大或小的程度上抵制阶级社会和具体的生活条件所必然产生的那些偏见和虚假意识的影响，这要看艺术家的思维同社会实践的多方面的联系巩固到什么程度了。因为，艺术家的思维同社会实践的联系，在阶级社会中并不总是平衡发展的。精神劳动同物质劳动的分离、脑力劳动分工的影响、专业化的加强，这都必然会使资产阶级世界中那些甚至是极其卓越的科学家和艺术家对于社会生活的理解也往往远不是一致的。

尽管如此，马克思和恩格斯仍是辩证地看待艺术家的创作所包括的客观内涵。他们多次指出，那个时代许多著名的资产阶级文化活动家的创作中，往往反映出阶级社会中两种对立的历史观念和倾向的斗争，指出了黑格尔的辩证法与保守体系之间的矛盾，指出了当代大自然科学家的自发唯物主义和他们的不可知论哲学之间的矛盾，指出了达尔文思想的内在矛盾，指出了歌德作为革命的大文学家和德国小市民之间的矛盾等等，并有说服力地论证了作家艺术家的主观思想与客观的社会效果之间往往既统一又矛盾。

以上所有这些论述都深刻地揭示了艺术家在资本主义社会的实际处境。《资本论》的深刻的经济分析令人信服地解决了作家艺术家在"非物质性生产中如何无法拒绝资本规律的笼罩而所处的真实的社会联系"，为马克思主义美学思想增加了一个实质性的内涵。

文学评论中的美学倾向

现在让我们来看看巴黎公社之前马克思和恩格斯在文艺评论中的某些美学观点。在以往的美学著作中,他们的这种散见在日常报刊上的美学言论并不被研究者重视。其实,往往正是它们最生动、最鲜明地展现了一些精彩的美学思想。综合散见的材料,他们在这一时期的零散的美学言论中主要体现了以下几个方面的美学观点:

第一,马克思和恩格斯以深厚的政治经济学知识作为立足点,极善于将文学艺术中反映出来的政治经济关系作准确的把握。马克思在《资本论》第一卷第二十四章"所谓原始积累"一文中,论及托马斯·摩尔的《乌托邦》时就认为,《乌托邦》反映了资产阶级政府惩治被剥夺者的血腥立法,并认为,在托马斯·摩尔的笔下,不是人在主宰物,而是物在主宰人,利润原则使得"羊把人吃掉了"。

普希金的《奥涅金》是人们熟知的俄罗斯名著,恩格斯在阅读它时,透过人与人之间的关系敏锐地注意到了隐藏在其中的经济关系:"你们那里,收成好并不意味着谷物价格必然下降,您对这种似乎矛盾的现象所作的说明,很有意思。如果我们对各国的和各文明阶段的实际经济关系加以研究,便可看出,18世纪那些唯理主义的概括,谬误和浅陋到何等惊人的地步,——比如说,那个善良的老亚当·斯密就把爱丁堡和洛蒂昂各郡的情况当作普天下的一般情况!可是,普希金已经知道了这一点:

……当它有天然物产的时候，

为什么不需要黄金。

父亲不能理解他，

还是拿土地做抵押。"①

这真是让我们深感折服的文学评论。这也正是马克思主义美学思想一贯的倾向性原则，也是社会—历史批评的原则所在。同样，马克思和恩格斯也是以这样犀利的眼光来阅读巴尔扎克的：

"在资本主义生产占统治地位的社会内，非资本主义的生产者也受资本主义观念的支配。以对现实关系具有深刻理解而著名的巴尔扎克，在他最后的一部小说《农民》里，恰当地描写了一个小农为了保持住一个高利贷者对自己的厚待，如何情愿白白替高利贷者干各种活，并且认为，他这样做，并没有向高利贷者献出什么东西，因为他自己的劳动不需要花费他自己的现金。这样一来，高利贷者却可以一箭双雕。他既节省了工资的现金支出，同时又使那个由于不在自有土地上劳动而日趋没落的农民，越来越深地陷入高利贷的蜘蛛网中。"②

当然，我们还可以了解到马克思和恩格斯对莎士比亚的著名的评论。莎士比亚在一剧中对资本主义世界的金钱拜物教进行了

---

① 《马克思恩格斯全集》，第1版第38卷，第195—196页。
② 《马克思恩格斯全集》，第1版第25卷，第47—48页。

深刻的揭露,正是这种揭露,使马克思从本质上领略到了这种文学作品的真正的力量:

"……自从有可能把商品当作交换价值来保持,或把交换价值当作商品来保持以来,求金欲就产生了。……

"……一切东西……都可以变成货币。一切东西都可以买卖。……正如商品的一切质的差别在货币上消灭了一样,货币作为激进的平均主义者把一切差别都消灭了。

(马克思自注)

"金子!黄黄的,发光的,宝贵的金子!

只这一点点儿,就可以使黑的变成白的,丑的变成美的,

错的变成对的,卑贱变成尊贵,老人变成少年,懦夫变成勇士。

吓!你们这些天神们啊,为什么要给我这东西呢?

嘿,这东西会把你们的祭司和仆人从你们的身旁拉走;

把健汉头颅底下的枕垫抽去;

这黄色的奴隶可以使异教联盟,同宗分裂;

它可以使受咒诅的人得福,使害着灰白色的癫病的人为众人所敬爱;

它可以使窃贼得到高爵显位,和元老们分庭抗礼;

它可以使鸡皮黄脸的寡妇重做新娘……

来,该死的土块,你这人尽可夫的娼妇……

——莎士比亚:《雅典的泰门》"[①]

---

① 《马克思恩格斯全集》,第 1 版第 23 卷,第 151—152 页。

第四章 走向巴黎公社（1864—1871）

没有比这更生动更形象地揭露了资本主义生产的本质了。文学在马克思看来，并不仅仅是文学，而是了解社会和经济的生动写照。

可以这样说，从经济上和政治上考虑问题正是马克思和恩格斯文学批评中美学思想的根本所在。与19世纪40、50年代的批评相比，他们这时更增添了经济学研究的穿透力和更加丰厚的理论分析。

第二，高度重视民间文艺和诗歌。这段时间，马克思和恩格斯充分利用欧洲局势相对平稳的历史条件，广泛涉猎文艺领域，为工人运动的新一轮的高涨准备理论条件。据不完全统计，散见在各种著作和文章中关于诗歌和民间文艺的论述有近百处，可见这两位无产阶级的理论代言人的阅读范围之广、观察问题之深。恩格斯在论到民间故事的使命时说：

"说一本书是民间故事书、德国的民间故事书，这难道不是对它的极大赞扬吗？但是正因为如此，我们有权利对于这类书抱着很大的期望，也正因为如此，这类书应当满足一切合理的要求，而且按其价值来说在各方面都应当是无可非议的。民间故事书的使命是使一个农民做完艰苦的日间劳动，在晚上拖着疲乏的身子回来的时候，得到快乐、振奋和慰藉，使他忘却自己的劳累，把他的贫瘠的田地变成馥郁的花园。民间故事书的使命是使一个手工业者的作坊和一个疲惫不堪的学徒的寒伧的楼顶小屋变成一个诗的世界和黄金的宫殿，而把他的矫健的情人形容成美丽的公主，但是民间故事书还有这样的使命：同圣经一样培养他的道德感，使他认清自己的力量、自己的权利、自己的自由，激起他的勇气，唤起他对祖国的爱。

"因此，如果能公正地要求民间故事书的一般特点是具有丰富的诗的内容、饶有风趣的机智、十分纯洁的心地，而德国民间故事书还应该具有健康的、正直的德国精神——即在任何时代都是完全一样的特质，——那么除此之外，我们还有权利要求民间故事书应该符合自己的时代，否则它就不成其为民间故事书了。例如，如果考察一下我们当代的生活，考察一下那渗透着当代一切现象的争取自由的斗争，——正在发展的立宪主义，对贵族压迫的反抗，同虔信主义的思想斗争，蓬勃的生命力同阴郁的禁欲主义残余的斗争，那么我不明白我们为什么不应该要求民间故事书在这方面帮助文化水平不高的人们，给他们指出（当然不是用直接的演绎法）这些趋向的真实性和合理性，——但无论如何也不纵容伪善，听任向贵族跪拜，让虔信主义为所欲为。然而不用说，民间故事书跟那些现在毫无意义、甚至不正当的已往习俗，一定是根本格格不入的。"①

恩格斯对民间故事的历史要求体现了马克思主义美学的一贯原则：对争取自由的斗争与体现时代进步的思想和文艺样式的支持。他从民间故事中看到了一个民族的鲜活的生命力和不屈不挠进行斗争的意志。值得注意的是，恩格斯在关注宏观的政治、经济、哲学和军事理论之外，他对民间文学的非常具体的作品也倾

---

① 《马克思恩格斯论艺术》（四），中国社会科学出版社，1985年版，第401页。

注了自己极大的热情：

"在日耳曼语系的故事和拉丁语系的故事之间可以看到一个非常显著的差别：日耳曼语系的故事是真正民间传说，它们把积极行动的男子放在首要地位；拉丁语系的故事所突出的是女人——或者就是受苦受难的人（格诺维法）、也就是谈情说爱的女人，因而对于热情也是消极的。只有《海蒙的儿子们》和《佛图纳特》是例外，两者都是拉丁语系的传说，但也是民间传说。至于《奥克塔维安》《麦柳辛纳》等等则是宫廷诗的产物，只是后来由于改编成散文才传播到了民间，在滑稽故事中，也只有一个并非道地的日耳曼语系的故事——《梭罗蒙莫洛尔夫》，然而，《厄伦史皮格尔》《希尔德市民们》等等，毫无疑问是我们的故事。"①

恩格斯怎样来评价这些作品呢？他用了纯朴、幽默、机智……这样的词来对朴素的审美情感肯定和赞扬。我们从中可以体会到恩格斯的美学思想与生活贴近的现实感。恩格斯在这篇出色的论文里，对民间文学的欣赏之情溢于言表，令我们振奋和惊羡。恩格斯对民间文学的熟悉和关注，我们从论文的引文中也可以了解一二。而在文章的最后，恩格斯呼吁艺术家更贴近大自然，贴近生活本身。他说：

"这些旧的民间故事书，连同它们陈旧的语言，它们的错别

---

① 《马克思恩格斯论艺术》（四），中国社会科学出版社，1985年版，第402页。

字和蹩脚的版画,对于我都有着非凡的魅力。它们能把我从我们错综复杂的现代的'秩序、混乱,以及微妙的相互关系'中带到更接近大自然得多的世界里去。"

请注意这篇杰出的文章的最后几句话。恩格斯诗意地谈到了民间故事书能将我们带到"更接近大自然得多的世界里去"。这个思想与马克思和恩格斯一贯的美学思想完全一致,而且在更接近人的生命本质的基础上深化了理论美学。更让我们注意的是,马克思和恩格斯对民间文艺兴趣的广泛。请注意恩格斯在《论日耳曼人的古代历史》一文中谈到两幅瑞典岩洞壁画,马克思论及《伊索寓言》,恩格斯论及阿拉伯寓言及德国风俗和儿童画,谁能想像恩格斯在写作中对儿歌和民间小调也信手拈来呢?

"在奥地利这样一个人为的稳定的国家里,稳定的均势一旦受到破坏,要花很大的气力,几乎只能靠强制手段才能恢复,而政府清楚地知道,这些手段也只能暂时起些作用,结果国家将变得比采取这些手段以前还要软弱。弗兰茨·约瑟夫所赞许的正是这样一种选举改革,甚至宣布这是他一人的功劳,这个事实使恢复从前的奥地利永远成为不可能的事了。现在可以说:

矮胖子,胖子矮,墙头上面坐下来,

矮胖子,胖子矮,迷迷糊糊摔下来,

国王的马队,国王的军队全出来,

也不能把矮胖子拣到一块儿来。"[①]

[①] 《马克思恩格斯全集》,第1版第39卷,第174页。

第四章　走向巴黎公社（1864—1871）

1857—1871年，是欧洲革命处于低潮阶段，这也是马克思和恩格斯利用这段时间潜心进行理论准备的时期。由于《资本论》写作的完成以及大量的经济学论文和哲学论文的出版，马克思主义美学思想在这个阶段又有了进一步深化的理论形态。它主要表现在重点解决了政治经济学的发展与美学思想的关系；关于掌握世界的方式；关于资本主义社会中的艺术生产；关于资本主义社会中艺术家的地位和对民间文艺的重视。这一阶段，马克思主义美学思想进一步深化了，并开始在政治经济学研究的基础上构筑美学思想的坚实体系。

第五章

理论建设的十年（1871—1883）

第一节　批判杜林

《反杜林论》是19世纪70年代马克思主义的理论总结

恩格斯的《反杜林论》是马克思主义的重要著作，是马克思主义发展到19世纪70年代的系统理论总结。恩格斯在写这部巨著时，认为自己的主要任务，就是宣传马克思主义哲学并使之系统化，揭露敌视马克思主义的派别。列宁指出《反杜林论》应为"每个觉悟工人必读的书籍"[①]。列宁特别强调，恩格斯的这部书是运用马克思主义哲学党性原则的典范："在《反杜林论》的每一节中都是这样提出问题的：不是彻底的唯物主义，就是哲学唯

---

① 《列宁选集》，第3版第2卷，第310页。

第五章 理论建设的十年（1871—1883）

心主义的谎言和糊涂观点……"①

巴黎公社失败以后，伴随着工人运动的蓬勃发展和马克思主义的广泛传播，无产阶级队伍中出现了许多从未采取过明确的无产阶级立场的人。杜林就是一例。

在杜林关于哲学、经济和社会政治的论断中，有形而上学唯物主义和唯心主义、自然哲学和康德先验论、马克思以前的社会主义和无政府主义的成分，他对经济关系所作的理解是同蒲鲁东的无政府主义交织在一起的。而他的基本方法论则是孔德的实证主义。

马克思在1876年3月指出杜林的"那些平庸思想的党内传播的危险性"，同意恩格斯必须回击的意见。在这以前一直在紧张撰写《自然辩证法》的恩格斯，暂时放下这项工作，着手来写《反杜林论》。恩格斯从1877年1月开始在《前进报》上发表总标题为《欧根·杜林先生在哲学中实行的变革》的论文。在这个基础上，于1879年出版单行本。

《反杜林论》是一部论战性的著作。在恩格斯这部巨著中第一次系统地阐述了马克思主义世界观的一切基本部分。恩格斯在1894年《反杜林论》序言中写道："因此消极的批判成了积极的批判；论战转变为马克思和我所主张的辩证方法和共产主义世界观的比较连贯地阐述……"这是历史上第一部马克思主义百科全书。

---

① 《列宁选集》，第3版第2卷，第229—230页。

《反杜林论》由三个部分（编）组成。它们构成了一个完整的体系，彼此密切相连，论述了哲学、政治经济学和科学社会主义理论。

《反杜林论》集中阐述了马克思主义美学的哲学基础与方法论问题

我们知道，马克思19世纪40年代开始建立自己的哲学体系和美学构架时，他的哲学与方法论思想分别体现在《1844年经济学哲学手稿》《德意志意识形态》《关于费尔巴哈的提纲》、1857年《政治经济学批判大纲》等著作中，而恩格斯的《反杜林论》在马克思恩格斯思想发展史上第一次系统地全面地勾勒了马克思主义世界观的哲学—方法论基础。而这一点对于我们理解马克思主义美学是至关重要的。马克思主义哲学—方法论的基本思想可以用几句话概括：

辩证唯物主义的世界观；

唯物辩证法的方法论；

历史唯物主义的社会观。

恩格斯在批判杜林的"创造体系"时，完全不是反对体系本身，包括不反对把哲学理解为知识的体系。

恩格斯批判了杜林把哲学理解为"科学的科学"和科学体系的思辨方法，把马克思主义哲学同杜林的先验论对立了起来。

恩格斯在揭示哲学对象的内容时，要求大家注意到这里包括"自然界或人类历史或我们自己的精神活动的时候，首先呈现在我们眼前的,是一幅由种种联系和相互作用无穷无尽地交织起来的画面。"① 由此可见,马克思主义哲学是世界观的核心,应当包括研究自然界、历史和精神世界运动的规律,而不只是思维运动的一种规律。但是,哲学只有不脱离部门科学,而是依靠部门科学的成就,才能完成这个任务。

恩格斯还把辩证法规定为"关于自然、人类社会和思维的运动和发展的普遍规律"的科学。恩格斯在关于自然辩证法的札记中强调的也是这个思想。他指出,辩证法规律无论对自然界和人类历史的运动,或者对思维的运动,都一定是同样适用的。马克思主义哲学是世界观和方法论的辩证统一,这是在唯物主义地解决哲学基本问题基础之上的关于存在和认识的普遍规律的学说。因此,它对于自然科学以及对于社会科学,都是完全必要的。它给自然科学和社会科学以共同的概念和范畴。它使科学家的理论思维得到发展,并给他们提供科学哲学的认识方法。恩格斯认为,自然科学只有用辩证方法武装起来,才能够摆脱"任何与它分离的、处在它之外和之上的自然哲学,另方面也可以摆脱它本身的、从英国经验主义沿袭下来的、狭隘的思维方法"②。恩格斯的辩证唯物主义和自然科学相互联系的思想,在《自然辩证法》一书中得到了进一步发展,但这本书的写作因写《反杜林论》而中断,后来他又继续了这一工作。

---

① 《马克思恩格斯选集》,第2版第3卷,第359页。
② 《马克思恩格斯选集》,第2版第3卷,第353页。

恩格斯在批驳杜林"新的思维方式"时，专门研究了世界的统一性问题。杜林把世界的最一般属性从"存在"概念中"抛掉"，认为，世界没有"分裂"为物质世界和思想世界，世界是"中立存在的"本体论的同一。这个臆造的"论据"必然要导致唯心主义先验论。

世界的真正的统一性是在于它的物质性，这是一个科学的事实，它是由全部社会历史实践和科学发展史所证明的。恩格斯在《反杜林论》中，批判杜林关于物质和运动相互关系问题上的谬误的过程中，发展了"物质"这个范畴。恩格斯指出，杜林将运动归结为机械样式，这实质上是向信仰主义的回复，因为在这种前提下，在逻辑上必然要承认对物质关系上的外部超自然力量，据说有了这种力量才使物质摆脱了静止状态。恩格斯指出，运动也是从另一种运动中产生，而决不是从不动中产生，同时强调，物质本身内在的主动性就是它运动的原因。恩格斯说："没有运动的物质和没有物质的运动一样，是不可想像的。"①

形而上学的运动观，使得杜林得出同样的形而上学解决物质、空间和时间相互关系的方法。他的出发点就是承认时间有开端和空间有限，而这一点和事实上承认"第一次推动"一起，同样会导致信仰主义。恩格斯根据辩证唯物主义对物质和运动的相互关系的看法，把空间和时间规定为物质的存在形式，没有这种形式，物质是不可想像的。时间是空间中运动着的物质状态变更

---

① 《马克思恩格斯选集》，第2版第3卷，第400页。

第五章　理论建设的十年（1871—1883）

过程的普遍客观特征。而物质的无穷性则是空间和时间的无穷过程。空间和时间同运动着的物质以及它们彼此之间是不可分割地连在一起的，只是从相应的对象来看，它们才是单个存在的。恩格斯发展了从属性上来理解空间和时间的思想，从而为物理学后来向相对论世界图景的转变，创造了哲学的前提条件。

恩格斯的整个著作贯穿着这样一个思想：在马克思主义世界观结构中唯物主义辩证法的方法具有头等重要意义。恩格斯强调指出："……要精确地描绘宇宙、宇宙的发展和人类的发展，以及这种发展在人们头脑中的反映，就只有用辩证的方法……"[①]

恩格斯表述的辩证法理论的第二个基本点，就是要求哲学同自然科学和社会科学结成联盟。对于双方来说都是必需的和有成效的联盟。恩格斯用自然科学的例子表明，取得辩证的现象观，至少可以有两种方法。一条道路是最困难的——获得辩证法可以说是摸索地、自发地，因为积累起来的科学事实本身迫使人们这样做，但是也有另外一条道路。自然科学、"不忘记，作为它的经验的总结的结论都是一些概念，而运用这些概念的艺术不是天生的……而是要求有真实的思维（它也有长期的经验的历史……），如果自然科学不忘记这些，那么，它就会使自己比较容易地经历这个过程"[②]。上面所说的不仅和自然科学有关，而且和整个科学及实践也有关。

[①]《马克思恩格斯选集》，第2版第3卷，第362页。
[②]《马克思恩格斯选集》，第2版第3卷，第353页。

辩证法理论还包括，要求领会历史发展的规律性。恩格斯特别强调辩证法规律的作用的普遍性，尽管在每一个单独的现实领域，这种普遍性是通过特殊形式表现出来的。对立统一规律是辩证法的核心。现实物质界的任何现象都固有内在矛盾。矛盾的解决便是物质前进发展的基础和主要条件。同时，每一种运动形式中，矛盾都是以特殊的形式表现出来的。在物理的运动形式上，矛盾，例如表现为引力和斥力的统一。在生物学中碰到的是生命过程的各种矛盾，生物在每一瞬间是它自身，同时又是别的东西。在社会生活中，矛盾表现为阶级斗争，表现为不同社会生活水平的复杂的经济、政治和思想体系的冲突。质量互变规律，否定之否定规律，是恩格斯着力阐述的辩证法的另外两条基本规律。

客观辩证法所有三个规律的相互作用，便构成了一个统一的关系体系，其中每一成分都包括某种一定的发展方面。对立面的统一和斗争规律，在发展的每一点上都可以表现出自己的作用，量变转变为质变规律，在向新的发展阶段过渡时表现出自己的作用，而否定之否定规律的作用，则是在一系列发展阶段相互作用的过程中表现出来的。

恩格斯在《反杜林论》中对相对真理问题作了研究。我们知识的相对性，首先是由整个世界的无限性和无穷性，因而也是认识过程本身的无限性所决定的。客体和过程的辩证结构日益复杂化，就给对它们的认识造成一定的困难。个人和单个世代能力是有限的，只有靠整个人类世代的无穷发展才能克服我们认识的

"有限性"。

恩格斯虽然指出了认识上的许多困难和复杂性，但同时在认识论上他是充满乐观主义精神的。我们"在任何地方都不会遇到理论上不能克服的障碍"[①]。认识发展的规律是这样的：社会和科学愈发展，科学理论质的改造速度也就愈快。从辩证法角度来看，这不是"远离"绝对真理，而是相反，证明认识在通向绝对真理的道路上日趋完善。

恩格斯揭示出一系列真理的相对性，并且表明：某一种理论知识，正是根据实践这个标准的作用，被评定为绝对或相对的真理知识。但是，实践不只是我们知识真理的标准，而且是我们知识的基础，科学理论的大厦正是在这样的基础上建造起来的。对实践在认识中的职能作全面阐述和科学论证的是马克思，他在《关于费尔巴哈的提纲》中宣布了新的实践观，这就引起认识论的深刻改造，而这种改造就是马克思实现了的哲学中革命变革的一个方面。后来，列宁在评价马克思主义理论这个极其重要的成就时写道："从客观世界在人的意识（最初是个体的意识）中的反映过程和实践对这个意识（反映）的检验这一角度来看，把生命纳入逻辑的思想是可以理解的——并且是天才的……"[②]

在《反杜林论》中历史唯物主义贯穿于恩格斯的整个著作。《反杜林论》第三编是从历史概论开始的，其中简要地考察了科

---

① 《马克思恩格斯选集》，第2版第3卷，第404页。
② 《列宁全集》，第2版第55卷，第171页。

学社会主义前史，扼要地说明马克思主义以前进步的历史哲学的一系列阶段。《反杜林论》中对马克思主义前史的分析，不仅是历史唯物主义方法运用于具体材料的经典范例，而且在很大程度上包含着对它历史的鲜明描述。恩格斯说明了，创立能够真正认识和指出解决根本社会冲突道路的科学理论，不可能脱离历史提供的条件，被创立的社会学理论的科学成熟性，在很大程度上取决于社会关系的成熟性，只有资本主义关系已经产生和无产阶级作为阶级已经出现，这样的条件才会开始形成。恩格斯仔细地分析了这种客观的社会条件，认为正是这种条件使历史唯物主义得以创立。

恩格斯在《反杜林论》中运用历史唯物主义这一研究方法，把历史主义原则置于真正的科学基础之上，我们在《反杜林论》中可以看到对历史唯物主义理论的全面阐述。恩格斯在这里分析了社会关系的构成、内容和结构，深刻地揭示历史发展过程的辩证法及其客观方面。恩格斯在这里分析了阶级产生的途径，并说明了阶级形成的基本标志，同时强调指出，分工的规律就是阶级划分的基础，指出了解决脑力劳动和体力劳动、工业和农业、城市和乡村等矛盾的途径，解决了现代生产力和私人资本主义生产管理与占有方式加在它身上的桎梏之间的矛盾。

恩格斯在《反杜林论》中对哲学、政治经济学和科学社会主义理论一系列根本问题，从辩证唯物主义立场出发所作的研究，是对马克思主义的宝贵贡献。

《反杜林论》中的美学思想与艺术观点

《反杜林论》中所表述的辩证唯物主义与历史唯物主义的世界观,为我们理解马克思主义美学与文艺思想提供了系统的思想武器。虽然《反杜林论》并不是一部美学文艺学专著,但由于在哲学观上的透彻的表述,使得该书中的一些零散的美学见解也精辟异常。

综合《反杜林论》全书,恩格斯表述了以下几方面美学思想:

第一,再次论述了分工、私有制及艺术的起源之关系。

我们知道,在《德意志意识形态》中,马克思和恩格斯已论述了劳动分工和艺术生产之间的关系,在《反杜林论》中,恩格斯则进一步论述道:

"奴隶制被发现了。这种制度很快就在一切已经发展得超过古代公社的民族中成了占统治地位的生产形式,但是归根到底也成为他们衰落的主要原因之一。只有奴隶制才使农业和工业之间的更大规模的分工成为可能,从而使古代世界的繁荣,使希腊文化成为可能。没有奴隶制,就没有希腊国家,就没有希腊的艺术和科学;没有奴隶制,就没有罗马帝国。没有希腊文化和罗马帝国所奠定的基础,也就没有现代的欧洲。我们永远不应该忘记,我们的全部经济、政治和智力的发展,是以奴隶制既成为必要、同样又得到公认这种状况为前提的。在这个意义上,我们有理由说,没有古代的奴隶制,就没有现代的社会主义。

"讲一些泛泛的空话来痛骂奴隶制和其他类似的现象，对这些可耻的现象发泄高尚的义愤，这是最容易不过的事情。可惜，这样做仅仅说出了一件人所共知的事情，这就是：这种古代的制度已经不再适合我们目前的情况和由这种情况所决定的我们的感情。但是，这种制度是怎样产生的，它为什么存在，它在历史上起了什么作用，关于这些问题，我们并没有因此而得到任何的说明。如果我们深入地研究一下这些问题，我们就不得不说——尽管听起来是多么矛盾和离奇，——在当时的情况下，采用奴隶制是一个巨大的进步。人类是从野兽开始的，因此，为了摆脱野蛮状态，他们必须使用野蛮的、几乎是野兽般的手段，这毕竟是事实。古代的公社，在它继续存在的地方，从印度到俄国，在数千年中曾经是最野蛮的国家形式即东方专制制度的基础。只是在公社瓦解的地方，各民族才靠自身的力量继续向前迈进，他们最初的经济进步就在于借助奴隶劳动来提高和进一步发展生产。有一点是清楚的：当人的劳动的生产率还非常低，除了必要生活资料只能提供很少的剩余的时候，生产力的提高、交往的扩大、国家和法的发展、艺术和科学的创立，都只有通过更大的分工才有可能，这种分工的基础是从事单纯体力劳动的群众同管理劳动、经营商业和掌管国事以及后来从事艺术和科学的少数特权分子之间的大分工。这种分工的最简单的完全自发的形式，正是奴隶制。在古代世界、特别是希腊世界的历史前提下，进步到以阶级对立为基础的社会，是只能通过奴隶制的形式来完成的。甚至对奴隶来说，这也是一种进步；成为大批奴隶来源的战俘以前都被杀掉，在更早的时候甚至被吃掉，现在至少能保全生命了。

"在这里我们顺便补充一下，剥削阶级和被剥削阶级、统治阶级和被压迫阶级之间的到现在为止的一切历史对立，都可以从人的劳动的这种相对不发展的生产率中得到说明。只要实际劳动的居民必须占用很多时间来从事自己的必要劳动，因而没有多余的时间来从事社会的公共事务——劳动管理、国家事务、法律事务、艺术、科学等等，总是必然有一个脱离实际劳动的特殊阶级来从事这些事务；而且这个阶级为了它自己的利益，从来不会错过机会来把越来越沉重的劳动负担加到劳动群众的肩上。只有通过大工业所达到的生产力的大大提高，才有可能把劳动无例外地分配于一切社会成员，从而把每个人的劳动时间大大缩短，使一切人都有足够的自由时间来参加社会的理论的和实际的公共事务。因此，只是在现在，任何统治阶级和剥削阶级才成为多余的，而且成为社会发展的障碍；也只是在现在，统治阶级和剥削阶级，无论拥有多少'直接的暴力'，都将被无情地消灭。"①

恩格斯的论述强调了：

只有奴隶制才能使农业和工业之间的更大规模的分工成为可能，从而为古代文化的繁荣，即为希腊文化创造了条件。

这种分工的基础是，从事单纯体力劳动的群众同管理劳动、经营商业和掌管国事，以及后来从事艺术和科学的少数特权阶层之间的大分工。

---

① 《马克思恩格斯选集》，第2版第3卷，第524—526页。

必然有一个脱离实际劳动的特殊阶级来从事这些事务。

恩格斯还论述道：

"分工的规律就是阶级划分的基础。"①

恩格斯对分工的论述，有力地说明了艺术、宗教等等产生的社会条件和生产力发展前提。所以，从根本上讲，艺术活动作为审美活动是由于生产的发展而从人的劳动实践中分化出来的。正是劳动，使人的实践活动发生了分化，并产生出艺术生产的各种样式，从而也产生了审美活动中的美感心理。

所以，关于劳动分工的学说，是马克思主义美学思想中的一个重要的核心概念，这一概念，在《德意志意识形态》《1857年政治经济学批判大纲》等著作中已谈到，而在《反杜林论》中则着重论及。可以这样说，这一思想包含着建立完整的美学思想的所有可能。这是我们理解马克思主义美学思想时要特别注意的。

在《反杜林论》中，恩格斯进一步阐述了审美意识的历史主义观点。

关于"永恒的真理"的观点是杜林在自己的著作中一再叙述的。而且，这也是19世纪思想史上非常盛行的非历史主义倾向。针对这种观点，恩格斯写道：

"如果人类在某个时候达到了只运用永恒真理，只运用具有至上意义和无条件真理权的思维成果的地步，那么人类或许就到达了这样的一点，在那里，知识世界的无限性就现实和可能而

---

① 《马克思恩格斯选集》，第2版第3卷，第632页。

言都穷尽了，从而就实现了可以计数的数不尽的数这一著名的奇迹。

"…………

"……在第三类科学中，即在按历史顺序和现今结果来研究人的生活条件、社会关系、法的形式和国家形式及其由哲学、宗教、艺术等等组成的观念上层建筑的历史科学中，永恒真理的情况还更糟。……在社会历史中情况则相反，自从我们脱离人类的原始状态即所谓石器时代以来，情况的重复是例外而不是通例；即使在某个地方发生这样的重复，也决不是在完全同样的状况下发生的。……在这里认识在本质上是相对的，因为它只限于了解只存在于一定时代和一定民族中的，而且按其本质来说是暂时的一定社会形式和国家形式的联系和结果。因此，谁要在这里猎取最后的终极的真理，猎取真正的、根本不变的真理，那么他是不会有什么收获的……"①

请注意恩格斯在这里讲到了"生活条件、社会关系、法的形式和国家形式及其由哲学、宗教、艺术等等组成的观念上层建筑的历史科学中"，不存在什么永恒的真理。"谁要是在这里猎取最后的终极的真理，猎取真正的、根本不变的真理，那么他是不会有什么收获的。"

这个美学与艺术观中的历史主义观点，对我们掌握马克思主义美学思想的精髓和观察美学史是极其重要的。我们知道艺术史

---

① 《马克思恩格斯选集》，第2版第3卷，第427、429—430页。

是一门"历史",所以,关于艺术的本质和艺术的发展的相互联系的观点,应当是我们掌握美学史的出发点。在这一点上,马克思和恩格斯提供了一个极好的分析、论证的出发点。

恩格斯以犀利的笔触揭露了杜林杜撰体系的胡说八道,指出这种浮夸的学风正是充满庸人气的德国小市民的氛围中制造出来的泡沫文化。"所谓科学自由,就是人们可以撰写他们所没有学过的一切,而且这被冒充为唯一的严格科学的方法。杜林先生正是这种放肆的伪科学的最典型的代表之一,这种伪科学现在在德国到处流行,并把一切淹没在它的高超的胡说的喧嚷声中。诗歌、哲学、政治学、经济学、历史学等中有这种高超的胡说;讲台和论坛上有这种高超的胡说;到处都有这种高超的胡说……"①

《反杜林论》给我们理解马克思主义美学思想提供了一个完整的世界观基础。这是马克思主义美学在19世纪70年代发展的一个有标志意义的阶段,是我们理解马克思主义美学及以后发展的一个重要的起点。

第二节 古代社会与审美理想

马克思和恩格斯在19世纪70年代和80年代前期,集中精力研究了古代社会。这个时期与美学相关的著作主要有两部:

---

① 《马克思恩格斯选集》,第2版第3卷,第345页。

《自然辩证法》中的《劳动在从猿到人转变中的作用》(1876)，《家庭、私有制和国家的起源》(1884)。在这两部著作中，马克思恩格斯深刻地论及了过去的美学著作从未论及的一些基本问题，读来发人深省。这一段时间的美学与艺术见解，马克思恩格斯已将它们溶解在具体问题的阐述之中，所以，它显得更有说服力。

劳动和交往产生了意识和艺术

艺术和审美意识的起源问题，一直是美学界长期争论不休的问题。在这个问题上，马克思恩格斯以前流行的说法是"巫术说"等伪科学的说法，使审美意识的起源陷入了神秘主义的陷阱。在《劳动在从猿到人转变中的作用》一书中，恩格斯根据大量的历史材料，对艺术与审美意识的起源作了精辟的科学分析。

恩格斯说："首先是劳动，然后是语言和劳动一起，成了两个最主要的推动力，在它们的影响下，猿脑就逐渐地过渡到人脑；……随着脑的进一步的发育，同脑最密切的工具，即感觉器官，也同步发育起来。正如语言的逐渐发展必然伴随有听觉器官的相应的完善化一样，脑的发育也总是伴随有所有感觉器官的完善化。……脑和为它服务的感官、越来越清楚的意识以及抽象能力和推进能力的发展，又反作用于劳动和语言，为这二者的进一步发育不断提供新的推动力。……由于随着完全形成的人的出现又增添了新的因素——社会，这种发展一方面便获得了强有力的推动力，另一方面又获得了更加确定的方向。

……人类社会最后毕竟出现了。"①

将劳动视为人类艺术与审美意识的起源,这是马克思主义美学的一个重要的核心思想。科尔纽曾概括马克思恩格斯的观点说:"艺术活动的基础是作为社会实践的结果的自然界和人的感觉的人化。由于人的感官的构造不同于动物的感官,而这些感官的对象又不同于动物的感官的对象,因此,通过人类的全面的发展,这些感官就成了文化的工具,——只有在这种情况下,人才能按照美的规律进行生产,只有在这种情况下,艺术才能产生和发展。"②科尔纽将劳动与人的感觉器官的发展结合起来考虑,思路完全正确。正是劳动实践使人的感觉器官逐步地发展起来,并丰富了人的感觉、促进了思维的发展。只有在这个基础上,人的感觉方向出现了分化并在分化的方向产生了宗教、艺术……关于这一点,下面还要详述。

在马克思和恩格斯看来,艺术的起源阶段包括了从旧石器时代晚期开始,中间经过新石器时代直到野蛮期高级阶段(原始社会解体时期)这长达几万年的时间。恩格斯在《论日耳曼人的古代历史》中写道,在欧洲的一些洞穴里发现的早期旧石器时代(包括通常所说的旧石器时代初期和中期,即猿人和古人类的阶段)的工具"表明了文化发展的极低阶段:极其粗糙的石刀、无柄的梨形石锄或石斧、刮兽皮用的削刀、钻,所有这些都是用燧

---

① 《马克思恩格斯选集》,第2版第4卷,第377—378页。
② 科尔纽:《马克思恩格斯传》(第2卷),刘磊等译,生活·读书·新知三联书店,1963年版,第267页。

石做成的"。在这个最低的文化层上面，发现有第二个有着种种工具的文化层，"这些工具属于一个较晚的时代，它们的制作精巧得多，它们的材料也复杂得多。这些石器，固然还没有磨光，但在设计和制造上比较合理。此外，还发现有石制的、驯鹿角制的和骨制的箭头和枪头、骨制的和鹿角制的短剑和缝针、动物牙齿钻孔后串成的项链等物。在某些器物上，我们有时看到很生动的动物画，如驯鹿、毛象、原牛、海豹、鲸鱼等，也有赤身人物狩猎图，甚至还可看到兽角上的原始雕刻"①。恩格斯这里所谈到的原始艺术大致相当于阿尔塔米拉等史前洞穴壁画遗迹所代表的艺术时期，大概是人类最早的艺术遗迹了。

在另外的地方，马克思和恩格斯依据摩尔根对人类史的分期法，认为人类艺术的某些形式是在野蛮期低级阶段，伴随着劳动范围的扩大（经营畜牧业、农业耕作、纺织和制陶等）以及人类高级属性的产生而逐渐产生出来的："在野蛮期的低级阶段，人类的高级属性开始发展起来。个人的尊严、雄辩、宗教的情感、正直、刚毅、勇敢，此时已成为品格的一般特质，但是残酷、奸险和狂热也随之俱来。在宗教领域中发生了自然崇拜和关于人格化的神灵以及关于大主宰的模糊概念；原始的诗歌创作、共同住宅和玉蜀黍面包——所有这些都是属于这一时期的。"②在这一时期，由于生产和生活的需要，人们还学会了纺织和制陶术。随

---

① 《马克思恩格斯全集》，第1版第19卷，第478—479页。
② 马克思：《摩尔根〈古代社会〉一书摘要》，人民出版社，1965年版，第54—55页。

着陶器生产方法的改进，到野蛮期的中级阶段，人们便能大量生产"既精致又美观"的陶器了。到野蛮期高级阶段，人类的物质生产水平有了较大的提高，劳动范畴已扩展到冶炼铁矿石、使用铁器了。马克思写道："高级阶段：由冶炼铁矿石、使用铁器等开始，终止于标音字母的发明和用文字书写作品。"[①]恩格斯也说："野蛮时代高级阶段的全盛时期，我们在荷马的诗中，特别是在《伊利亚特》中可以看到。发达的铁器工具、风箱、手磨、陶工的辘轳、榨油和酿酒、成为手工艺的发达的金属加工、货车和战车、用方木和木板造船、作为艺术的建筑术的萌芽、由设塔楼和雉堞的城墙围绕起来的城市、荷马的史诗以及全部神话——这就是希腊人由野蛮时代带入文明时代的主要遗产。"[②]

马克思和恩格斯描述的劳动由低级到高级的发展，展现了人类意识从被动到主动的历史过程。它证明了，艺术活动（含一切审美活动）是人类实践活动的派生物。

恩格斯指出："由于手、发音器官和脑不仅在每个人身上，而且在社会中发生共同作用，人才有能力完成越来越复杂的动作，提出并达到越来越高的目的。劳动本身经过一代一代变得更加不同，更加完善和更加多方面了。除打猎和畜牧外，又有了农业，农业之后又有了纺纱、织布、冶金、制陶器和航行。伴随着

---

① 马克思：《摩尔根〈古代社会〉一书摘要》，人民出版社，1965年版，第2页。

② 《马克思恩格斯选集》，第2版第4卷，第23页。

商业和手工业，最后出现了艺术和科学……"①

马克思和恩格斯指出的艺术派生观点，主要表现为生产实践是原始艺术产生的直接动因。以神话产生为例，马克思指出，在远古时代，由于生产力水平低下，人们改造和利用自然的生产劳动往往遭到失败，不能达到预期目的，这时人们以变幻来思想，于是，神话就产生了。因而，"任何神话都是用想像和借助想像以征服自然力，支配自然力，把自然力加以形象化"，神话"是已经通过人民的幻想用一种不自觉的艺术方式加工过的自然和社会形式本身"②。神话产生于在生产劳动过程中想像力的发展，这是我们理解和发挥马克思主义美学思想的一个很有力的切入点。神话的产生有力地说明了人类的劳动实践与精神发生之间的关系。

同时，我们从马克思和恩格斯的论述中也可以知道，原始审美意识和艺术生产的内容也受制于物质生产活动。人类的生产实践，为艺术与审美意识的发展提供了物质内容。马克思说，随着对象化劳动的开展，随着人的本质的丰富性在客观的属人的存在物上展开、确立，人便同客观世界构成了两种关系，即物质实践关系和理论认识关系。这时，客观世界一方面作为科学和艺术的对象，一方面作为生产实践的对象而存在：

"从理论方面来说，植物、动物、石头、空气、光等等，部

---

① 《马克思恩格斯选集》，第2版第4卷，第380—381页。
② 《马克思恩格斯选集》，第2版第2卷，第29页。

分地作为自然科学的对象,部分地作为艺术的对象,都是人的意识的一部分,都是人的精神的无机自然界,是人为了能够宴乐和消化而必须事先准备好的精神食粮;同样地,从实践方面来说,这些东西也是人的生活和人的活动的一部分。"①

因此,自然之所以能作为艺术反映的对象,艺术活动之所以能够产生,全以一定的生产实践活动及其成果为前提。这一结论完全符合原始艺术产生的实践。大量的原始艺术品都是以当时人们的生产活动和生产对象为基本内容的。

生产与艺术之间的关系还可以从技术进步对艺术生产的作用来看。

马克思在《资本论》中论述道:

"在太古人的洞穴中,我们发现了石制工具和石制武器。在人类历史的初期,除了经过加工的石块、木头、骨头和贝壳外,被驯服的,也就是被劳动改变的、被饲养的动物,也曾作为劳动资料起着主要的作用。劳动资料的使用和创造,虽然就其萌芽状态来说已为某几种动物所固有,但是这毕竟是人类劳动过程独有的特征,所以富兰克林给人下的定义是制造工具的动物。……劳动资料不仅是人类劳动力发展的测量器,而且是劳动借以进行的社会关系的指示器。在劳动资料中,机械性的劳动资料(其总和可称为生产的骨骼系统和肌肉系统)比只是充当劳动对象的容器

---

① 马克思:《1844年经济学—哲学手稿》,刘丕坤译,人民出版社,1979年版,第49页。

的劳动资料（如管、桶、篮、罐等，其总和一般可称为生产的脉管系统）更能显示一个社会生产时代的具有决定意义的特征。"①

恩格斯也在《自然辩证法》中说过：

"劳动是从制造工具开始的。"

"工具意味着人所特有的活动，意味着人对自然界的具有改造作用的反作用，意味着生产。"②

技术对艺术起源的直接作用，导致一些新材料和新工具可以为艺术家直接运用。人类早期的艺术如绘画、雕刻、器乐的制造和弹奏以及制陶等等，都必须以工具的制造和熟练使用为前提。恩格斯曾经谈到，火的使用和动物的驯养这两种进步对于人来说，"直接成为新的解放手段"③。马克思也曾把火的使用与人类文化的进步联系起来加以考察，他说：

"当人类还不知道用火时，并没有音节清晰的语言，也没有人工制造的武器……依靠……地上自生的果实。人类在蒙昧期缓慢地几乎是觉察不出来地向前发展：由手势语言和不完善的语音进到音节清晰的语言；由棍棒这样最初的武器进步到带有燧石尖的矛，最后进到弓箭；由燧石刀和燧石凿进步到石斧和石锤，由柳条和藤条编成的篮子进到涂有黏土的篮子，使它成为能在火上煮食物的容器，最后进步到制陶术。"④

---

① 《马克思恩格斯全集》，第1版第23卷，第204页。
② 《马克思恩格斯选集》，第2版第4卷，第273页。
③ 《马克思恩格斯选集》，第2版第4卷，第380页。
④ 马克思:《摩尔根〈古代社会〉一书摘要》，人民出版社，1965年版，第49—50页。

不难看出运用火的技术与人类文化的进步（包括艺术的起源）是关系极大的。而恩格斯在《劳动在从猿到人转变中的作用》中，以人手与艺术的关系为例论证了艺术起源于劳动的观点，从而从主观上考察了劳动与艺术（审美意识）起源的关系。

恩格斯指出，在从猿转变到人的几十万年的转变过程中，人类的祖先逐渐使两只前肢从爬行器官演变为从事和脚不同的活动的手，并使自己的手适应于一些动作，最后终于用手把第一块石头做成刀子。工具的制成使具有决定意义的一步完成了：手变得自由了，能够不断地获得新的技巧，而这样获得的较大的灵活性便遗传下来，一代一代地增加着。"所以，手不仅是劳动的器官，它还是劳动的产物。只是由于劳动，由于总是要去适应新的动作，由于这样所引起的肌肉、韧带以及经过更长的时间引起的骨骼的特殊发育遗传下来，而且由于这些遗传下来的灵巧性不断以新的方式应用于新的越来越复杂的动作，人的手才达到这样高度的完善，以致像施魔法一样造就了拉斐尔的绘画、托尔瓦森的雕刻和帕格尼尼的音乐。"[①] 由此可见，手的自由和灵巧，是原始艺术能够产生的技巧上的可能性之一。而这种自由和灵巧正是熟练运用劳动工具的结果。实际上，绘画、雕刻、器乐、制陶等艺术所用的技巧与制造工具运用工具所需的技巧并无根本分别，它们的完善就靠劳动技巧的熟练。

除了工具的演进对审美意识的起源产生了决定性的影响之

---

① 《马克思恩格斯选集》，第2版第4卷，第375页。

外，恩格斯还论及了语言对艺术起源的影响，并认为劳动与语言，这两个最重要的推动力，促使猿的脑逐渐变成人的脑，而在脑进一步发展的同时，它的最密切的工具即感觉器官，也进一步发展并完善化起来。因此，如果说人脑的发展以及所有的感觉器官的完善化都是由于劳动造成的，那么人的艺术感觉和艺术想像力自然也不例外。

关于历史分期与艺术发展的论述

在《家庭、私有制和国家的起源》等著作中，恩格斯论述了艺术发展与审美活动形成的极重要的另一方面内容，即历史分期与艺术发展问题，这也是马克思主义美学极为重要的一个方面。按照摩尔根的分期法，恩格斯将人类的历史发展分为蒙昧时代——野蛮时代——文明时代。蒙昧时代是以采集现成的天然产物为主的时期；人类的制造品主要是用作这种采集的辅助工具。野蛮时代是学会经营畜牧业和农业的时期，是学会靠人类的活动来增加天然产物生产的方法时期。文明时代是学会对天然产物进一步加工的时期，是真正的工业和艺术产生的时期。

蒙昧期和野蛮期的低级阶段——这两个文化时期至少包括地球上人类全部生活的五分之四。

在野蛮期的低级阶段，人类较高的属性开始发展起来。个人的尊严、口才、宗教感情、正直、刚毅、勇敢，此时已成为性格的一般特点，但是残忍、诡诈和狂热也随之俱来。在宗教领域中发生了自然崇拜和关于人格化的神灵以及关于一个主宰神的模糊观念；原始的诗歌创作、共同住宅和玉蜀黍面包——所有这些都是属于这一时期的。它也产生了对偶家族和组成胞族和氏族的部落所结成的联盟。想像，这一作用于人类发展如此之大的功能，开始于此时产生神话、传奇和故事等等口头文学，已经成为人类的强大的刺激力。

我们看到正是摩尔根所论述的野蛮时代——即原始公社时期，产生了我们所了解的原始诗歌和大量的神话及古代传说。随着技术进步，海上贸易、农业、手工业都得到发展，到了野蛮期中级阶段，出现了精美的陶器，天然金属用于装饰和制造工具。"野蛮时代高级阶段，一切文化民族都在这个时期经历了自己的英雄时代：铁剑时代，但同时也是铁犁和铁斧的时代。""进步现在是不可遏止地、更少间断地、更加迅速地进行着。"①

摩尔根、马克思、恩格斯所说的蒙昧时代及野蛮时代，从编年史上讲，应当是原始公社及奴隶社会早期这段时间。在铁器广泛使用以前，随着技术进步和生产发展，分工进一步精细化，公共事务管理进一步仪式化。艺术在这种条件下，呈飞速发展状态。马克思说：

"新世袭酋长的就职，对于人民及世袭酋长本人都是具有很大意义的事件。

"……这些程序占据了会议每天上午的时间；午后的时间则用来竞技和娱乐。每天黄昏时，所有赴会的人共同聚餐；食品有

---

① 《马克思恩格斯选集》，第 2 版第 4 卷，第 163 页。

羹类及煮肉，烹调之处设在会议堂附近，直接从大锅中以木碗、汤盆及汤匙盛出来。进餐前，举行席间祈祷；这是由一个人所唱的冗长的感叹词，声音在最初高昂激扬，随后有节奏地降低，直到沉寂；其他的参加者随声和唱。晚间举行舞蹈。在这些延续数日的仪式及祝典之后，世袭酋长就算就职了。"①

而所谓的文明期，则是开始于拼音字母的发明和文学作品的编写；石刻象形文字的出现。②文明时代完成了古代氏族社会完全做不到的事情。但是，它是用激起人们的最卑劣的动机和情欲，并且以损害人们的其他一切禀赋为代价而使之变本加厉的办法来完成这些事情的。卑劣的贪欲是文明时代从它存在的第一日起直至今日的动力；财富，财富，第三还是财富，——不是社会的财富，而是这个微不足道的单个的个人的财富，这就是文明时代唯一的、具有决定意义的目的。如果说在这个社会内部，科学曾经日益发展，艺术高度繁荣的时期一再出现，那也不过是因为在积累财富方面的现代一切成就不这样就不可能获得罢了。

随着在文明时代获取充分发展的奴隶制的出现，就发生了社会分成剥削阶级和被剥削阶级的第一次分裂。这种分裂继续存在于整个文明时代。奴隶制是古代世界所固有的第一个剥削形式；

---

① 参见马克思:《摩尔根〈古代社会〉一书摘要》，人民出版社，1965年版，第120—122页。
② 马克思:《摩尔根〈古代社会〉一书摘要》，人民出版社，1965年版，第2页。马克思在同书上讲，文明期在亚洲的希腊人中，从荷马史诗的写作开始，约至公元前850年，而在欧洲的希腊人中，则大约晚一百年。

继之而来的是中世纪的农奴制和近代的雇佣劳动制。这就是文明时代的三大时期所特有的三大奴役形式；公开的而近来是隐蔽的奴隶制始终伴随着文明时代。

从马克思和恩格斯的论述中可以看到，人类历史由野蛮时期到文明时期的发展，一方面是生产和分工进一步发展的时期，同时也是艺术活动大为丰富的时期。文明时代——即以奴隶社会为标志的阶级社会的发展和成熟，使人类的艺术生产大为丰富。迄今为止的艺术史表明，正是由于阶级出现与社会分工的发展，使各种艺术形式极大地丰富起来。马克思和恩格斯不仅论述了艺术生产与物质生产发展一般而言相适应的规律，而且具体地谈到了在每个相适应的特定的历史阶段之中，与之相适应的艺术样式和艺术内容。

例如，最初的宗教神话与传说，就与氏族、胞族、部落、民族的形成有密切的关系，而以血缘关系为基础的部落联盟的建立，使得他们的宗教节日成为共同的节日，并充分发展了宗教艺术与氏族部落的相互依存的关系。而日耳曼人的古代歌谣，则是他们的唯一的历史传说和编年史。马克思关于这一点，在摘录摩尔根的《古代社会》一书中写道：

塔西佗在《日耳曼尼亚志》第2章中说："在他们的古代歌谣（他们的传说和编年史的唯一形式）中，他们把大地所生的神图伊斯康和他的儿子曼歌颂为他们部落的始祖和创业者；他们说曼有三个儿子……当事情涉及极古时代的时候，有些人常常断言：图伊斯康神有更多的儿子，更多的部落名称都是以他们命名的。……"

古代歌谣是他们（日耳曼人）的唯一的历史纪录和编年史。西班牙人在村居的印第安人中也发现过古代歌谣。

爱金哈特在《查理大帝生平》中说："他（即查理大帝）记录了蛮族的那些歌颂古代国王事业的古代歌谣，并作为历史传下去。"

约尔南德在《哥特人的历史》中说"在他们的歌谣中，故事是作为真实的历史纪录而叙述的"等。

塔西佗在《编年史》第二卷中谈到阿尔米纽斯，他说："直到今日，蛮族人仍然在歌唱着他。"

朱利安的《安条克的演说》把这些歌谣（即住在莱茵河彼岸的蛮族的歌谣）称之为"像尖叫的鸟声一样的农村歌谣"。

塔西佗在《日耳曼尼亚志》第三章谈到他们的战歌时说："他们也有歌谣（用呼唱的方式以壮胆）"。这里用"拔底吐"一词代替"拔力吐"，这个词来自古日耳曼语 bar，baren——意即高声呼叫。塔西佗把战斗呼叫同战歌弄混了。[①]

所有这一切论述，都贯彻了历史唯物主义方法论的原则。这是马克思恩格斯用他们创立的科学思想分析审美活动形成的历史的典范。几乎所有的哲学与方法论的基本要点在这里都得到了体现。这里的基本线索是：劳动——分工——在分工基础上的艺

---

① 马克思:《摩尔根〈古代社会〉一书摘要》，人民出版社，1965年版，第234—235页。

术独立——艺术样式的多样化与生活实践的依存关系，清新而又有力。

马克思和恩格斯在19世纪70年代后期与80年代初期对古代社会的研究，使他们的美学思想增加了深刻的历史内涵，为他们的美学观点的历史发展作了铺垫并奠定了基础。这是我们在综观马克思主义美学思想时要充分注意到的。

第三节　风格即人

文艺复兴及其他

马克思和恩格斯关于文艺复兴问题的论述及其在论述中所表达的美学思想，在过去的研究中关注不多。原因主要有两个：第一，所有这些论述都是散见在各种著作和论文之中，马克思和恩格斯并没有写过一部《文艺复兴的美学问题》或《风格论》；第二，对于像《1844年经济学哲学手稿》等著作来讲，这又不是最为重要的部分。所以，我们很少见到论述马克思恩格斯的文艺复兴观或其他相关美学问题的论文。但这并不等于说，他们的这些论述在他们的美学思想发展中不重要。在散见的一些言论中，我们可以从中领略到他们评判文艺复兴时期美学思想的根本立场和方法论的出发点。

马克思和恩格斯对文艺复兴时期的伟大文艺作品的喜爱和热爱是众所周知的。马克思在青年时代就能大段地背诵莎士比亚的剧作。在日后的写作中，马克思和恩格斯都曾大量地引用文艺复兴时期的作家与作品，而在19世纪80年代的文艺散论中，文艺复兴问题又特别突出地出现在他们的著作中。

让我们看看恩格斯是如何在1876年描绘光辉的文艺复兴的艺术的：

"……现代的自然研究，和整个近代史一样，是从这样一个伟大的时代算起，这个时代，我们德国人由于当时我们所遭遇的民族不幸而称之为宗教改革，法国人称之为文艺复兴，而意大利人则称之为五百年代，但这些名称没有一个能把这个时代充分地表达出来。这个时代是从15世纪下半叶开始的。王权依靠市民打败了封建贵族的权力，建立了巨大的、实质上以民族为基础的君主国，而现代的欧洲民族和现代的资产阶级社会就在这种君主国里发展起来；当市民和贵族还在互相争斗时，德国农民战争就预告了未来的阶级斗争，因为德国农民战争不仅把起义的农民引上了舞台——这已经不是什么新鲜事了，——而且在农民之后，把现代无产阶级的先驱也引上了舞台，他们手持红旗，高喊财产共有的要求。拜占庭灭亡时抢救出来的手稿，罗马废墟中发掘出来的古典古代雕像，在惊讶的西方面前展示了一个新世界——希腊古代；在它的光辉的形象面前，中世纪的幽灵消逝了；意大利出现了出人意料的艺术繁荣，这种艺术繁荣好像是古典古代的反照，以后就再也不曾达到过。在意大利、法国、德国都产生了新的文学，即最初的现代文学；英国和西班牙跟着很快进入了自己的古典文学时代。旧的世界的界限被打破了；直到这个时候才真正发现了地球，奠定了以后的世界贸易以及从手工业过渡到工场手工业的基础,而工场手工业则构成现代大工业的起点。教会的精神独裁被摧毁了,日耳曼语族各民族大部分都直截了当地抛弃了它,接受了新教,同时,在罗曼语族各民族那里,从阿拉伯人那里吸收过来并从新发现的希腊哲学那里得到营养的一种开朗的自由思想,越来越深地扎下了根,为18世纪的唯物主义做了准备。

"这是人类以往从来没有经历过的一次最伟大的、进步的变革,是一个需要巨人而且产生了巨人——在思维能力、激情和性格方面,在多才多艺和学识渊博方面的巨人的时代。给资产阶级的现代统治打下基础的人物,决不是囿于小市民习气的人。相反地,成为时代特征的冒险精神,或多或少地感染了这些人物。那时,差不多没有一个著名人物不曾作过长途的旅行,不会说四五种语言,不在好几个专业上放射出光芒。莱奥纳多·达·芬奇不仅是大画家,而且也是大数学家、力学家和工程师,他在物理学的各种不同分支中都有重要的发现。阿尔布雷希特·丢勒是画家、铜板雕刻家、雕塑家、建筑师,此外还发明了一种筑城学体系,这种筑城学体系,已经包含了一些在很久以后被蒙塔朗贝尔和近代德国筑城学又加以采用的观念。马基雅弗利是政治家、历史编纂学家、诗人,同时又是第一个值得一提的近代军事著作家。路德不但扫清了教会这个奥吉亚斯的牛圈,而且也扫清了德国语言这个奥吉亚斯的牛圈,创造了现代德国散文,并且创作了成为16世纪《马赛曲》的充满胜利信心的赞美诗的词和曲。那时的英雄们还没有成为分工的奴隶,而分工所具有的限制人的、使人片面化的影响，在他们的后继者那里我们是常常看到的。但他们的特征是他们几乎全都处在时代运动中，在实际斗争中生活着和活动着，站在这一方面或那一方面进行斗争，有人用舌和笔，有人用剑，有些人则两者并用。因此就有了使他们成为全面的人的那种性格上的丰富和力量。书斋里的学者是例外：他们不是第二流或第三流的人物，就是唯恐烧着自己手指的小心翼翼的庸人。"①

这段华彩乐章般的描写，形象地真实地凸显了伟大文艺复兴运动的光彩。恩格斯称这个时期为"人类从来没有经历过的最伟大的、进步的变革"，是"产生巨人的时代"。马克思和恩格斯对文艺复兴的热情肯定是他们的唯物论的历史主义观点的自然规律。他们对一切与专制制度作斗争的、维护人类正义事业的文艺作品，都投以热情的赞赏和肯定。从这个立场出发，他们捍卫莎士比亚，肯定莱辛、歌德、席勒、莫扎特、贝多芬代表着德国文艺的光辉灿烂时期。

1873年12月10日恩格斯在给马克思的信中写道：

"罗德里希·贝奈狄克斯这个无赖出版了一部关于'莎士比亚狂热病'的臭气熏天的厚书，书中极为详尽地证明，莎士比亚不能和我国的伟大诗人，甚至不能和现代的伟大诗人相提并论。看来简直应该把莎士比亚从他的台座上拉下来，而让大屁股罗·贝奈狄克斯坐上去。单是《风流娘儿们》的第一幕就比全部

---

① 《马克思恩格斯选集》，第2版第4卷，第260—262页。

德国文学包含着更多的生活气息和现实性。单是那个兰斯和他的狗克莱勃就比全部德国喜剧加在一起更具有价值。莎士比亚往往采取大刀阔斧的手法来急速收场,从而减少实际上相当无聊但又不可避免的废话,但是笨拙的大屁股罗·贝奈狄克斯对此竟一本正经而又毫无价值地议论不休。去他的吧!"[1]

对莎士比亚的热情肯定是马克思主义美学思想中与文艺复兴以来的启蒙精神的有机联系的一个证明。这是马克思主义美学思想研究中一个很重要的内容。马克思和恩格斯的美学思想并不是从天上掉下来的。他们为无产阶级利益而奋斗的革命精神,也不是与历史可以截然割断的。在过去的研究中,对他们的美学思想的精神资源问题重视相当不够。有一种观点认为,似乎马克思主义美学思想与启蒙时期以来的资产阶级美学思想毫不相干。其实,这是历史上研究的一个误区。再看看马克思和恩格斯对启蒙运动以来的其他伟大作家、文艺家的肯定吧!我们可以从中获得十分有益的教益。恩格斯写于1873年后至1874年初的《关于德国的札记》,是这样肯定那些为启蒙运动提供精神食粮的伟大的德国与法国作家的:

"……真正的绝境:帮助只能来自外部——法国革命带来了帮助。只有两个方面还有生命的迹象:一方面是军事学术,另一方面是文学、哲学和严肃认真的客观的科学研究。法国在18世纪时,政治作家而且是第一流的政治作家已经占多数,——而

---

[1] 《马克思恩格斯全集》,第1版第33卷,第108页。

德国却是一味逃避现实，躲进理想的领域。'人'的观念和语言的发展；在1700年——野蛮状态，1750年——莱辛和康德，其后不久——歌德、席勒、维兰特、海德、亨德尔、格吕先、莫扎特。"①

用恩格斯的话来说，这是个最屈辱的仰仗外人鼻息的时期，真正是文学和哲学的光辉灿烂的发展时期。以这些伟大的作家、艺术家、诗人、作曲家为代表的这一时期，启蒙思潮汹涌澎湃，艺术成就光辉灿烂。对这些伟大艺术家的肯定，也就是对伟大的启蒙精神的肯定。也就是说，马克思和恩格斯的美学思想，与伟大的启蒙精神并不是相悖的。这一点，马克思自己也表达得十分明确：

"……正当我写《资本论》第一卷时，愤懑的、自负的、平庸的、今天在德国知识界发号施令的模仿者们却已高兴地像莱辛时代大胆的莫泽斯·门德尔森对待斯宾诺莎那样对待黑格尔，即把他当作一条'死狗'了。因此，我要公开承认我是这位大思想家的学生……"②

同样，恩格斯也称赞狄德罗《拉摩的侄子》和卢梭的《论人类的不平等的起源》，是辩证法的杰作。在马克思和恩格斯热情肯定的作家艺术家中，还有一长串名单可以开列。他们赞称那个产生了伟大思想巨人的时代是狄德罗时代；他们称赞杜勃罗留波

---

① 参见《马克思恩格斯全集》，第1版第18卷，第650—652页。
② 《马克思恩格斯全集》，第1版第23卷，第24页。

夫和车尔尼雪夫斯基是两个"社会主义的莱辛"。

相反地，马克思和恩格斯对敌视社会主义事业的文艺作品和文艺家却表明了鲜明的批判态度。在这段时间里，他们锋芒所指，皆是那些对反动的统治者卑躬屈膝地献媚或远离人民群众的生活的艺术家。他们在称赞文艺复兴时代的热情澎湃的勇敢斗士的同时，批评那些性格欠缺和软弱的书斋学者，不过是第二、第三流的人物，是"唯恐烧着自己手指的小心翼翼的庸人"①。在他们锋芒所指、批评过的人物中，有德国反动哲学家莫泽斯·门德尔森（1729—1786），有捐资入党网罗浅薄文人和作家的赫希柏格（1857—1885），有无政府主义者巴枯宁，马克思对他的评价是："如果说他在理论上一窍不通，那么他在干阴谋勾当方面却是颇为能干的。"（1871年11月23日给弗·波尔特的信）有拼命反对革命的英国作家罗尔斯顿（1828—1889），有法国式虚荣的最典型的化身沙多勃利昂。看看马克思是怎样讽刺和描绘这些人的："总的说来，我看过圣贝夫关于沙多勃利昂的书，这个作家我一向是讨厌的，如果说这个人在法国这样有名，那只是因为他在各方面都是法国式虚荣的最典型的化身，这种虚荣不是穿着18世纪轻佻的服装，而是换上了浪漫的外衣，用新创的辞藻来加以炫耀；虚伪的深奥，拜占庭式的夸张，感情的卖弄，色彩的变幻，文字的雕琢，矫揉造作，妄自尊大，总之，无论在形式上或在内容上，都是前所未有的谎言的大杂烩。"②

---

① 《马克思恩格斯选集》，第2版第4卷，第262页。
② 《马克思恩格斯全集》，第1版第33卷，第102页。

我们从马克思和恩格斯爱憎分明的好恶上，完全可以看出他们的美学风格的特征。他们崇尚的美的艺术，就是与历史进步、与人民群众的革命斗争密切相连的作品；而他们所厌恶的丑，就是与此相反的人和事。这种鲜明的立场，从他们的青年时代起，一直贯穿在他们的整个生命活动之中。

风格问题

风格问题是马克思主义美学思想中的一个重要部分，过去却一直不受重视。但自1860年直至70年代后半期，马克思和恩格斯使用了相当的篇幅来谈论这个问题，并且作出了令人信服的回答。我们知道，早在青年时期，他们就十分重视文字和语言的修辞，重视表达的优美。而经过革命斗争的锤炼，他们不仅形成了自己的表达的美学风格，而且还对风格问题提出了一系列明确的见解。

马克思和恩格斯论述风格问题有很鲜明的革命精神。1890年8月5日，恩格斯在给施米特的信中写道："马克思认为自己的最好的东西对工人来说也还不够好，他认为给工人提供不是最好的东西，那就是犯罪！"[①]这种立场无疑也是马克思和恩格斯一贯坚持的革命民主主义的批判立场和战斗立场。所以，在他们的行文风格中，充满着一般的激情和犀利的锋芒。除了这种精神之外，他们也极其重视文学的严谨，"有时为了推敲几个句子，仍

---

① 《马克思恩格斯全集》，第1版第37卷，第433页。

然一坐就是几个小时"①。为了使枯燥无味的经济问题具有一种独特的魅力,马克思在《资本论》的写作中大量引用俚语、文学故事、形象的比喻。

马克思说他与大多数德国学者大不相同,这些学者……用含糊不清、枯燥无味的语言写书。以致普通人看了脑袋都要裂开。而科学著作却应是强调通俗易懂、明确,要表达得非常生动,要流畅、简洁、有力……恩格斯在给费舍尔的信中说,马克思的风格就是"句子简短,对比鲜明有力"②。

上述的叙述风格的形成一方面是他们的政治立场和阶级激情决定的,另一方面他们又十分重视细致的语言学习和文字修养。恩格斯称赞马克思的"每一个字都贵似金玉"③,马克思精于使用日常生活用语和各地方言中的成语,他创造新词,精通德语的口头语和标准语。而恩格斯在谈到自己学外语时说:

"我在学习一种语文时总是采用这样的方法:不研究语法(变格、变位和代词除外),而是靠着查字典阅读所能找到的古典作家的最困难的作品:例如,我从但丁、佩脱拉克和阿里欧斯托的作品开始学意大利文,从塞万提斯和卡德龙的作品开始学西班牙文,从普希金的作品开始学俄文。以后我读报纸等。至于学德文,我认为可以向您介绍读歌德《浮士德》的头一部分——这部分基本上是用民间文体写的,而您认为困难的那些地方,对德国

---

① 《马克思恩格斯全集》,第1版第29卷,第341页。
② 《马克思恩格斯全集》,第1版第39卷,第450页。
③ 《马克思恩格斯全集》,第1版第36卷,第28页。

读者说来，没有注解也是同样困难的。"①

说到马克思和恩格斯的语言学习，请读者看他们自己的叙述：

"我在努力学塞尔维亚语，主要是学武克·斯蒂凡诺维奇·卡腊季奇搜集的民歌集。它对我来说，要比其他任何一种斯拉夫语容易些。"②

"我现在的主要研究对象是西班牙。……已经非常及时地着手研究《唐·吉诃德》。"③

"我现在正抽空学西班牙文，从卡德龙学起。歌德在写他的《浮士德》时不仅在个别地方，而且整场整场地汲取了卡德龙的《神奇的魔术家》——天主教的浮士德。此外，说来可怕，用法文不能阅读的东西，却用西班牙文读完了，如沙多勃利昂的《阿塔拉》和《勒奈》，贝尔纳丹·德、圣比埃尔的东西。现在我拼命读《唐·吉诃德》。我发现，学西班牙文的初期比学意大利文要更多地求助于字典。"④

当然，马克思和恩格斯不是只是在19世纪80年代才开始重视叙述的风格的，相反，早在50年代，他们就要求拉萨尔的文字叙述要"艺术"一些。1860年6月20日，恩格斯读到古丹麦的《英雄诗歌》时，情不自禁地致书马克思，称赞这是一堆糟粕

---

① 《马克思恩格斯全集》，第1版第36卷，第52—53页。
② 《马克思恩格斯全集》，第1版第30卷，第345页。
③ 《马克思恩格斯全集》，第1版第28卷，第388页。
④ 《马克思恩格斯全集》，第1版第28卷，第355页。

中的"绝妙的东西",并说:"我喜欢它,远远胜过乌朗特的雕琢得很光滑的译文。"

风格即人。我们从马克思和恩格斯的叙述风格上,可以看出他们美学思想的强烈的倾向性和形式与内容相一致的完美性。他们要求的明快、洗练、形象……都与无产阶级的战斗任务相一致,这给我们全面理解马克思主义美学留下了极为珍贵的内容。

第六章

从马克思逝世到恩格斯逝世（1883—1895）

1883年，马克思与世长辞，终年68岁。马克思逝世以后，直到恩格斯去世（1895），共13年的时光。在这段时间里，恩格斯为坚持和发展马克思主义，作出了巨大的努力。马克思主义美学思想史，也呈现了具有恩格斯独特风格的内容。在这段时间里，恩格斯编辑并出版了《资本论》第二、三两卷，发表了大量著作。其中最重要的著作是《家庭、私有制和国家的起源》（1884）、《路德维希·费尔巴哈和德国古典哲学的终结》（1886）、《社会主义从空想到科学的发展》英文版导言（1892）等。在文学艺术领域，恩格斯不但深刻地阐明了社会发展、哲学和宗教变迁同文学艺术发展的内在联系，并且第一次提出了无产阶级文学史和美学理论任务，第一次提出了无产阶级要有自己的以真实地再现典型环境中的典型人物为核心的现实主义，第一次提出了无产阶级要有自己的但丁，同时对巴尔扎克等作家、诗人提出了科学的评价。这是马克思主义两位创始人文艺和美学思想发展的一个重要时期；在这个领域，恩格斯也是为无产阶级贡献了最丰富、最宝贵的遗产之后才溘然长逝的。

第一节 政治、经济、文化

19世纪90年代恩格斯对历史唯物主义的重要贡献

众所周知，马克思对历史唯物主义的建立起了奠基的作用。1883年3月17日，恩格斯在马克思墓前讲话时阐述马克思的基本思想时说："正像达尔文发现有机界的发展规律一样，马克思发现了人类历史的发展规律，即历来为繁芜丛杂的意识形态所掩盖着的一个简单事实：人们首先必须吃、喝、住、穿，然后才能从事政治、科学、艺术、宗教等等；所以，直接的物质的生活资料的生产，从而一个民族或一个时代的一定的经济发展阶段，便构成基础，人们的国家设施、法的观点、艺术以至宗教观念，就是从这个基础上发展起来的，因而，也必须由这个基础来解释，而不是像过去那样做得相反。"①

当然，上述论述只是历史唯物主义原理的一般表述。如果我们把这个一般的表述作为放之四海而皆准的原理处理任何对象，那就失之偏颇了。马克思晚年和恩格斯在马克思逝世之后，都意识到一些所谓的"马克思主义者"对历史唯物主义的曲解。所以，恩格斯在19世纪90年代对历史唯物主义的阐述显得特别

---

① 《马克思恩格斯选集》，第2版第3卷，第776页。

的重要，1890年10月27日他在给康·施米特的一封信中写道："至于那些更高地悬浮于空中的意识形态的领域，即宗教、哲学等等，那么它们都有一种被历史时期所发现和接受的史前的东西，这种东西我们今天不免要称之为愚昧。这些关于自然界、关于人本身的本质、关于灵魂、魔力等的形形色色的虚假观念，多半只是在消极意义上以经济为基础；史前时期的低级经济发展有关于自然界的虚假观念作为补充，但是有时也作为条件，甚至作为原因。科学的历史，就是把这种愚昧逐渐消除的历史，或者说，是用新的、但越来越不荒唐的愚昧加以代替的历史。从事这些事情的人们又属于分工的特殊部门，并且认为自己是致力于一个独立的领域。只要他们形成社会分工之内的独立集团，他们的产物，包括他们的错误在内，就要反过来影响全部社会发展，甚至影响经济发展。但是，尽管如此，他们本身又处于经济发展的起支配作用的影响之下。例如在哲学上，拿资产阶级时期来说这种情形是最容易证明的。霍布斯是第一个现代唯物主义者（18世纪意义上的），但是当专制君主制在整个欧洲处于全盛时期，并在英国开始和人民进行斗争的时候，他是专制制度的拥护者。洛克在宗教上和政治上都是1688年的阶级妥协的产儿。英国自然神论者和他们的更彻底的继承者法国唯物主义者都是真正的资产阶级哲学家，法国人甚至是资产阶级革命的哲学家。在从康德到黑格尔的德国哲学中始终显现着德国庸人的面孔——有时积极地，有时消极地。但是，每一个时代的哲学作为分工的一个特定的领域，都具有由它的先驱者传给它而它便由此出发的特定的思想材料作为前提。因此，经济上落后的国家在哲学上仍然能够演奏第一小提琴：18世纪的法国对英国来说是如此（法国人是以英国哲学为依据的），后来的德国对英法两国来说也是如此。但是，不论在法国或是在德国，哲学和那个时代的普遍的学术繁荣一样，也是经济高涨的结果。经济发展对这些领域也具有最终的至上权力，这在我看来是确定无疑的，但是这种至上权力是发生在各该领域本身所规定的那些条件的范围内：例如在哲学中，它是发生在这样一种作用所规定的条件的范围内，这种作用就是各种经济影响（这些经济影响多半又只是在它的政治等等的外衣下起作用）对先驱所提供的现有哲学材料发生的作用。经济在这里并不重新创造出任何东西，但是它决定着现有思想材料的改变和进一步发展的方式，而且多半也是间接决定的，因为对哲学发生最大的直接影响的，是政治的、法律的和道德的反映。"[①]

恩格斯1890年10月27日写的这封信在马克思主义思想史上是一份极为重要的文献。在这封信中，恩格斯针对庸俗唯物主义者对历史唯物主义原则的曲解，又指出：

"虽然经济上的需要曾经是，而且越来越是对自然界的认识不断进展的主要动力，但是，要给这一切原始状态的愚昧寻找经济上的原因，那就太迂腐了。"[②] 这种"太迂腐"的观点就是独断的经济决定论，这是为庸俗唯物主义大开方便之门的观点。辩证

---

① 《马克思恩格斯选集》，第2版第4卷，第703—704页。
② 《马克思恩格斯选集》，第2版第4卷，第703页。

第六章　从马克思逝世到恩格斯逝世（1883—1895）

唯物主义告诉我们的是："经济在这里并不重新创造出任何东西，但是它决定着现有思想材料的改变和进一步发展的方式，而且多半也是间接决定的，因为对哲学发生最大的直接影响的，是政治的、法律的和道德的反映。"在这封极为重要的信中，恩格斯已提出了反映与被反映之间的中介观点、观念的反作用观点、有限条件观点等等。所有这些思想，都给今后人们科学地理解辩证唯物主义原理作出了重要的界说。

1893年10月27日恩格斯在给梅林的信中，顺着这个思路又进一步地发挥了他的辩证观点。

"意识形态是由所谓的思想家通过意识、但是通过虚假的意识完成的过程。推动他的真正动力始终是他所不知道的，否则这就不是意识形态的过程了。因此，他想像出虚假的或表面的动力。因为这是思维过程，所以它的内容和形式都是他从纯粹的思维中——不是从他自己的思维中，就是从他的先辈的思维中引出的。他只和思想材料打交道，他毫不迟疑地认为这种材料是由思维产生的，而不去进一步研究这材料的较远的、不从属于思维的根源。而且他认为这是不言而喻的，因为在他看来，一切行动既然都以思维为中介，最终似乎都以思维为基础。

"……历史思想家在每一科学领域中都有一定的材料，这些材料是从以前的各代人的思维中独立形成的，并且在这些世代相继的人们的头脑中经过了自己的独立发展道路。当然，属于本领域或其他领域的外部事实对这种发展可能共同起决定性的作用，但是这种事实本身又被默认为只是思维过程的果实，于是我们便始终停留在纯粹思维的范围之中,而这种思维仿佛顺利地消化了甚至最顽强的事实。"①

请特别注意恩格斯在这里强调的作用与反作用、必然与偶然、轴线与曲线等问题的重要性。我们从中可以知道,在19世纪90年代,恩格斯已注意到了一些所谓的马克思主义者,其实是一些庸俗唯物主义者对马克思主义的曲解。这种曲解来自两个方面:一方面,他们把意识形态的历史看作是纯粹的思维的历史;另一方面,他们又将意识与影响意识形成的外部环境看作是永恒对立的两极,"完全忽略了相互作用"。

恩格斯在19世纪90年代的这一组论述,极为重要地阐述了马克思主义美学的辩证唯物主义的基础,这是我们全面地理解马克思主义美学思想的关键之处。这一观点,我们不能仅仅看作是对《德意志意识形态》《关于费尔巴哈的提纲》《1857年政治经济学批判序言》的重复。相反,这是恩格斯在19世纪90年代对马克思主义哲学的极为重要的阐述。这一阐述令我们明了,在20世纪的许多岁月中,对马克思主义哲学的种种曲解其实并不是马克思主义哲学发展的健康的方向,当然,更不是马克思主义哲学的真实面貌。恩格斯的重要论述为马克思主义的美学的发展纠正了方向,这是我们要特别注意的。我们在马克思和恩格斯的美学论述中,特别是恩格斯晚年的论述中,我们看到了文学批评和美学论述的辩证观点和科学的方法论实践。这一现象为我们比

---

① 《马克思恩格斯选集》,第2版第4卷,第726—727页。

较 20 世纪的马克思主义美学提供了重要的契机和比较的基础。

同样的思想，在 1894 年恩格斯给博尔吉乌斯的信中得到进一步阐述。恩格斯说：

"我们把经济条件看作归根到底制约着历史发展的东西。而种族本身就是一种经济因素。不过这里有两点不应当忽视：

（a）政治、法、哲学、宗教、文学、艺术等等的发展是以经济发展为基础的。但是，它们又都互相作用并对经济基础发生作用。并非只有经济状况才是原因，才是积极的，其余一切都不过是消极的结果。这是在归根到底总是得到实现的经济必然性的基础上的互相作用。例如，国家就是通过保护关税、自由贸易、好的或者坏的财政制度发生作用的，甚至德国庸人们的那种从 1648—1830 年德国经济的可怜状况中产生的致命的疲惫和软弱（最初表现于虔敬主义，尔后表现于多愁善感和对诸侯贵族的奴颜婢膝），也不是没有对经济起过作用。这曾是重新振兴的最大障碍，而这一障碍只是由于革命战争和拿破仑战争把慢性的穷困变成了急性的穷困才动摇了。所以，并不像人们有时不加思考地想像的那样是经济状况自动发生作用，而是人们自己创造自己的历史，但他们是在既定的、制约着他们的环境中，在现有的现实关系的基础上进行创造的，在这些现实关系中，经济关系不管受到其他关系——政治的和意识形态的——多大影响，归根到底还是具有决定意义的，它构成一条贯穿始终的、唯一有助于理解的红线。

（b）人们自己创造自己的历史，但是到现在为止，他们并不是按照共同的意志，根据一个共同的计划，甚至不是在一个有明确界限的既定社会内来创造自己的历史。他们的意向是相互交错着的，正因为如此，在所有这样的社会里，都是那种以偶然性为其补充和表现形式的必然性占统治地位。在这里通过各种偶然性而得到实现的必然性，归根到底仍然是经济的必然性。这里我们就来谈谈所谓伟大人物问题。恰巧某个伟大人物在一定时间出现于某一国家，这当然纯粹是一种偶然现象。但是，如果我们把这个人去掉，那时就会需要有另外一个人来代替他，并且这个代替者是会出现的，不论好一些或差一些，但是最终总是会出现的。恰巧拿破仑这个科西嘉人做了被本身的战争弄得精疲力竭的法兰西共和国所需要的军事独裁者，这是个偶然现象。但是，假如没有拿破仑这个人，他的角色就会由另一个人来扮演。这一点可以由下面的事实来证明，每当需要有这样一个人的时候，他就会出现，如凯撒、奥古斯都、克伦威尔等等。如果说马克思发现了唯物史观，那么梯叶里、米涅、基佐以及1850年以前英国所有的历史编纂学家则表明，人们已经在这方面作过努力，而摩尔根对于同一观点的发现表明，发现这一观点的时机已经成熟了，这一观点必定被发现。

历史上所有其他的偶然现象和表面的偶然现象都是如此。我们所研究的领域越是远离经济，越是接近于纯粹抽象的意识形态，我们就越是发现它在自己的发展中表现为偶然现象，它的曲线就越是曲折。如果您划出曲线的中轴线，您就会发现，所考察的时期越长，所考察的范围越广，这个轴线就越同经济发展的轴线接近于平行。"①

我们将恩格斯的原文全文引入,是想请读者重视恩格斯这封信的重要意义。他在信中所阐述的必然与偶然、基础与上层建筑、中轴线等思想都告诉我们:辩证唯物主义的方法论基础不仅是唯物的而且是辩证的。在1890年9月21日给布洛赫的信中,他写道:"如果有人在这里加以歪曲,说经济因素是唯一决定性的因素,那么他就是把这个命题变成毫无内容的、抽象的、荒诞无稽的空话。"②

恩格斯在19世纪90年代的这几封信中对辩证唯物主义的重新阐述,极为重要地将我们美学研究的哲学基础展示了可以说是新的前景。

费尔巴哈、德国古典哲学与文艺问题

在19世纪80、90年代恩格斯的重要著述中,主要是深入地总结以德、法两国革命运动为主的无产阶级斗争的历史使命。

我们细读这个时期的恩格斯的著作,可以看到,对社会历史及政治斗争的分析批判是其写作的主要任务。在《路德维希·费尔巴哈和德国古典哲学的终结》一书中,恩格斯这样分析19世纪的德国现状:

"正像在18世纪的法国一样,在19世纪的德国,哲学革命

---

① 《马克思恩格斯选集》,第2版第4卷,第732—733页。
② 《马克思恩格斯选集》,第2版第4卷,第696页。

也作了政治崩溃的前导,但是这两个哲学革命看起来是多么不同啊!法国人同整个官方科学,同教会,常常也同国家进行公开的斗争;他们的著作在国外,在荷兰或英国印刷,而他们本人则随时都可能进巴士底狱。相反,德国人是一些教授,一些由国家任命的青年的导师,他们的著作是公认的教科书,而全部发展的最终体系,即黑格尔的体系,甚至在某种程度上已经被推崇为普鲁士王国的国家哲学!在这些教授后面,在他们的迂腐晦涩的言词后面,在他们的笨拙枯燥的语句里面竟能隐藏着革命吗?那时被认为是革命代表人物的自由派,不正是最激烈地反对这种使头脑混乱的哲学吗?但是,不论政府或自由派都没有看到的东西,至少有一个人在1833年已经看到了,这个人就是亨利希·海涅。"[①]

恩格斯对19世纪的德国状况的分析为我们提供了如何理解一个具体的历史时期的美学思潮与文艺现象的范例和样板。正如我们已经了解的那样,恩格斯总是从思想发展的高度理解一切文艺现象的,试以分析黑格尔与费尔巴哈为例。作为大哲学家和美学家的黑格尔,恩格斯除了对他的美学思想评价为"赞叹不已"外,他全面而又深刻地分析了黑格尔作为德国资产阶级革命时代的特殊人物所处的历史位置。恩格斯认为,"歌德和黑格尔在各自的领域中都是奥林波斯山上的宙斯,但是两人都没有完全摆脱德国庸人的习气"[②]。黑格尔哲学是德国古典哲学的顶峰,它反

[①] 《马克思恩格斯选集》,第2版第4卷,第214—215页。
[②] 《马克思恩格斯选集》,第2版第4卷,第218—219页。

映了德国资产阶级要求民族统一、发展资本主义的革命要求，同时也表现了这个阶级在西欧无产阶级登上历史舞台，工人运动兴起的前夜，它害怕人民革命，向封建势力妥协的软弱性。这种两面性的特点，在黑格尔哲学的方法和体系的矛盾中充分地表现出来。一方面，黑格尔的辩证法思想推翻了一切关于最终的绝对真理和与之相应的人类绝对状态的想法，永远结束了以为人的思想和行动的一切结果具有最终性质的看法。"在它面前，不存在任何最终的东西、绝对的东西、神圣的东西；它指出所有一切事物的暂时性；在它面前，除了生成和灭亡的不断过程、无止境地由低级上升到高级的不断过程，什么都不存在。它本身就是这个过程在思维着的头脑中的反映。"① 另一方面，黑格尔的民族主义和形而上学的体系是保守的。它把绝对观念自我发展和完成的全部内容宣布为绝对真理，这就必然同辩证方法相矛盾，使革命的方向受到窒息。这个矛盾随着德国社会的变迁而逐步地导致了黑格尔哲学的解体，出现了黑格尔学派愈来愈明显的内部分裂。其中的左翼，即青年黑格尔派，在同宗教、封建势力的斗争中，不少人转向了英国和法国的唯物主义。1841年费尔巴哈《基督教的本质》一书的出版，"直截了当地使唯物主义重新登上了王座"②。矛盾被解决了，魔法被解除了，体系被"炸开"了，并且被抛在一旁。马克思和恩格斯热烈地欢迎这部著作所阐发的新观点。

---

① 《马克思恩格斯选集》，第2版第4卷，第217页。
② 《马克思恩格斯选集》，第2版第4卷，第222页。

恩格斯说："这部书的解放作用，只有亲身体验过的人才能想像得到。那时大家都很兴奋：我们一时都成为费尔巴哈派了。"① 但是，黑格尔哲学并没有被批判地克服，费尔巴哈采取简单否定的做法，把黑格尔哲学当作无用的东西抛在一边。同时，他本人除了矫揉造作的爱的宗教和贫乏无力的道德，拿不出什么积极的东西来和黑格尔体系的百科全书或以丰富内容相抗衡。恩格斯说："简单地宣布一种哲学是错误的，还制服不了这种哲学，像对民族的精神发展有过如此巨大影响的黑格尔哲学这样的伟大创作，是不能用干脆置之不理的办法来消除的。必须从它的本来意义上'扬弃'它，就是说，要批判地消灭它的形式，但是要救出通过这个形式获得的新内容。"②

恩格斯19世纪90年代对黑格尔的论述，在马克思主义思想史上是经典性的。他科学地界定了黑格尔哲学在思想史上的地位而且强调了在历史发展中要注意剥离黑格尔哲学的合理部分，并凸显了黑格尔哲学的辩证因素。这些，对19世纪90年代的马克思主义美学思想发展，都起到了基础性的作用。

我们再看恩格斯对费尔巴哈的分析。

费尔巴哈冲破了德国思想界唯心主义哲学长期统治的局面，恢复了唯物主义的权威，解放了人们的思想。费尔巴哈认为，物质的、可以感知的自然界，不依赖任何哲学而存在，人类是自

---

① 《马克思恩格斯选集》，第2版第4卷，第222页。
② 《马克思恩格斯选集》，第2版第4卷，第223页。

然界的产物，自然界是人类赖以生长的基础。物质不是精神的产物，相反，精神却是物质的最高产物，人的意识和思维是物质的、肉体的器官即人脑的产物；宗教幻想所创造出来的最高存在物只是我们固有的本质的虚幻反映。不难看出，费尔巴哈的观点是同那种把自我意识或绝对观念当作世界本原的民族主义观点直接对立的。

费尔巴哈的唯物主义同17、18世纪的唯物主义一样，存在着明显的历史局限性。第一，机械性。把一切事物和现象的发展变化都归结为简单的机械运动。第二，形而上学性。用孤立、静止和片面的观点看世界，不能从事物的相互联系中去认识事物。第三，没有将唯物主义观点彻底地贯穿到社会历史领域，它在历史观上仍是民族主义的。这是恩格斯对旧唯物主义的三条经典概括。

恩格斯在《路德维希·费尔巴哈与德国古典哲学的终结》一书中，对费尔巴哈从抽象的人性论出发，把宗教同人与人之间的感情关系混为一谈，认为"心是宗教的本质"。恩格斯指出，费尔巴哈的唯心主义在于：他不是按照本来的面貌去看待人与人之间的感情关系，不是用经济的、物质的原因来说明这种关系，而是从宗教一词的语源出发，把这种关系神秘化、神圣化，把它当作宗教顶礼膜拜，因而是荒谬的，同他的唯物主义自然观背道而驰。费尔巴哈还把人类历史当作宗教的附属品，认为宗教是历史发展的决定力量，宗教的变迁是划分历史时期的标准等。恩格斯指出，与费尔巴哈的观点相反，不是宗教的变迁决定历史的发展，而是历史的发展决定宗教的变迁。在阶级社会里，阶级的对立和斗争是历史运动的杠杆。

费尔巴哈同样从抽象的人出发,把所谓追求幸福的意向、享受幸福的平等权利、对己的自我节制和对人的爱作为道德的基础和基本准则。恩格斯指出,费尔巴哈的道德原则在实践上是行不通的。恩格斯认为,道德是历史的、具体的,不存在适合于一切时代、一切民族的永恒的道德。

恩格斯从哲学史的角度,分析了马克思对黑格尔与费尔巴哈的改造与批判,指出马克思主义哲学的产生实现了哲学发展史上的伟大变革。马克思同黑格尔哲学分离返回唯物主义,但这已不是原来意义上的旧的唯物主义,而是克服了旧唯物主义的一切局限性的新的唯物主义,马克思"唯物地把我们头脑中的概念看作现实事物的反映,而不是把现实事物看作绝对概念的某一阶段的反映。这样,辩证法就归结为关于外部世界和人类思维的运动的一般规律的科学。"①

从恩格斯对马克思主义哲学同德国古典哲学的关系的分析中,我们可以看到:19世纪90年代,恩格斯全面地总结了马克思主义的唯物辩证法的特点及与传统哲学的关系,对马克思主义哲学的基本问题,作了最新的系统阐述。在这个时期,特别在《路德维希·费尔巴哈与德国古典哲学的终结》一书中,恩格斯第一次明确提出了哲学基本问题的新概念,即思维与存在的关系是哲学的基本问题。"全部哲学,特别是近代哲学的重大的基本

---

① 《马克思恩格斯选集》,第2版第4卷,第243页。

问题，是思维和存在的关系问题。"① 与这个基本问题相关，恩格斯指出，哲学的基本问题的第二个方面是指思维和存在的同一性问题，即"我们关于我们周围世界的思想对这个世界本身的关系是怎样的？我们的思维能不能认识现实世界？我们能不能在我们关于现实世界的表象和概念中正确地反映现实？"② 对这一问题的回答是肯定的。从唯物主义的实践立场出发，恩格斯阐述了世界的可知性及认识的实践品格。这一马克思主义认识的立场对马克思主义美学思想的发展作用是决定性的。这是对马克思主义美学的哲学基础的基本表达。

在这一时期的其他著作中，恩格斯对历史唯物主义基本原理作了深入的系统的阐述，对未来美学思想的发展带来了决定性的影响。其中最重要的是对历史发展客观规律的科学论证，恩格斯指出，在社会历史领域，旧哲学（历史哲学、法哲学、宗教哲学等等）都是以哲学家头脑中臆想的联系，把历史看作始终只是哲学家本人所喜爱的那些观念的逐渐实现。这样，历史或者只不过是个别人物理想和意志的体现，是偶然堆积的事件，而没有什么规律可循。而恩格斯则明确指出："在这里也完全像在自然领域里一样，应该通过发现现实的联系来清除这种臆造的人为的联系；这一任务，归根到底，就是要发现那些作为支配规律在人类社会的历史上起作用的一般运动规律。"③

---

① 《马克思恩格斯选集》，第 2 版第 4 卷，第 223 页。
② 《马克思恩格斯选集》，第 2 版第 4 卷，第 225 页。
③ 《马克思恩格斯选集》，第 2 版第 4 卷，第 247 页。

"历史规律"的观点是恩格斯在19世纪90年代重申和强调的历史唯物主义基本内容。在这一总观点支配下,恩格斯分析并全面考察了经济基础和上层建筑的关系,着重阐明了上层建筑和社会意识形态发展的相对独立性和反作用的关系,并强调指出了社会意识形态产生、运动、互相制约的复杂关系。恩格斯说:"政治、法、哲学、宗教、文学、艺术等等的发展是以经济发展为基础的。但是,它们又都互相作用并对经济基础发生作用。"① 由于各种社会意识形态反映社会存在的内容和方式不同,同社会经济基础联系的密切程度不同,因而那些内容更为抽象、距离社会存在更远更间接的领域,如艺术、宗教、哲学等等,往往要通过若干中间环节才能同经济联系起来。"中间环节""中介"的思想,在19世纪90年代恩格斯的论述中提到了相当重要的地位。

在《终结》一书中全面重新阐述的辩证唯物主义与历史唯物主义,使马克思主义美学的哲学基础得到了完备的理论阐述。在这个基础上,恩格斯对19世纪90年代流行的各种文艺思潮和代表人物作了深入的分析和严肃的批评。

第二节 批评与论战

"唯物主义只是指南"

19世纪90年代前后,恩格斯以他一贯的坚定唯物主义立场

---

① 《马克思恩格斯选集》,第2版第4卷,第732页。

和犀利的方法论，一方面在基本理论上进行深刻的阐述，另一方面，他又面对丰富复杂的文艺界的现状，进行分析、批判甚至斗争。19世纪90年代初，德国社会民主党内涌入了一批文学家和大学生，掌握了一部分报刊，攻击党推行机会主义路线，利用议会斗争来维护小资产阶级利益，破坏党的民主，等等。这些美文学家以党的理论家和领导人自居，称为青年派，反对党的领导，其骨干为保尔·恩斯特（1866—1933）、麦克斯·席佩尔（1839—1928）等人，恩格斯、倍倍尔等人对这些错误的言行进行了坚决的斗争。恩格斯在给恩斯特的一封信中，批评了这些小资产阶级文人的狂热和片面，指出：唯物主义方法只是研究历史的指南而不是别的。

恩格斯说："至于谈到您用唯物主义方法处理问题的尝试，那么，首先我必须说明：如果不把唯物主义方法当作研究历史的指南，而把它当作现成的公式，按照它来剪裁各种历史事实，那么它就会转变为自己的对立物。"①

恩格斯在这封信中也分析了挪威的阶级状况，评论了挪威的文学运动，直到今天，仍是马克思主义美学思想中极富创造性的天才的评论。

恩斯特将唯物主义庸俗化地理解为经济地位直接地与阶级意志与思想文化意识相匹配。他将整个挪威和那里发生的一切都归入小市民阶层的范围，而且又毫不迟疑地将德国小市民阶层的特

---

① 《马克思恩格斯全集》，第1版第37卷，第410页。

征强加在挪威人身上。这一判断使他失去了对挪威整个社会运动的看法的公正性。恩格斯认为,对挪威的独特情况我们必须用具体分析的方法来判断。他指出了两个事实:

第一,当整个欧洲由于王朝复辟而处在封闭和落后阶段时,挪威已经找到机会拿到了一个比当时欧洲的任何一个宪法都要民主得多的宪法。

第二,挪威在20世纪70年代到90年代出现的文学繁荣,除了当时的俄国之外,欧洲的国家之中没有一个能与之相比,他们甚至使他们的文学影响了欧洲其他各国。这两个在政治民主与文学繁荣等方面取得的成就,主要是由恩斯特所谓的"挪威小市民"取得的。所以,恩格斯认为,有必要对挪威小市民阶层的特性作一定程度的研究。

恩格斯对挪威小市民阶层的分析是灵活地运用唯物主义原则的范例。

恩格斯将挪威小市民与德国小市民作了比较。德国小市民阶层是遭到了失败的革命的产物,由此造成了德国小市民阶层的胆怯、狭隘、束手无策、毫无首创能力这样一些畸形发展的性格。这成了一种普遍的德国性格。恩格斯认为,"德国的小市民阶层并不是一个正常的历史阶段,而是一幅夸张到了极点的漫画,是一种退化"[①]。

相反,恩格斯认为,在挪威的小市民和小资产阶级中间稍

---

① 《马克思恩格斯全集》,第1版第37卷,第411页。

稍掺杂着一些中等资产阶级,在挪威,谈不上由于遭到了失败的伟大运动和三十年战争而被迫退回到过去的状态中。由于与欧洲大陆的相对隔离状态和自然条件的特殊性,因而它的状况是完全适合它的生产条件的,因而是正常的。而且,由于特殊的历史状况,由中小船主组成的挪威的运输船队非常强大,在世界上数一数二。而且,挪威的小资产者都来源于农民,而挪威的农民从来不是农奴,他们是在相对自由的环境中成长起来的。他们比起堕落的德国小市民来说,是"真正的人"。而在易卜生的戏剧中反映出来的挪威小资产阶级妇女,与德国相比也有天壤之别。所以,"在这个世界里,人们还有自己的性格以及首创的和独立的精神"[①]。

请注意恩格斯对挪威小资产阶级以及代表他们的文学的赞誉:

"性格""首创""独立精神"。

这就是文学之美的内涵。这是被后来的马克思主义批评几乎忽略了的马克思主义创始人的美学思想中最为精彩的部分。

恩格斯在评论德国工人诗人格奥尔格·维尔特的《帮工之歌》时认为,维尔特是德国无产阶级的第一个和最重要的诗人,并用他一贯的唯物主义立场写道:

"维尔特所擅长的地方,他超过海涅(因为他更健康和真诚),并且在德国文学中仅仅被歌德超过的地方,就在于表现自

[①] 《马克思恩格斯全集》,第1版第31卷,第412页。

然的、健康的肉感和肉欲。假如我把《新莱茵报》的某些小品文转载在《社会民主党人报》上面,那么读者中间有很多人会大惊失色。但是我不打算这样做。然而我不能不指出,德国社会主义者也应当有一天公开地扔掉德国市侩的这种偏见、小市民的虚伪的羞怯心,其实这种羞怯心不过是用来掩盖秘密的猥亵言谈而已。例如,一读弗莱里格拉特的诗,的确就会想到,人们是完全没有生殖器官的。但是,再也没有谁像这位在诗中道貌岸然的弗莱里格拉特那样喜欢偷听猥亵的小故事了。最后终于一天,至少德国工人们会习惯于从容地谈论他们自己白天或夜间所做的事情,谈论那些自然的、必需的和非常惬意的事情,就像罗曼语民族那样,就像荷马和柏拉图,贺雷西和尤维纳利斯那样,就像旧约全书和《新莱茵报》那样。"[①]

恩格斯的这种评论文字,无任何抽象的定义式的说教却更鲜明生动地反映了马克思主义美学思想的具有生命力的精神。请注意恩格斯用赞美的口吻认为维尔特超过海涅的地方在于"表现自然的、健康的肉感和肉欲"。这种作品曾刊载在马克思主编的《新莱茵报》上,恩格斯讽刺道,这会使那些充满德国小市民的市侩气的道貌岸然的作者大惊失色的。

恩格斯的这种对生命、生命力的赞颂,很有力地体现了唯物主义美学的内在精神。

---

① 《马克思恩格斯全集》,第1版第21卷,第9页。

第六章 从马克思逝世到恩格斯逝世（1883—1895）

"这一个"

1885年11月26日，恩格斯在给敏·考茨基的信中谈到她的小说《旧和新》中的人物时写道："……每个人都是典型，但同时又是一定的单个人，正如老黑格尔所说的，是一个'这个'，而且应当是如此。"①

黑格尔在他的早期哲学著作《精神现象学》第一章《感性确定性，这一个和意谓》里所说的'这一个'，在于强调整体乃是个体与普遍性互相渗透的运动，即对立的统一。他写道："当我说：这是一个个别的东西时，则我毋宁正是说它是一个完全一般的东西。"②可见，黑格尔所说的"这一个"，既是指事物的具体感性形态，即事物的个别性，也是指事物的普遍本质，即共相或共性，体现了他的辩证法思想，恩格斯也正是在这样的意义上肯定了他的这一命题。

从黑格尔哲学脱胎而来的马克思主义美学的典型学说，对日后的马克思主义的文学批评与理论建设起到了重大的影响。它成了马克思主义美学理论中一条极为重要的原则，而它们的直接思想发源地，就是恩格斯给敏·考茨基的信中谈到的"这个"。从思想渊源来讲，黑格尔的理论是建立在客观唯心主义的基础上的，因而他所讲的"这个"归根到底不过是"理念的感性显现"，

---

① 《马克思恩格斯选集》，第2版第4卷，第673页。
② 黑格尔：《精神现象学》（上卷），贺麟、王玖兴译，商务印书馆，1979年版，第73页。

即绝对精神的转化物，是头足倒立的"这个"。按照这种主张去塑造人物，实际上不可能创造出黑格尔自己所说的那种"活的个性"，而只能是某种抽象精神的"人格化"。欧仁·苏在《巴黎的秘密》中对玛丽花这个人物的刻画就体现了这一点。玛丽花在没有经过作家对她的"批判性"的改造之前，她像实际生活中的人那样，显得真实，自然，是一个活的个性，正如马克思所说："我们在罪犯当中看到的玛丽花是一个卖淫妇，是那个罪犯麇集的酒吧间老板娘的奴隶。尽管她处在极端屈辱的境遇中，她仍保持着人类的高尚心灵、人性的落拓不羁和人性的优美……玛丽花虽然十分纤弱，但立刻就表现出她是朝气蓬勃、精力充沛，愉快活泼、生性灵活的……"① 可见，马克思主义创始人对"这一个"，或"个性"的需求是充满着对活跃的生命力的赞颂的。他们要求的是"活的个性"，是"从事实际活动的人"。所以，与黑格尔相反，马克思和恩格斯不是从抽象的理念出发，而是从实际活动的人的活生生的个性出发，从"真正的人"出发来塑造典型人物，而不是将抽象的观念人格化。这样，艺术作品中的"这一个"才不是抽象的人"类"之个体，而是"一定的单个人"，即应当像实际生活中的人那样，是具有自己独特经历和独特性格的有生命的个体。这就是唯物主义典型原则的一个基本出发点。

在典型问题上，马克思主义美学的论点主要包括以下几个方面：

---

① 《马克思恩格斯全集》，第1版第2卷，第215页。

典型人物的塑造必须有精确的"个性刻画",这是典型化的基本前提。在马克思和恩格斯看来,典型的共性与个性的统一必须以个性为基础,即共性必须体现在真实、具体、人物的个性上面。离开个性的具体描写,必然导致人物描写的抽象化、概念化,这是他们一贯反对的。马克思在给斐·拉萨尔的信里就批评拉萨尔的剧本"在性格描写方面看不到什么特出的东西",济金根"被描写得太抽象了"。恩格斯在给拉萨尔的信中也明确提出,要对"人物的有代表性的性格"作出"卓越的个性刻画","把各个人物用更加对立的方式彼此区别得更加鲜明些"。并指出:"人物的性格不仅表现在他做什么,而且表现在他怎样做。"在给敏娜·考茨基的信里,恩格斯一方面肯定了作者在刻画某些人物时所采用的"鲜明的个性描写手法",同时又指出,阿尔诺德这个人被描写得"太完美无缺了","个性就更多地消融到原则里去了",而"爱莎即使已经被理想化了,但还保有一定的个性描写"。马克思和恩格斯是十分重视典型化中的"个性"描写的。

强调"个性"必须与类型化作严格的区别。人们长期形成一种看法,那就是把个性仅仅理解为人物性格的某种特征。比如,有的人勇敢,有的怯弱,有的阴险,有的正直、大方,有的傲慢等,这是不确切的。所谓个性,正如黑格尔所指出的,是指"许多性格特征的充满生气的总和",而人物某种突出的性格,只是其个性的一部分。如果在典型创造中只孤立地去表现人物性格的某一特征,就必然导致人物描写的简单化、类型化,使之成为某种概念的化身。马克思主义美学并不赞同把人物的个性仅仅描绘成单一的，相反，他们反复强调的是：丰富性、复杂性、独特的个别性，等等。

典型问题已被日后的文学实践证明是符合文学发展实际的科学的理论核心内容，但是，由于片面地理解"个别与共性"的统一，将类型性、普遍性取代个别性，最恶劣的后果是造成"千人一面"的公式化、概念化倾向。

马克思、恩格斯的典型理论除了要求"个性化"外，还要求典型是"一定的阶级和倾向的代表"。这是要求典型具有普遍性和代表性的一面，即典型必须概括一定社会生活的本质和特征。否则，就会出现如恩格斯所说的"恶劣的个性化"倾向，即对人物性格的揭示不是去刻画一定的倾向性特征，而成为一些非本质的性格特征的烦琐描绘。这种倾向在19世纪中叶以后的德国一度比较流行。当时德国知识分子中许多人对普鲁士容克贵族和大资产阶级的反动高压政策感到不满，但又没有勇气和它进行斗争，因而对黑暗现实采取回避的态度。这种情况反映在文学创作上，便是有意避开重大的社会问题和政治问题，孤立地去描写个人遭遇和家庭生活。作品的主题狭窄，内容贫乏，人物的心理状态和性格特征的描写虽然很细致，却不能反映现实生活的本质。恩格斯讽刺说："这种个性化不过是玩弄小聪明而已，并且是垂死的模仿文学的一个本质的标记。"[①] 针对这种情况，恩格斯明确指出："主要的出场人物是一定的阶级和倾向的代表，因而也是

---

① 《马克思恩格斯选集》，第2版第4卷，第558页。

他们时代的一定思想的代表,他们的动机不是来自琐碎的个人欲望,而正是来自他们所处的历史潮流。"①

恩格斯要求的典型性、倾向性、共性,是与时代的本质要求相连在一起的,这是与他的历史唯物主义立场完全一致的。马克思主义美学思想中对人的评价和看法并不是将人看作孤立的人,肉欲的人,生物的人,"各个人的出发点总是他们自己,不过当然是处于既有的历史条件和关系范围之内的自己,而不是玄想家们所理解的'纯粹的'个人……他们的个性是由非常明确的阶级关系决定和规定的"②。

恩格斯在提出典型是一定阶级的代表的同时,还进一步指出典型是一定倾向的代表。恩格斯所说的倾向,是指某一阶级及其成员在一定历史条件下所表现出来的思想和政治方面的倾向性。这种倾向性又是具体的,而不是抽象的。如上文所说,恩格斯在批评恩斯特的教条主义倾向时,指出要具体分析所谓的"小市民倾向",挪威的小市民与德国的小市民表现了不同的历史社会内涵。

关于典型,上文我们已从个性与共性、倾向性与普遍性等方面引用了恩格斯的原话,并加以阐述。恩格斯美学思想的典型理论中还有一个典型环境的重要思想。

何为典型环境?

---

① 《马克思恩格斯选集》,第2版第4卷,第558页。
② 《马克思恩格斯选集》,第2版第1卷,第119页。

恩格斯在1888年4月初写给玛·哈克奈斯的信里明确指出，"据我看来，现实主义的意思是：除了细节的真实外，还要真实地再现典型环境中的典型人物"。这一论断的要义是将典型环境、典型性格与现实主义倾向紧密地结合了起来。这是现实主义理论在马克思主义美学思想史上的最重要的发展。

"环境"一词的含义包括了物质的和精神的，自然的和社会的，历史的和现实的诸多方面。现实中的人们总是处在上述诸种因素所构成的环境里生活。恩格斯在《风景》一文中写道："只有认识了北德意志的草原之后，我才真正了解了格林兄弟的'废话'。"① 他在谈到莎士比亚戏剧创作时还说："不管他剧本中的情节发生在什么地方，其实展现在我们面前的永远是他所描写的怪僻的刁民、自作聪明的教书先生、可爱然而古怪的妇女们的故乡"，"总之，你会看到这些情节只有在英国天空下才能发生。"② 马克思、恩格斯在世界观形成之后，他们不仅注意到了人与自然的环境关系，而且更强调了社会环境对人的性格的影响。他们明确指出："人们的性格是由环境造成的。"马克思和恩格斯对作家作品的分析，总是把对人物性格的分析同社会环境、时代潮流联系起来，并且要求作家正确地认识和把握一定时代社会关系的特点，在人物、事件同周围环境的联系中，去揭示其社会本质。这

---

① 《马克思恩格斯论艺术》（四），中国社会科学出版社，1982年版，第390页。

② 《马克思恩格斯论艺术》（四），中国社会科学出版社，1982年版，第395页。

一关系要求，在恩格斯对哈克奈斯的小说《城市姑娘》的深刻分析中可以得到说明。玛·哈克奈斯是19世纪80年代英国具有社会主义倾向的小资产阶级妇女作家，生于伦敦的一个牧师家庭，年轻时当过护士。她受资产阶级人道主义和社会改良主义的影响，看不到工人阶级的英勇斗争及其所担负的伟大历史使命。1887、1891年她先后以约翰·劳的笔名发表了《城市姑娘》等作品。《城市姑娘》写的是一个在英国小说中常见的穷苦少女被富绅诱骗和遗弃的故事。小说的女主人耐丽是一个缝纫女工，被资产阶级绅士阿屠尔·格朗特诱骗失身，又遭遗弃，母亲和哥哥将她逐出家门，她钱包被窃，私生子又死了，真是走投无路，孤苦至极。后来靠救世军之类的慈善机构的赈济，才死里逃生。在哈克奈斯笔下，耐丽是一个被侮辱、被损害而又毫无反抗精神的消极人物。她在资本主义城市生活的诱惑下追求"一定要打扮得和贵妇人一模一样"，羡慕阔人们"生活总像在过节，他们可真是幸福"。当她被侮辱、被遗弃时，也只有哀怨和眼泪。她对人面兽心的格朗特采取"不记仇"的态度，甚至为他的罪行开脱。哈克奈斯笔下的工人都是消极麻木的一群。

恩格斯在给哈克奈斯的信中首先肯定了这部作品有"现实主义的真实性"，"表现了真正艺术家的勇气"。但恩格斯认为这部小说不是"真正现实主义的"。现实主义除了要求细节的真实外，还要真实地再现典型环境中的典型人物。按照这个标准，《城市姑娘》的人物虽然"就他们本身而言，是够典型的，但是环绕着这些人物并促使他们行动的环境，也许就不是那样典型了"。在这部小说里，恩格斯批评说工人阶级是以消极的群众形象出现的。他们不能自助，甚至没有表现出任何企图自助的努力。"想使这样的工人阶级摆脱其贫困而麻木的处境的一切企图都来自外面，来自上面。如果这是对1800年前后或1810年前后，即圣西门和罗伯特·欧文的时代的恰如其分的描写，那么，在1887年，在一个有幸参加了战斗无产阶级的大部分斗争差不多50年之久的人看来，就不可能是恰如其分的了。"①

恩格斯对《城市姑娘》的批评很好地说明了马克思主义的现实主义理论的美学准则。这是对近代现实主义文学特别是对以莎士比亚、巴尔扎克为代表的杰出的现实主义作家创作经验的理论概括，它是现实主义高度发展的标志和特征。

"脱离政治是荒谬的"

19世纪80、90年代，恩格斯除了从事基本的著述以外，还热情地投入了当时的文艺思想战线上的斗争。这些斗争虽然从总体看是分散的，零星的，但却是马克思主义美学思想的很生动、很集中的体现。

恩格斯在19世纪80、90年代，尽管肩负着整理马克思遗作的艰巨任务，然而，他仍然不懈地关心着文艺思想界的种种事件，并对实际发生的运动不等地提出批评和建议。例如，他批评脱离实际的爱德华·艾威林等人（艾威林是马克思的女婿）；他

---

① 《马克思恩格斯选集》，第2版第4卷，第683页。

第六章 从马克思逝世到恩格斯逝世(1883—1895)

批评肖伯纳"作为文学家是很有才能和锐敏的,'但作为政治家、经济学家却微不足道'"。当时,肖伯纳与费边社分子站在一起,在政治上反对马克思主义的路线。费边社是英国资产阶级知识分子于1854年成立的改良主义组织,主张通过细微的改良逐渐改造社会,反对马克思主义的阶级斗争学说。恩格斯在致考茨基的信中写道:"如果这次选举时你在这里,你对费边社分子的评价就会不同了。在我们的策略中,对当代已经达到现代发展水平的各国来说,有一点是确定不移的:引导工人建立一个同一切资产阶级政党对立的、自己的、独立的政党。在这次选举中,英国工人第一次(诚然还是本能地并在事态进程的推动下)朝这个方向迈出了决定性的一步,这一步获得了惊人的成绩,比近20年来任何一个事件都更有助于提高工人的觉悟。而费边社分子(不是其中的某一个人,而是作为一个整体的费边社)做了些什么呢?他们所宣扬和实行的是要工人依附自由党,结果不出所料:自由党分给他们四个不能取胜的选区,费边社分子的候选人也就遭到了惨败。怪僻的文学家肖伯纳——作为文学家,他是很有才能和敏锐的,但作为经济学家和政治家,却微不足道,尽管他很正直,也不追逐名利。"[①]

恩格斯仿佛特别关注文学家肖伯纳的态度和立场,1892年11月19日,恩格斯在致倍倍尔的信中写道:"你从附件中可以看到,伦敦的七个士瓦本人,即《纪事报》的费边社分子,对你们

---

① 《马克思恩格斯全集》,第1版第38卷,第442页。

这次党代表大会胡说了些什么。这些可怜虫的日子很不好过。伟大的肖伯纳5月份曾竭力向你们说明，必须同自由党人结成一伙，不采取这个政策就只能遭到失败和耻辱，而现在，他在民主俱乐部发表的演说中却承认说，自由党人卑鄙地欺骗了他们，选举中得到的只是失败和耻辱，自由党人正在准备——现在已经同托利党人在一起——欺骗工人了！这些人还想教你们学习'实用政策'呢！现在他甚至说，两个老党遵循同样一个政策，又说除了这两个党外，只存在一个社会民主党了！我想，这对可爱的爱德将起到洗冷水澡的作用。"①

与费边社分子、与代表他们的思想路线作原则上的斗争，表现了恩格斯一贯坚定的马克思主义立场和理论原则。从中我们也可以看到对有文学才华的肖伯纳，恩格斯一方面充分肯定他的文学成就，另一方面，恩格斯也不原谅他的政治上的失误和脱离工人阶级实际斗争的行为。恩格斯的批评是对一个实践着的文学家的最大的鞭策和鼓励。

19世纪90年代最重要的批评是针对梅林的。梅林是马克思的忠诚的学生和战友，但在19世纪90年代的政治斗争中，梅林也一度产生过错误的想法，主要在挫折面前丧失勇气和信心。恩格斯写道："据爱德说，梅林曾写信告诉他，无论是《新时代》《前进报》，还是党的其他报刊，都根本没有理睬他的《反李希特尔》，这是不能原谅的，他想脱离一切政治，等等。我懂得，一

---

① 《马克思恩格斯全集》，第1版第38卷，第519—520页。

个对文学家手法习以为常的作者——我这样说不是一种指责,因为在资产阶级报界,甚至在纯文学领域内,这不仅已经成了常规,而且成了生存的必要条件,——和在非社会民主党报刊上有了名气的人,是很不喜欢社会民主党的这种惯例的。……不管这会使个别人有时多么不高兴,我仍然认为我们报刊的这种庄严的冷漠是它最大的优点之……"[1]

请读者注意恩格斯对梅林的卓越才能的赞美以及对梅林在政治斗争中立场摇摆的惋惜。而梅林一旦写出出色的作品,恩格斯又赞不绝口:"梅林发表在《新时代》上的《莱辛传奇》我已读过,感到十分满意。这的确是一篇出色的作品。要是我的话,有些地方不会这样去说明和强调,不过一般来说,他还是抓住了要领。令人鼓舞的是,20年来唯物史观在年轻党员的作品中通常只不过是响亮的辞藻,现在终于开始得到恰当的应用——作为研究历史的引线来应用。考茨基和爱德在这方面写过一些不坏的作品,但梅林有他自己专门的题材,即他更为详细研究过的德国历史中的普鲁士这个角落。一般说来,他的观点比较不受拘束,首先是他的表达方式比较果断和明确。希望这篇作品在《新时代》上登完以后,立即出单行本。据我所知,这是对普鲁士传奇这个堡垒第一次最好的正规的围攻;说的是莱辛,指的是老弗里茨。而普鲁士传奇一定要打破,然后普鲁士才能融合于德国。关于易北河以东的普鲁士无论在德国历史还是在欧洲和世界历史上

---

[1] 《马克思恩格斯全集》,第1版第38卷,第296页。

的前提，有些地方我倒有不同的看法，但这个问题梅林只是提了一下。"①

在恩格斯这段话里，贯彻着他一贯的历史唯物主义主张，并肯定，历史唯物主义在年轻党员中终于作为"研究历史的引线来应用了"。恩格斯称赞梅林"在普鲁士历史这一滩污泥浊水里清出一条路来，并指出了事物的真正联系"②。

鲜明的党性和贯穿始终的唯物主义立场和方法，是恩格斯在评论作家作品时的基本方法和出发点，无论在批评肖伯纳还是在帮助梅林的时候，都是这样。顺便说一句，恩格斯的这些评论都是在写给他人的书信中出现的，而这些都是过去的研究著作不太重视的内容。在这些书信中，恩格斯对繁杂的文艺现象作出了立场如一的评价和褒贬，在这些零星的评价中，体现了他美学批评的一贯精神，这是马克思主义美学不可缺少的组成部分。

我在这里还要请读者注意恩格斯评判具体作品时的现实主义倾向。1883年12月13日，恩格斯写信给马克思的次女劳拉，谈起巴尔扎克，恩格斯说，我从这个卓越的老头子那里得到了极大满足。"这里有1815年到1848年的法国历史。"③1887年2月2日，恩格斯在致劳拉的信中，谈起莫泊桑的《漂亮朋友》时写道，莫泊桑使他看到了巴黎新闻界"完全现实的一幕。"④

---

① 《马克思恩格斯全集》，第1版第38卷，第310页。
② 《马克思恩格斯全集》，第1版第39卷，第64页。
③ 《马克思恩格斯全集》，第1版第36卷，第77页。
④ 《马克思恩格斯全集》，第1版第36卷，第588页。

第六章　从马克思逝世到恩格斯逝世（1883—1895）

综上所述，恩格斯在马克思逝世之后，在美学与文艺思想上，坚持的是一贯坚定的无产阶级立场和辩证唯物主义的方法论。特别在19世纪90年代，恩格斯将这一系列哲学思想和美学批评准则上升为无产阶级文艺与美学建设的根本任务。

"要知道在理论方面还有很多工作需要做，特别是在经济史问题方面，以及它和政治史、法律史、宗教史、文学史和一般文化史的关系这些问题方面，只有清晰的理论分析才能在错综复杂的事实中指明正确的道路。"①

这个史诗般的任务是恩格斯在1889年提出来的，迄今已有百年历史了。恩格斯殷切地期望：新的历史纪元，应当由无产阶级的"但丁"来宣告诞生。这是无产阶级解放全人类的任务，也是马克思主义美学的任务。

---

① 《马克思恩格斯全集》，第1版第37卷，第283页。

第七章

梅林与普列汉诺夫

第一节　梅林的美学与文艺批评

生平和事业

马克思主义美学思想的形成和发展，不仅仅是马克思和恩格斯两个人的事，而是整整一代马克思主义者的伟业。在与他们同时代的学生和战友中，梅林不仅由于他的学识和思想，而且由于他对文学与艺术运动的关注而在马克思主义美学思想史上留下了生动的篇章。与梅林同时代的人还有拉法格、倍倍尔、李卜克内西等人，但他们主要是政治活动家和社会理论家，在美学与文艺思想的贡献上，不如梅林典型。所以，本文选择梅林作为这一时代的马克思主义美学的代表人物来介绍和评述，以期从中看出马克思主义美学思想在当代的影响和发展。

弗朗茨·梅林生于1846年2月27日，父亲是德国波美拉尼亚地方什拉夫城的一个普鲁士军官。1866年中学毕业后，先后在莱比锡大学和柏林大学学习哲学、历史和文学。梅林出生的时候，马克思和恩格斯已完成了《德意志意识形态》这样的巨著。而梅林1870年在柏林大学毕业时，马克思52岁，写出《法兰西内战》。所以，梅林名副其实地是马克思和恩格斯的学生。

梅林在大学学习时就接触到了德国资产阶级激进民主派的代表人物的思想和著作，从1869年到1890年，他从资产阶级民主派报纸的撰稿人，进而成为工人阶级的先锋战士，这期间他经历了迷误、失望、探索、追求直至觉悟的艰难历程。1891年他参加德国社会民主党，立即为党的主要理论机关刊物《新时代》撰稿。他的大量政论和一系列出色的论文，成为马克思主义文献中最有价值的精神财富。卢森堡在1916年2月27日为梅林70寿辰写的贺信里作了中肯的评述：

"……几十年来，你在我们这边，站在自己特有的岗位上。这个岗位除了你，谁也占据不了；你是光辉灿烂的真正精神文化的代表。如果按马克思和恩格斯的说法，德国无产阶级是德国古典哲学的历史继承人，那么，你就是这一遗嘱的执行者。你从资产阶级阵营里，把过去资产阶级精神文化的黄金宝藏里留下来的一切珍宝都抢救出来交给我们，带到这些被剥夺了社会继承权的人们的阵营里。通过你的书和文章，你用牢不可破的纽带，不仅把德国无产阶级同德国古典哲学，而且也同古典文学联系在一起，不仅同康德和黑格尔，而且也与莱辛、席勒和歌德联系在一起。你用出自你神妙笔端的每一个字，教育我们工人，社会主义不是个吃饭问题,而是个文化运动,是个伟大的、令人自豪的世界观。30多年来,你的职务始终是捍卫这个世界观,并且坚守在它的岗位上。……今天,资产阶级出身的知识分子成群结队地背叛我们,为了回到统治阶级的宴席上去而离开我们,我们只好瞥他们一眼,报以轻蔑的微笑:你们尽管走吧!我们已经夺得了德国资产阶级最后一个最富才智、最有天才,品德最高的最杰出的人物——弗朗茨·梅林……"[①]1919年1月15日,罗莎·卢森堡和卡尔·李卜克内西被反动派阴谋杀害。当时73岁高龄的梅林正卧病在床,消息传来,不胜悲痛,两周以后便溘然长逝。梅林留下了四大卷文艺论文,这是马克思主义美学诞生和发展阶段的宝贵的精神财富。

梅林的美学思想主要体现在他的文学批评中。作为战斗的无产阶级的精神代言人,梅林总是从政治运动和无产阶级利益的角度去考虑美学与文艺问题,在《歌德与现代》一文中,梅林深刻地论述道:"人不能只靠面包为生,但也不能只靠艺术活命。在创造一种美好的生活之前,首先得保证自己的生存。所以,艺术就一直成为那些得天独厚的少数人的特权,并且这些人还引以为荣地铸出一种无耻的信条,认为群众从来不能经受住艺术的明亮的阳光,顶多只能经受住这种阳光的几缕暗淡的光束而已。只要还有统治阶级存在,只要被统治的群众不得不为起码的生存而搏

[①] 参见汉斯·柯赫:《弗朗茨·梅林对马克思主义文艺理论的贡献》,柏林狄茨出版社,1959年版,第9—10页。

第七章 梅林与普列汉诺夫

斗,连吸口气的力量都腾不出来去创造一种美好的生活,那种信条就能可耻地传播开去。"① 梅林深信,这种状况迟早要改变,那时,艺术将不可能成为特权阶层所专有,而将成为全民的财富。"德国人民在经济上和政治上获得解放的日子,将成为盛会纪念歌德的日子。"②

梅林敏锐地从政治上考虑美学与文学批评问题,还可以从他发表《莱辛传奇》看出。1892年2月起,梅林在《新时代》上分21期连续发表了评论莱辛的文章,这就是受到了恩格斯热情赞赏和高度评价的巨著《莱辛传奇》。《莱辛传奇》不是一部简单的文学家的身世与创作记。放在当时德国的政治文化条件下,《莱辛传奇》是一部用历史唯物主义观点进行美学批评的典范之作。19世纪中下叶的德国状况是资产阶级与普鲁士封建地主的结盟。为了献媚封建统治者,德国资产阶级不惜把战斗的、革命的、具有极大启蒙意义的莱辛打扮成、丑化成封建专制主义的崇拜者。梅林一针见血地指出:

"畏缩胆怯的资产阶级,由于害怕无产阶级,因而逃到普鲁士兀鹫的卵翼底下,同时也把自己最伟大的历史荣誉的称号,置于那兀鹫的'旗帜的荣誉'下面。德国资产阶级渐渐习惯于这样一种荒谬的传奇:一个普鲁士的暴君利用他的雇佣兵进行了一系

---

① 梅林:《歌德与现代》(1889年8月),原载《新时代》杂志,1898—1899年第2卷,第673—676页。
② 梅林:《歌德与现代》(1889年8月),原载《新时代》杂志,1898—1899年第2卷,第673—676页。

列侵略战争,从而使我们的古典文学得以诞生。"①

梅林从评介莱辛开始,进而批评和揭露了普鲁士专制主义。他用大量史料证明:这个口口声声自称为"国家第一公仆""真正的乞丐的国王""穷人的国王"的弗里德里希二世,实际上是个残暴成性的专制暴君。梅林犀利地指出:

"这样一个开明专制主义和莱辛所开创的德国人文主义的时代是格格不入的。这点大概不需要再予以证明;否则简直就多此一举了。在荆棘丛里是不可能长出无花果来的。""我们的古典文学决不是一个主要是文学的现象。它按照内在实质而言,是德国资产阶级方兴未艾的解放斗争。""我们的古典文学……表现为一个受到虐待压迫的阶级为自身的解放进行的第一搏斗。"②

这样一种广泛的历史眼光和政治敏锐,使梅林的文学批评充满着深邃的历史精神和政治含义,它们饱含着为无产阶级解放而斗争的勇气和力量。从这里也可以看出,故作深奥的所谓纯文学、纯美学批评的说教是多么荒唐和无聊。

关于莱辛的批评是梅林具有社会—政治含义的美学批评的一个典范例子。另外一个例子就是梅林对所谓魏玛盛世的分析。资产阶级批评家歪曲资产阶级革命的先驱者莱辛的形象,是为了给封建专制涂脂抹粉,而他们歌颂所谓魏玛盛世,却是为了美化

---

① 梅林:《弗里德里希·哥特利布·克洛普什托克》,原载《新时代》杂志,1902—1903年度第1卷,第764—766页。
② 梅林:《弗里德里希·哥特利布·克洛普什托克》,原载《新时代》杂志,1902—1903年度第1卷,第764—766页。

封建德国的鄙陋状况。18世纪70年代以后的德国封建宫廷,在资产阶级的文学史家笔下被描绘成群星灿烂、文艺昌盛的极乐世界。揭露这个用虚伪的面纱遮盖起来的丑恶王国的面目,这应是无产阶级的美学家的重大批评任务。梅林在《赫尔德》一文中曾经表示过这样的愿望:"但愿有朝一日能用批评的扫帚把人为地编织在魏玛'繁荣岁月'之上的玫瑰红的蛛网扫除干净。"① 他自己身体力行,用他的文艺论文进行了这一清扫工作,使人看到了"魏玛盛世"的传说实际上掩盖了"鄙陋状况"的现实。

对当时活跃的德国诗人、作家、文艺家的评论和研究,也是当时梅林美学批评的一个重要内容。梅林评论的总的特点是贯彻着历史唯物主义的原则和对具体的社会历史条件的具体分析。他立论公允、分析中肯,对歌德和海涅的分析令人叹服。梅林充分看到歌德作为天才诗人对德意志民族、对德国文学所起的巨大作用,充分评介了歌德作为天才诗人所作的杰出贡献。但他同时指出,歌德受他出身的阶级及其所处的社会地位的限制,自有他的局限性,也有他的错误。诗人歌德始终没有跳出统治阶级的魔法圈,他的高贵肢体始终没有摆脱德国鄙陋状况的桎梏。莱辛对于宫廷生活的强烈憎恶,歌德是没有的。梅林说:"这个环绕他的周围世界是狭隘的和可怜的,居住着驯从和胆怯的市民,被一批渺小邪恶的专利暴君统治着。歌德就在这样一个小国暴君的宫廷

---

① 梅林:《赫尔德》,原载《新时代》杂志,1910—1911年度第1卷,第904页。

里度过了他一生中的大半时光;这个暴君可能并不像其他暴君那样畸形,但他也决不因此而成为一个伟大和具有自由思想的人。这一切都在歌德的诗歌里打上了烙印,并且他年纪越大,其烙痕也就越深。"[①] 梅林指出歌德这些缺点错误并不是要把这位伟大人物全盘否定,而是为了抵制对这尊"神明""天才""英雄"的盲目崇拜,还他以"人"的本来面目。

梅林对海涅的支持也是他的美学批评的一个有价值的内容。海涅在无产阶级革命斗争的进程中,曾产生过对统治阶级的妥协和动摇。但海涅的诗歌充满着的战斗精神却令每个无产者神往。海涅写道:"我大声呼叫:这个旧社会早就被审判了,被判决了。但愿它得到应得的报应!这个旧世界,打它个落花流水!在这个旧世界里无辜者受害,私欲盛行,人受人的剥削而忍饥挨饿!这些外边粉刷得洁白耀眼的坟墓,里面蛰居着谎言和不公正,但愿把它们砸个稀巴烂!"——梅林公正地指出,海涅是"当代最伟大的诗人"。同样,他对站在无产阶级运动一边而用笔来战斗的诗人赫尔维格、弗莱里格拉特,也表明了坚定的维护立场。综上所述,梅林的美学批评是与当时的一系列伟大的革命作家或进步作家的创作实践不可分割地联系在一起的。在对这些伟大作家的评述、褒贬、分析之中,历史唯物主义的批评原则很生动地、具体地体现出来了。这是有鲜明的阶级立场和革命性格的批评,它

---

① 梅林:《约翰·沃尔夫冈·歌德》(1899年),原载《真正的雅各伯》杂志,1899年第342期。

具体而又生动地体现了梅林的马克思主义美学的品格。

对自然主义的批评

19世纪70年代,德国资产阶级处于严重的危机。这时,自然主义应运而生。如何分析这个流派成为一个时代的课题。梅林从1892年12月发表《略论自然主义》到1913年对自然主义霍普特曼作出最后结论,前后共20余年。主要文章有《略论自然主义》(1892年12月)、《今日的自然主义》(1873年1月)、《艺术和无产阶级》(1896年10月)、《自然主义和新浪漫主义》(1908年9月)等。在这一系列文章中,梅林仔细地将自然主义潮流放到具体的社会历史背景之中去分析,既不一棍子打死,又不简单肯定,体现了他那高超的思想风范和批评技巧。

梅林认为,自然主义这个字眼,在文学艺术史上曾无数次被用作杀伐征战的口号,服务于迥然不同的各个流派。它说明一切,因而什么也说明不了。要想知道这个词对我们时代是什么含义,就必须设法确定,我们的时代赋予它怎样的意义。梅林说,各个民族的文艺创造,如同宗教观念、法律和政治设施一样,归根结底取决于各自的经济发展斗争。[①]

梅林令人信服地分析了德国资产阶级的文学代表在争取德国解放斗争中的历史际遇。德国文学无非就是德国资产阶级的解放斗争:

---

① 梅林:《略论自然主义》,原载《人民舞台》,1892—1893年度第2期。

"克洛普什托克和莱辛、歌德和席勒、康德和费希特等人，都是资产阶级的先锋战士。人们常常怀着一种民族的傲慢，把这份取之不尽用之不竭的文学宝藏赞颂为德意志民族优于其他民族的一个长处。然而事情总有两面，人们同样可以挥戈反击，从德国人如此易于成为一个'诗人和思想家的民族'这一事实中看到一种厄运。因为这种发展之所以可能，完全是由于上升时期的资产阶级所有的佼佼者都被排挤到文学领域中来，德国的鄙陋状态堵塞了他们在政治和社会领域中进行斗争的道路。有人认为上一世纪下半叶一大批富有文学才能的人恰恰在德国的土壤上成长起来，仿佛是出于某种幸运的偶然，或者是出于某种莫测高深的天意，不管人们怎样理解这件事情，反正这类看法都是毫无意义的，事实是那个时代的经济发展引起欧洲各国资产阶级的蓬勃发展；而德国资产阶级既然还不够强大，不能像法国资产阶级那样去夺取政权，那么，它便在文学上创造出一幅资产阶级世界的理想图画。

"在文学史上，凡属于上升阶级和没落阶级的思想意识发生冲突时，前者往往是在自然和真实，在自然主义和现实主义这样的战斗口号下向后者展开攻势，这是不足为怪的。因为一个没落的阶级越是丧失其内在的生命力，就越惊恐万状地紧紧抱住僵死的公式；而一个上升的阶级越是洋溢着生命的冲劲和活力，就越是猛烈地冲击一切束缚。对上升的阶级来说，它能够和希望的生活就是自然和真实。在文艺领域内，衡量这些概念的其他标准是没有的，从前没有过，将来也决不会有。因此，事实了如指掌，

第七章 梅林与普列汉诺夫

在自然主义这个一般名称下，包罗着形形色色的现象，各自以其阶级历史特点为依据，自然主义往往就是这一特定阶级的文学代言人。当然，在某些情况下，自然主义较之于充作进步运动的旗帜更适于充作反动潮流的遮羞布。"①

梅林的这段分析极富哲理，充满着历史唯物主义的光辉和智慧。他辩证地分析了一个文学运动在具体的历史条件下的作用。特别重要的是，梅林分析了上升阶级出于阶级斗争的需要和对旧制度、旧体制反叛的需要，而往往在自然和真实，在自然主义和现实主义这样的口号下展开攻势。但是，在自然主义这个一般名称下也包含着各种阶级要求。自然主义往往就成为某一特定阶级的文学代言人。梅林不无讽刺地指出：19世纪70年代那些狂飙突进运动的作家如何在一片向往自然、追求真实的狂热喊叫声中迷失于中世纪的骑士制度，成为在专制暴政之下厌恶政治生活的遮羞布。

写于1893年的《今日的自然主义》更为精彩。梅林说：

"自然主义只是在它自己突破了资本主义的思想方式的地方，并且知道从内在本质上去理解一个崭新世界的开始时，它所起的作用才是革命的，它才成为一种艺术表现的新形式。"②

梅林站在无产阶级斗争的高度，对自然主义的特定的社会历史作用作了科学的、实事求是的分析。梅林希望自然主义能够

---

① 梅林：《略论自然主义》，原载《人民舞台》，1892—1893年度第2期。
② 梅林：《今日的自然主义》。

与社会历史的进步同步,去描写正在诞生的东西,描写它必然会变成什么样子。但是,事实证明,德国的自然主义并没有能够走完这后一段路程,并没有能够突破资本主义的精神藩篱。梅林在《艺术与无产阶级》一文中指出,自然主义作为资产阶级的一个文学流派,虽然有它的进步性,但是,如果把它奉为艺术趣味的典范,硬要工人阶级接受,那就大谬不然了。自然主义从本质上讲,其基调是悲观主义的,自然主义作家由于看不见前途,不可能给人指明出路,因此最后必然遁人虚幻的世界。梅林的批评同时也为无产阶级的革命文学指出了方向。一个革命作家必须看到今天的苦难,还要看到明天的欢乐。无产阶级的文学,本质上是乐观主义的文学。

梅林对自然主义的批评具有方法论的意义,他具体地提供了分析某一种文学思潮的辩证的思想方式,为今天的我们防止看问题的片面性树立了一个成功的榜样和典范。

梅林与外国作家

梅林文学与美学批评的第三个方面,是详尽地评论了德国以外的欧洲著名作家。莫里哀、伏尔泰、左拉、狄更斯、易卜生、赫尔岑、托尔斯泰、高尔基……都在他的评论眼光之中。通过这些具体的评论,我们可以看到梅林的基本的美学立场和方法,梅林的这些短小精悍的评论,论人、论文、论艺术,都有着鞭辟入里的力量和魅力。

梅林对这些外国作家评论的一个特征是知人论文,将人的生

第七章 梅林与普列汉诺夫

平事迹、生存状况结合起来评论。例如，在论及《悭吝人》时，梅林将莫里哀生活的时代气氛三言两语就点得澄明透彻。

"莫里哀生活在法国由于20年代战争的结束而上升为欧洲主宰的时代。这是法兰西专制主义的黄金岁月，这种专制主义是通过红衣主教黎塞留的聪明政策奠定起来的，它建立在法兰西民族的阶级分化之上，同时也建立在阶级融合之上。它在各个社会对立面中纵横捭阖，并以一种对其他欧洲国家实行剥削和压迫的政策把它们联合起来。在投石党战争中古老的封建贵族势力遭到了挫败，在胡格诺教徒战争中年青的富于革命进取精神的资产阶级势力遭到了打击，但是两者都没有被消灭。法国王室用资产阶级掣肘封建主义，用封建主义掣肘资产阶级。法兰西民族一跃而成为欧洲命运的仲裁者，这一事实赋予民族的整个生活以最活跃最强烈的激励。"[①]

各种社会情势造成了法兰西民族生活的活跃和丰富，这种活跃和丰富，又造成了"性格戏剧的典范"的莫里哀。梅林对社会情势的分析是深刻而又具体的。他总是那么精辟地将各个阶级与各个阶层造成的情势作出恰当的合乎历史实际的分析。

梅林对伏尔泰的评论也充满着辩证法的智慧。伏尔泰是个复杂的人物。"法国、英国、瑞士都把他看作战士，而德国只把他看作廷臣。在这点上莱辛对伏尔泰的深恶痛绝是有道理的、真实的。但是如果把这种主观上的厌恶利用来对伏尔泰的整个人和他

---

① 梅林:《莫里哀的〈悭吝人〉》(1895年3月)。

所起的全部作用作为一种客观的定罪，正像在那以后所经常发生的那样，那就毫无道理，很不真实了。……伏尔泰身为廷臣，也一直是资产阶级的先锋战士；在资产阶级形成的进程中有一个特定的、持续相当长的历史阶段，在这个阶段里资产阶级想要在宫廷里通过君侯们来贯彻他们的目的。这些君侯和宫廷始终只是他们实现自己目的的手段。"① 在这里梅林很辩证地将在复杂的历史运动中各种历史人物活动的特定情况作了分析，指出："工具形式的更加精良并不决定它使用起来也更加得心应手。""伏尔泰利用一种较为落后的斗争形式却得到了更多的战果。"②

可以这样说，这是一个德国的马克思主义者对法国资产阶级革命家的透彻的理解。而对左拉的理解和评析，又使我们增加了对自然主义运动的特定的历史作用的理解。众所周知，左拉是一位杰出的自然主义作家，他的作品像风俗画一样把法国资产阶级革命前夜的现状栩栩如生地勾画了出来，用梅林的话来说，置身于这样一个革命震荡中间，这是左拉的骄傲。然而，左拉的自然主义与卢梭和狄德罗的自然主义是有相同之处，又有不同之处的。它们的相同之处是，都希望通过自然主义的文学手法企图推出一种摆脱没落的社会状态的办法。它们企图通过返回大自然中去而获得医治社会痛苦的途径。而梅林敏锐地指出，卢梭和狄德罗与左拉的自然主义的不同之处在于：

---

① 梅林：《简论伏尔泰》（1894 年 11 月 21 日）。
② 梅林：《简论伏尔泰》（1894 年 11 月 21 日）。

第七章 梅林与普列汉诺夫

"前者是为了把自己从封建主义的社会腐朽里拯救出来而返回自然,可以说是到资产阶级的社会程序里去;而后者是想寻找一条摆脱资本主义社会腐朽的活路,却不知道在哪里可以找到。所以,总的说来前者是乐观主义者,后者却是悲观主义者。"①

梅林的出色评论给了我们一个重要的启示:美学的社会历史批评不是僵化的几根条条,而是一个活的辩证法体系。将对封建主义的批判与对资本主义的批判区分出来的敏锐,正是马克思主义赋予的精神力量。梅林对左拉的高度评价值得我们今天认真地思考,梅林讲:

"对死者的最好纪念却是弗日山两边的工人置放在他坟墓上的月桂花。左拉不属于他们,他也从不懂得什么是他们的美好生活的内容,但他是一个精力充沛的、为一个更美好的时代,一个像他们理解时代的更美好的时代的开路先锋。他是一个思想家,可不理解时代的最深刻的秘密;他是一个诗人,用美学标准来衡量更完美。但他是一个战斗者,凭着他的才能和勤奋、正直和勇敢,大概有权利置身于狄德罗和莱辛、卢梭和伏尔泰的行列里。"②

19世纪末,易卜生的剧作在德国享有盛誉,产生了广泛的影响。他的一些作品,如《社会支柱》《建筑师李尔奈斯》《小艾友夫》《我们死者醒来的时候》相继出现在德国舞台上。梅林热

---

① 梅林:《爱弥尔·左拉》(1902年10月8日)。
② 梅林:《爱弥尔·左拉》(1902年10月8日)。

情地肯定了易卜生的现实主义批判力量,并且中肯地分析出现在易卜生后期创作中出现的悲观主义、神秘主义、象征主义倾向问题。

在论及俄罗斯文学时,梅林把它同18世纪的法国文学和19世纪的德国文学相提并论。他认为,和在狄德罗、伏尔泰、卢梭的著作以及在莱辛、歌德、席勒的作品里一样,在别林斯基、陀思妥耶夫斯基、托尔斯泰的创作中都充满着时代的精神,他们的作品反映了生活,启发了人民,预示了一个变革的未来。梅林在1900年论及托尔斯泰时写道,托尔斯泰的文学是"一个控诉文学、战斗文学、反抗文学,充满着经济政治解放的倾向性"。[1]他认为,托尔斯泰与欧洲文学史上的伟大人物但丁、莎士比亚、歌德等人一样,以他自己的杰出创作反映了伟大世界的转变,托尔斯泰的作品,反映了"俄国生活的广阔图景"。

梅林是19世纪末最重要的马克思主义文艺理论家和批评家。尽管恩格斯晚年曾对梅林有所批评,但这并没有妨碍梅林得到恩格斯的最高历史性评价。梅林的文艺批评,是马克思主义美学思想在19世纪末的有机组成部分。梅林在19世纪与20世纪之交从事的文学与美学评论,是马克思主义美学思想史上很重要的精神财富。梅林对辩证法与历史唯物主义原则的灵活运用,堪称活的马克思主义美学批评的典范。他对自然主义等文学流派的评

---

[1] 梅林:《列夫·托尔斯泰》(1900年),原载《真正的雅各伯》,1908年第361期。

判，对左拉、赫尔岑等人的批评与中肯的分析，都令人折服，堪称辩证分析社会历史文本的典范。

第二节 "没有地址的信"

艺术与现实

普列汉诺夫是19世纪后期具有国际影响的重要的马克思主义者，他在理论上的突出贡献，就是在美学上创造性地运用马克思主义的观点，写下了大量著名的论文和著作。他是俄国第一个运用马克思主义来研究与解决美学和文艺问题的人。

普列汉诺夫的美学思想包含丰富的内涵。本书将他的美学思想分成两大部分来阐述。第一部分阐述他的艺术本质论，第二部分论述他的文艺批评思想。

艺术与现实的关系，既是马克思主义美学的重要内涵，又是普列汉诺夫发展马克思主义美学思想的重要方面。在普列汉诺夫之前，俄国的现实主义批评家们即强调文艺来源于自然（现实）。别林斯基在讲到果戈理的创作时，首先强调他的中篇小说的"十足的生活真实"："他对生活既不阿谀，也不诽谤；他愿意把里面所包含的一切美的、人性的东西展露出来，但同时也不隐蔽它的丑恶。"① 在别林斯基之后，车尔尼雪夫斯基和杜勃罗留波夫继续

---

① 《别林斯基选集》（第1卷），满涛译，上海译文出版社，1979年版，第187页。

坚持文艺必须忠实于生活的思想，强调只有真实地反映了生活的文艺作品，才能真正达到"艺术真实"的要求，并成为改造现实，改造社会的积极力量。

　　普列汉诺夫继承了这一优秀的现实主义传统。19世纪80—90年代，普列汉诺夫曾经对以乌斯宾斯基为代表的俄国民粹派文学给予很大的注意，并高度地评价它们。他称赞民粹派的小说"是完全现实主义的"。而作为"民粹派小说家中最有才能的小说家"的乌斯宾斯基则是"可以大胆地与巴尔扎克并列"的作家。他突出地强调乌斯宾斯基的小说"作为夸夸其谈和矫揉造作这一切作风的敌人"，已经在俄国文学中造成了"一种极其真实的文学流派"。[①] 普列汉诺夫高度评价这些以现实主义为自己的艺术主旨的民粹派小说家们是"基于为俄罗斯社会发展的事业服务的"。正如恩格斯说他自己从巴尔扎克的《人间喜剧》中"甚至在经济细节方面（如革命以后动产和不动产的重新分配）所学到的东西，也要比从当时所有职业的历史学家、经济学家和统计学家那里学到的全部东西还要多"一样，普列汉诺夫也认为当时俄国民粹派文学对人民生活的真实描绘，是没有任何专门研究著作所能替代的。因此他提出："必须十分仔细地研究民粹派小说家的作品，就像研究俄罗斯国民经济统计著作或者农民习惯法的著作一样。没有一个社会活动家，不论他属于哪一个流派，能够说，

---

① 《普列汉诺夫美学论文集》（Ⅰ），曹葆华译，人民出版社，1983年版，第8页。

这样的研究对于他是不必要的。看来，根据这一点，可以原谅民粹派小说家所犯的许多自觉和不自觉的反对美学的过错。"①

普列汉诺夫的现实主义思想，就是要求文艺作品与真实的生活贴近，而"艺术作品要是歪曲了现实，它就不是成功的作品"②。

与现实贴近是与自然主义有区别的。自然主义，普列汉诺夫称它为"左拉主义"。在普列汉诺夫的文章中，还有"法国现实主义""早期现实主义"等等说法，代表作家是龚古尔兄弟、福楼拜等。龚古尔兄弟就是早期的自然主义者。在普列汉诺夫的心目中，"法国现实主义"或"早期现实主义"，实际上是很接近自然主义的，说得确切些，也可以说是自然主义的前驱。

所谓自然主义，诚如福楼拜所说："对待人的态度应该像对待剑齿象或鳄鱼一样，难道可以因为前者的角或后者的腭骨而感到愤慨吗？把它们展示出来，拿它们制成标本，放在酒精瓶里，——这就是我们应该做的一切。"③左拉则声称文学的创作方法应该是"实验的方法"，作家应该像化学家做实验那样对待自己作品中的人物。"他只要说出他在人类的尸体里发现了什么就够了"。这些都是早期现实主义的主张。

---

① 《普列汉诺夫美学论文集》（Ⅰ），曹葆华译，人民出版社，1983年版，第9页。
② 《普列汉诺夫美学论文集》（Ⅱ），曹葆华译，人民出版社，1983年版，第888页。
③ 《普列汉诺夫美学论文集》（Ⅱ），曹葆华译，人民出版社，1983年版，第843页。

普列汉诺夫认为,这种客观性并不能达到现实主义的真实性。他特别指出,左拉的"实验方法"的世界观基础是所谓"自然科学"的唯物主义,"这种唯物主义不理解:一个社会的人的行动、倾向、趣味和思想习惯,不可能在生理学或病理学中找到充分的说明,因为这是由社会关系所决定的"[①]。

由此,普列汉诺夫提出了一个俄罗斯现实主义与法国现实主义的区别问题。普列汉诺夫认为,"法国现实主义"(自然主义)由于作家世界观的保守和反动,而大大地缩小了自己的视野,使他们"充满敌意地回避当时伟大的解放运动"[②]。法国现实主义作家常常由于没有别的东西好写,就只好一再地叙述那种"酒商和小店老板娘之间一见钟情式的爱情"。他认为,这类题材不是绝对不能写,但必须是像"俄罗斯现实主义"那样来处理它,才会有意义。这就是说,作家对这种关系的描写,应该是为了阐明社会关系的某一方面,从而赋予它一定的社会意义。但"法国现实主义"或自然主义做不到这一点,所以它终于变得"枯燥无味,甚至简直是可厌的了"。而俄罗斯现实主义具有法国自然主义所不可能有的特点,即他是一种充满着感情,浸透着思想的现实主义。梅林对同时期的俄罗斯文学也具有同样深刻的评价,认为俄罗斯文学是一种"控诉文学、战斗文学、反抗文学",而它

---

① 《普列汉诺夫美学论文集》(Ⅱ),曹葆华译,人民出版社,1983年版,第847页。
② 《普列汉诺夫美学论文集》(Ⅱ),曹葆华译,人民出版社,1983年版,第846页。

的特点就是充满着经济和政治解放的"倾向性"。梅林认为，这是俄罗斯文学极为深邃的本质。①

就现实主义发展的内在要求来说，普列汉诺夫的现实主义包含着新的丰富的内容。他提出，俄罗斯的现实主义，应当是"新的、上升的"阶级的艺术，是"现实主义与理想主义的独特的混合物"。他指出，车尔尼雪夫斯基与别林斯基的理论正是这种"理想主义与现实主义的独特的混合物"。他指出，他们的"美学理论在阐明生活现象的时候，并不满足于确认现在存在的东西，而且还要指出，——甚至于主要是指出，——应该存在的东西。"②

普列汉诺夫的这个界定，是建立在俄罗斯批判现实主义文学实践之上的理论提升。19世纪的俄罗斯批判现实主义的创作实践，对现实主义的战斗性格和实践品质给予了极丰富的注释。它们尖锐地深刻地反映了19世纪的俄罗斯的现实并指出了理想发展的前景。这就是别林斯基等人现实主义美学产生的根源，也是普列汉诺夫发展和建立新的现实主义理论的立足点。

普列汉诺夫的现实主义建立在科学的唯物史观的基础之上，普列汉诺夫在《没有地址的信》中写道："在这里我毫不含糊地说，我对于艺术，就像对于一切社会现象一样，是从唯物史观的

---

① 梅林:《论文学》，张玉书等译，人民文学出版社，1982年版，第318页。
② 《普列汉诺夫美学论文集》（Ⅰ），曹葆华译，人民出版社，1983年版，第305页。

观点来观察的。"① 他甚至说，我深深地确信，"从今以后，批评（更确切些说，美学的科学理论）只有依据唯物史观，才能够向前迈进"②。

普列汉诺夫的现实主义理论就是这样在唯物主义的基础上建立起来的。他认为，只有从经济的（即更正确的——辩证的）唯物论的观点才有可能真正科学地说明人类精神的历史。普列汉诺夫的许多著作都说明了这样一个观点。而普列汉诺夫在运用唯物史观说明艺术的本质时，并没有简单地套用唯物主义反映论的公式，从而把唯物史观简单化、通俗化。他指出："远不是一切'上层建筑'都直接从经济基础中成长起来：艺术同经济基础发生联系只是间接的。因此在探讨艺术的时候必须考虑到中间环节。"③

为了对这个复杂的"中间环节"有个透彻的了解，他提出了著名的"五项因素公式"：A. 生产力的状况，B. 被生产力所制约的经济关系，C. 在一定经济基础上生长起来的社会政治制度，D. 一部分由经济直接所决定，一部分由生长在经济上的全部社会政治制度所决定的社会的人的心理，E. 反映这种心理的各种思想体系。普列汉诺夫把社会看作是一个由多种因素组成的活的

---

① 《普列汉诺夫美学论文集》（Ⅰ），曹葆华译，人民出版社，1983年版，第309页。
② 《普列汉诺夫美学论文集》（Ⅰ），曹葆华译，人民出版社，1983年版，第344页。
③ 普列汉诺夫：《关于"经济因素"》，载《世界文学》，1961年11月号。

第七章 梅林与普列汉诺夫

有机体。

"中间环节"的思想是普列汉诺夫对马克思主义美学的一个创造性的发展。恩格斯在《路德维希·费尔巴哈和德国古典哲学的终结》一书中指出:"更高的即更远离物质经济基础的意识形态,采取了哲学和宗教的形式。在这里,观念同自己的物质存在条件的联系,越来越错综复杂,越来越被一些中间环节弄模糊了。"[①] 普列汉诺夫显然对恩格斯的论点进行了发挥,并加以系统化。他把人们的各种风尚、习惯、感觉、观点、情感、趣味、意图、理想、信念等的总和,都看成了人的艺术活动不能不涉及的"中介"。他极有见地地指出:"要了解某一国家的科学思想史或艺术史,只知道它的经济是不够的,必须知道如何从经济进而研究社会心理;对于社会心理若没有精细的研究与了解,思想体系的历史的唯物主义解释根本就不可能。……因此社会心理学异常重要。"[②]

从"中介"到"社会心理",再进一步将它分解成各个具体的要素,并将它运用到艺术批评中去,我们不能不说,普列汉诺夫为现代马克思主义批评提供了一个可靠的唯物论基础和出发点,为文艺与现实的关系的辩证理解,提供了丰富的内容。

---

① 《马克思恩格斯选集》,第2版第4卷,第253页。
② 《普列汉诺夫哲学著作选集》(第2卷),曹葆华译,生活·读书·新知三联书店,1974年版,第272—273页。

艺术的起源和艺术的定义

普列汉诺夫对艺术问题的深入研究,体现在他对艺术起源的考察上。他说:"我对于艺术,就像对于一切社会现象一样,是从唯物史观的观点来观察的。"[①] 他以丰富的材料和不可辩驳的逻辑论述了艺术的起源问题,为发展马克思主义美学作出了出色的贡献。

从劳动考察艺术的起源并作出创造性的论述是普列汉诺夫对马克思主义美学的发展。普列汉诺夫遵循马克思主义的路线,明确指出,劳动先于艺术,艺术产生于原始人类的物质生产劳动的过程中,并反映着物质生产劳动。普列汉诺夫指出,原始社会,"甚至非常低级的狩猎者……也从事绘画",他们最初从事狩猎,后来才在绘画中表现了自己的狩猎,"描绘狩猎生活的不同场面","这是因为动物在他们的狩猎生活中起着巨大的决定性的作用。最初人同动物发生一定的关系(开始猎取它们),后来——正因为同它们发生了这样的关系——他们才产生了要描绘这些动物的冲动"。不仅劳动先于艺术,而且劳动规定了艺术的内容。"在原始部落那里,每种劳动都有自己的歌,歌的拍子总是十分精确地适应于这种劳动所特有的生产动作的节奏"[②]。由此,普列汉诺夫

[①] 《普列汉诺夫美学论文集》(Ⅰ),曹葆华译,人民出版社,1983年版,第309页。

[②] 《普列汉诺夫美学论文集》(Ⅰ),曹葆华译,人民出版社,1983年版,第339—340页。

得出结论:"所以不难了解,他们的简单的音乐作品是怎样从劳动工具与其对象接触时所发出的声音中产生出来的。这是用加强这些声音,使它们的节奏增加某种花样,总之,使它们适合于表现人的感情这样一些办法来完成的。"[①]普列汉诺夫从原始舞蹈的起源来考察它与生产活动的最紧密的联系。他指出,原始舞蹈往往是"生产过程的简单描述",而战争舞、恋爱舞等不直接反映劳动过程的舞蹈的性质,则是同生产力的状况所决定的原始人狩猎生活的方式分不开的。

普列汉诺夫还从原始人类的游戏、模仿、宗教礼仪的分析考察了原始艺术的起源。普列汉诺夫认为游戏、模仿、宗教活动与艺术起源有关,但不是独立的艺术发生的因素。游戏是劳动的产儿,劳动在时间上必然是先于游戏的。甚至一些原始宗教观念,如万物有灵的说法,也是与一定的生产力状况分不开的。

普列汉诺夫还从美感的形成考察了艺术的起源,普列汉诺夫在这个问题上的观点和方法是充满辩证法的。他既不将美感的产生完全归结于生理功能,但又在一定程度上肯定生理功能的作用。他指出:"依据我的意见,如果达尔文主义的生物学家为社会学的研究准备基础,那么这也只应当这样来理解:既然生物学研究有机形态的发展过程,既然社会学研究社会组织和它的产物——人类思想和感情的发展,所以生物学的成就也就不能不

[①] 《普列汉诺夫美学论文集》(Ⅰ),曹葆华译,人民出版社,1983年版,第340页。

有助于社会学的科学方法的改善。"[①]他指出:"人的本性使他能够有审美的趣味和概念。他周围的条件决定着这个可能性怎样转变为现实;这些条件说明了一定的社会的人(即一定的社会、一定的民族、一定的阶级)正是有着这些而非其他的审美的趣味和概念。"[②]从今天美学研究的眼光来看,普列汉诺夫的方法和观点是有相当的合理性的,甚至可以说是有预见性的。人的自然因素和人的社会因素的结合是形成美感的基本内容。但普列汉诺夫与一些从纯生理学的角度来解释人的美感形成的美学家不同,他将人的社会性放在基础的和背景的地位,同样他认为,美感的来源是人的生产劳动状况。他以原始狩猎民族之所以模仿动物,以及在他们的装饰艺术中没有植物为例,来说明原始狩猎者的"生产力状况、他的狩猎的生活方式则使他恰好有这些而非别的审美的趣味和概念。"[③]

普列汉诺夫对艺术起源的考察,在基本的方法论上渗透着历史唯物主义的精神,并在马克思主义美学史上,第一次实证地仔细地考察和解决了美学史上的难点问题。他的《没有地址的信》是马克思主义美学思想史上的重要的,可以说是里程碑式的著作。

---

① 《普列汉诺夫美学论文集》(Ⅰ),曹葆华译,人民出版社,1983年版,第319页。

② 《普列汉诺夫美学论文集》(Ⅰ),曹葆华译,人民出版社,1983年版,第320页。

③ 《普列汉诺夫美学论文集》(Ⅰ),曹葆华译,人民出版社,1983年版,第337页。

第七章 梅林与普列汉诺夫

从对原始艺术的考察使普列汉诺夫对艺术的本质的认识获得了独特的结论。在普列汉诺夫之前，托尔斯泰曾对艺术下了这样的定义：

"在自己的心里唤起曾经一度体验过的感情，在唤起这种感情之后，用动作、线条、色彩、声音以及言词所表达的形象来传达出这种感情，使别人也能体验到这同样的感情，——这就是艺术活动。"①

普列汉诺夫修正了这个定义，他认为："艺术开始于一个人在自己心里重新唤起他在周围现实的影响下所体验过的感情和思想，并且给予它们以一定的形象的表现。不用说，在极大多数场合下，一个人这样做，目的是在于把他反复思索和反复感觉的东西传达给别人。艺术是一种社会现象。"②

普列汉诺夫的艺术定义不是经典性的，但却无可非议地使艺术的社会性得到了确认。普列汉诺夫不止一次地说明："艺术是生活的反映"，"艺术再现生活，确是如此"。承认艺术是现实的反映，这是一切唯物主义者承认的前提和原则，普列汉诺夫当然也不例外。他的"生活第一"的观点使唯物主义美学在19世纪末添了新的色彩。因为在普列汉诺夫看来，在社会生活中，最根本的东西就是社会的物质生活资料的生产方式，它构成了整个社

---

① 托尔斯泰：《艺术论》，丰陈宝译，人民文学出版社，1958年版，第47页。
② 《普列汉诺夫美学论文集》（Ⅰ），曹葆华译，人民出版社，1983年版，第308页。

会生活的基础。

总之,普列汉诺夫的艺术观在唯物主义的基础上使马克思和恩格斯的美学思想得到了丰富和发展,为马克思主义美学思想增添了新的内涵。

第三节 批评实践的启示

普列汉诺夫的美学品格与马克思、恩格斯的美学品格一样,充满着实践精神。他不仅坚持和继承了马克思和恩格斯的辩证唯物主义基本路线,而且积极地参与了文艺批评实践,在批评中,捍卫着马克思主义美学的基本立场并创造性地将其推向前进。正如列宁所说:"在俄国第一个举起了马克思主义的旗帜"的是普列汉诺夫。

"俄国批评界的命运"

这是普列汉诺夫一组批评文章的总标题。在这一组文章中,普列汉诺夫以辩证唯物主义为思想武器,尖锐地批评了以伏伦斯基为代表的俄国唯心主义批评家。伏伦斯基从绝对理念出发,从某一哲学概念体系出发去评价作品。头足倒置,本末不顾。在《俄国批评家》一书中,伏伦斯基鼓吹的不是"永恒理想的吹拂",便是"从天上降下的美感"。他公然宣称:"艺术作品的批评不应当是政论式的,而应当是哲学式的,它应当依据某一种唯心主义的坚定的哲学概念体系。它应当观察,诗的观念在人的精神的神秘深处产生之后,怎样通过作者的生活观念和观点的五花八门的材料表现出来。"[1] 这种典型的唯心主义论调理所当然地遭到普列汉诺夫的批判。

这种从理念出发的批评基点不过是黑格尔唯心主义哲学的翻板。普列汉诺夫针锋相对地提出:"批评首先应当'依据'的是历史。凡是谈到事实以及存在于事实之间的因果联系的地方,'某一种唯心主义的哲学概念'是很少能说明什么东西的。至于为了理解艺术创作的过程,那就必须熟悉事实。就是说,必须熟悉艺术的历史,这一点是不能有丝毫怀疑的。"[2] 每一个历史时代的艺术品都有自己的特征,这一点绝对不是可以用"理念"来说明的,艺术作品所包含的历史文化内涵,已被艺术发展史所证明。法国绘画史上大量的例子说明了这一点。黑格尔的关于荷兰绘画在他的《美学》中这样说:荷兰画家几乎从来不是以"崇高的"内容为特点,而是从他们本身,从他们当时的社会生活中采取他们的绘画内容的,要理解荷兰人的绘画,就必须回想一下荷兰人的历史,荷兰人向海洋夺得了他们生活的土地,又争得了宗教和政治的自由,他们的勤劳和进取精神保证了他们巨大的福利。荷兰画家所再现的也就是这些特点和这种优裕生活,伦勃朗、凡·狄克、安沃曼的画都反映了这些特点。普列汉诺夫万分

---

[1] 《普列汉诺夫美学论文集》(Ⅰ),曹葆华译,人民出版社,1983年版,第167页。
[2] 《普列汉诺夫美学论文集》(Ⅰ),曹葆华译,人民出版社,1983年版,第171页。

惊叹黑格尔——"这位伟大的唯心主义者是非常善于用社会生活的发展过程来至少说明艺术史上的某些现象的。"①

从社会—历史联系的角度出发，普列汉诺夫肯定了批评史上的这种批评方法的有益性，普列汉诺夫看了斯达尔夫的《论联系到社会制度考察的文学》中人类的精神发展不过是人类的社会发展的反映的重要意义，认为斯达尔夫提出了一个非常重要的任务。而普列汉诺夫对泰纳用社会史来说明艺术史的方法，也表示了高度的赞赏。他对《莎士比亚研究》的作者基佐十分推崇。在《莎士比亚研究》中，基佐坚持这样的信念：任何一个国家的文学史都是它的社会史。普列汉诺夫写道："毫无疑问，基佐在自己的研究中所走的道路是完全正确的，历史说明问题实际上要比'绝对理念'好得多。"②普列汉诺夫还肯定了别林斯基在一生中的最后几年肯定批评的标准是社会阶级和阶级关系的历史发展的意义。

以上论述，一反一正，普列汉诺夫反对什么，提倡什么，观点和态度十分鲜明。他尖锐地指出了俄国批评界的唯心主义横行，指出了以别林斯基等人为代表的社会历史批评的正确方向，并在批评中勾勒了马克思主义社会历史批评的俄国发展面貌。

---

① 《普列汉诺夫美学论文集》（Ⅰ），曹葆华译，人民出版社，1983年版，第174页。
② 《普列汉诺夫美学论文集》（Ⅰ），曹葆华译，人民出版社，1983年版，第177页。

没有思想,艺术就不能存在

这是普列汉诺夫美学思想的一个基点和核心。1905年,普列汉诺夫有机会参观了"威尼斯第六届国际艺术展览会"。展览会上西班牙画家安格拉达和荷兰画家托罗普等人的作品引起了他的兴趣。有些画,画的是脑子里忽然想起的一切东西,例如由某种像树木构成的某种森林的东西,从一个裂缝里探出一个女人的头,在前景,是一根电线杆子……普列汉诺夫认为这些"不是绘画,而是画谜"[①]。普列汉诺夫在经常性的批评文章中,对那些"给人以真正清新爽快和鼓舞心灵的印象"的作品,给予热情的肯定和鼓励。他在谈到艺术的思想性时,使用了"以活生生的全部力量来吸引人们""清新爽快""朴素自然""真诚""真实"等等字眼。无论是歌颂慈祥崇高的母爱,还是描绘年少儿童的纯真,或者是抒发乡村生活的诗意,或是非常优美的风景,都会激起他的美感和批评的灵感。对一切真、善、美的艺术品,普列汉诺夫都给予了一个理论家的深刻肯定。

自然的魅力

在马克思和恩格斯的美学论著中,对自然美的论述是十分罕见的,大概只有在《1844年经济学哲学手稿》中有几段关于自

---

① 《普列汉诺夫美学论文集》(Ⅰ),曹葆华译,人民出版社,1983年版,第502页。

然美的讨论。然而，在普列汉诺夫这里，由于他的批评大量介入实际的作品和艺术实践，所以，在艺术与自然的关系上，我们看到了普列汉诺夫的完整的论述，这是极为难得的。

1908年，普列汉诺夫写了《托尔斯泰和自然》一文，这是托尔斯泰在世时为他80周年诞辰纪念而写的，1924年才得以正式发表。在这篇文章中，普列汉诺夫的自然美的观点得到了充分的表达。普列汉诺夫用赞赏的口吻引用了托尔斯泰的一段描绘：

"令人惊奇的是，我在克拉兰住了两个月，可是当我在早晨或者特别在午饭后黄昏前打开已经蒙上阴影的百叶窗板，眺望湖水和倒映在湖中的远处的青山的时候，美每次都使我眼花缭乱，在刹那间用意想不到的力量打动了我的心。……有时候，当我独自坐在绿阴如盖的小花园里，良久地眺望这些湖岸和这片湖水的时候，我甚至仿佛从肉体上感到，好像美通过眼睛注入到我的心灵中了。"

普列汉诺夫评述道，但是这个仿佛感到好像自然的美"通过眼睛"注入自己的心灵中的非常敏感的人，远不是对于任何优美的地方都感到喜不自胜的。比方说，他登上蒙特辽附近的一个山顶之后，这样写道："我不喜爱这些所谓庄严的名胜，因为它们都有点儿冷冰冰的。"托尔斯泰只喜爱那些能唤醒他意识到他和自然浑然一体的自然景色。他再一次引用托尔斯泰的话说：

"当自然从四面八方包围着我，然后扩展到无际的远方，可是我总是在它怀抱中的时候，我就喜爱自然。当灼热的空气从四面八方包围着我，而且这种空气缭绕着飘向无际的远方的时候，当那些被我坐在上面压死了的最新鲜的草叶成为一望无垠的草地的绿毡的时候,当那些随风摆动,使阴影在我脸上移动不止的树叶形成远处森林的一片蓝色的时候,当你们呼吸的空气成为深不可测的蔚蓝色天空的时候,当不单是你们在自然面前心旷神怡的时候,当无数昆虫在你们周围嗡嗡地打转、牛群悠然地结队而行,小鸟到处啼鸣的时候,我就喜爱自然。"[1]

请注意普列汉诺夫用富有诗意的语句评论托尔斯泰,认为自然使他的心灵充满了生命的真正快乐。而普列汉诺夫认为,正是在托尔斯泰最大限度地感受到自己与自然是浑然一体的时候,他才强烈地感受到对自己的恐怖。

虽然,普列汉诺夫没有直接讲到什么是自然美,但在这里的叙述中,关于什么是美的自然的看法,却是一目了然的。作为对象性存在的自然美与人的生命本身的审美关系被他密切地关注着,并将对自然美的欣赏提升到对人的生命意义的了解之中,从美学思想史的角度看,这个观点是很"现代的"。普列汉诺夫从唯物主义的基本原理出发,在20世纪初就这样切实地把握了审美活动中人与自然关系的这一微妙关系,这是十分不容易的。由此也可以看到马克思主义美学在20世纪初发展的一点面貌。

美是什么

在19世纪的马克思主义美学家中,大概只有普列汉诺夫如

---

[1] 《普列汉诺夫美学论文集》(Ⅱ),曹葆华译,人民出版社,1983年版,第719页。

此直接地详尽地探讨过美是什么的问题。这是他在与卢那察尔斯基发生分歧的时候的表述，他写道：

"照我的看法，绝对的美的标准是不存在的，并且也不可能存在。人们对美的概念在历史发展过程中无疑地在变化着。但是，如果没有绝对的美的标准，如果所有美的标准都是相对的，这也并不等于说我们没有任何客观的可能性来判断某一艺术构思表现得好不好。现在我们假定画家想画一个'穿蓝衣服的女人'。如果他在自己的画布上所画的真像这样一个女人，那么我们就说，他画了一幅很好的画。如果我们在他的画布上看到的，并不是一个穿蓝衣服的女人，而是一些涂上或浓或淡的蓝颜色的立体几何图形，那么我们会说，不管他画的是什么，但不是一幅很好的画。描绘同构思愈相符合，或者用更普通的话说，艺术作品的形式同它的思想愈相符合，那么这种描绘就愈成功。这也就是客观的标准。而且完全由于有了这样的标准，我们才有权利断言：例如，雷奥那多·达·芬奇的画就比某一位为了自己的消遣而在纸上乱涂的无名小卒塞密斯托克利斯的画要好得多。如果雷奥那多·达·芬奇要画一个长髯老人，他就会画出一个长髯老人来。而且画得多么好！我们一看之下就会说：就像个活人一样！但是，当塞密斯托克利斯画了这样一个老人时，我们为了避免误会起见，最好给它上面注明：这是一个长髯老人，而不是什么别的东西。卢那察尔斯基先生既然断言不可能有客观的美的标准存在，他也就犯了包括立体派在内的那么许多资产阶级思想家所犯的错误，也就是极端主观主义的错误。一个自命为马克思主义者的人怎么会犯这样的错误,这一点我完全不理解。

"但是,必须补充一下:我在这里所使用的'美'这个术语,意义是非常广泛的,也可以说是太广泛了:说很美地画了一个长髯老人,并不等于说画了一个美的、也就是一个漂亮的老人。艺术的领域要比'美'的领域宽广得多。但是在艺术的整个宽广的领域中,都能同样适合地运用我在上面所说的标准:形式和思想相一致。卢那察尔斯基先生断言(如果我是正确地了解了他),形式也能同谬误的思想完全相一致。但是我不能同意这种说法。我们且回想一下德·居莱尔的剧本 Le Repas du lion。我们知道,作为这个剧本的基础的就是这个谬误的思想:企业主对待他的工人,就像狮子对待那些依靠从兽王桌上掉下来的残羹剩饭过活的豺狼一样。试问,德·居莱尔在他的剧作中能不能忠实地表达这个错误的思想呢?不能!这个思想之所以错误,是因为它与企业主和他的工人之间的真实关系相矛盾。在艺术作品中描述这个思想,就意味着歪曲现实。而艺术作品要是歪曲了现实,它就不是成功的作品。这就是为什么 Le Repas du lion 要比德·居莱尔的才能低下得多,而由于同一个原因剧本《皇宫门前》也要比哈姆生的才能低下得多。"[①]

我们从上述引文中可以看到,普列汉诺夫既是美的客观论者,又是美的辩证论者。他毫不怀疑审美对象存在的客观必然

---

① 《普列汉诺夫美学论文集》(Ⅱ),曹葆华译,人民出版社,1983年版,第887—888页。

性，同时，他又辩证地指出美的评判标准的流动性和多变性，并指出很美地画了一个人物与这个人物本身很美是有差别的。论述到这里，我强烈地感到普列汉诺夫作为19世纪末和20世纪初的马克思主义美学家，确实将马克思主义美学思想体系和其中的一系列基本点，创造性地推向了前进。马克思主义美学在普列汉诺夫阶段，获得了新的发展，这种评价是一点也不为过的。

我的总的阐述过程就要结束了。这种阐述虽然是粗略的，但也是可以看出脉络的，即马克思恩格斯创立的美学思想的基本内容，在稍后一代的马克思主义者手中得到了发展。它的战斗的唯物主义旗帜，随着岁月的流逝不仅没有褪色，而且更加鲜艳。而这种鲜艳，是靠着向前创造而获得的。这给了我们以重大的启示：

马克思主义是活的灵感的源泉而不是僵死的教条。

后　记

　　本书是王善忠先生主编的《马克思主义美学思想史》的第一卷。我还是第一次认真地写一段历史，特别是思想史。我给自己的任务是认真地沉下去，钻进去，了解马克思主义美学思想发展的基本过程，并清晰地勾勒它们，使它们在复杂的著作群中，展现出一个逻辑轮廓来。

　　这个目标不一定完全能实现，但我因此却受益匪浅。主要是我自觉地学习了一遍马克思和恩格斯的思想发展历史，而不是只记住了几个条条。当然，我只能按我理解的那样去勾画马克思和恩格斯的美学思想发展过程，而不是企求达到百分之百的准确性。这一点是要请读者谅解的。

　　本卷写作过程中，参考了杨柄先生编选的《马克思恩格斯论文艺和美学》一书，特此说明并致谢意。

许　明

1997年6月